主编简介

彭晓琳 女，1967年生于成都，硕士研究生导师，教授，四川省社科联理事。1993年7月毕业于南开大学思想政治教育专业，获法学硕士学位。成都学院副校长。主要从事思想政治教育和现代西方文化思潮与青年教育研究，先后承担或参与多个省教育厅和市级科研课题，发表科研论文数十篇，专著、编著4部。获多项四川省、成都市哲学社会科学优秀成果奖。

陈　钧 女，1968年生于成都，副研究员，研究生学历，成都学院学生工作部部长。长期从事大学生思想政治理论课教学，研究方向为大学生思想政治教育。主持市级研究课题2项，参与教育部课题1项，公开发表论文20余篇，出版著作3部。研究成果获成都市哲学社会科学优秀成果二等奖。

高校校园文化建设成果文库

创新驱动下的
高校服务育人模式研究

——成都学院学生事务管理改革的理论与实践

彭晓琳　陈　钧◎主编

光明日报出版社

图书在版编目（CIP）数据

创新驱动下的高校服务育人模式研究：成都学院学
生事务管理改革的理论与实践 / 彭晓琳，陈钧主编 . --
北京：光明日报出版社，2017.12（2023.1 重印）
ISBN 978 - 7 - 5194 - 3776 - 3

Ⅰ.①创… Ⅱ.①彭…②陈… Ⅲ.①高等学校—学
生工作—研究—成都 Ⅳ.①G645.5

中国版本图书馆 CIP 数据核字（2017）第 321838 号

创新驱动下的高校服务育人模式研究：
成都学院学生事务管理改革的理论与实践
CHUANGXIN QUDONGXIA DE GAOXIAO FUWU YUREN MOSHI YANJIU:
CHENGDU XUEYUAN XUESHENG SHIWU GUANLI GAIGE DE LILUN YU SHIJIAN

主　　编：彭晓琳　陈　钧

责任编辑：许　怡　　　　　　　　　　责任校对：赵鸣鸣
封面设计：中联学林　　　　　　　　　责任印制：曹　净

出版发行：光明日报出版社
地　　址：北京市西城区永安路 106 号，100050
电　　话：010 - 67078251（咨询），63131930（邮购）
传　　真：010 - 67078227，67078255
网　　址：http://book.gmw.cn
E - mail：gmrbcbs@ gmw.cn
法律顾问：北京市兰台律师事务所龚柳方律师

印　　刷：三河市华东印刷有限公司
装　　订：三河市华东印刷有限公司
本书如有破损、缺页、装订错误，请与本社联系调换

开　　本：710×1000　1/16
字　　数：341 千字　　　　　　　　　印　张：19
版　　次：2017 年 12 月第 1 版　　　　印　次：2023 年 1 月第 2 次印刷
书　　号：ISBN 978 - 7 - 5194 - 3776 - 3
定　　价：78.00 元

编　委　会

序　言

——学生事务中服务育人的行与思

　　中共中央、国务院印发的《关于加强和改进新形势下高校思想政治工作的意见》把"坚持全员全过程全方位育人"作为加强和改进高校思想政治工作的五项基本原则之一,明确提出"把思想价值引领贯穿教育教学全过程和各环节,形成教书育人、科研育人、实践育人、管理育人、服务育人、文化育人、组织育人长效机制",研究探索并实践这些方面的育人机制是当前高校思想政治教育的重要任务之一。近年来,关于高校学生事务的研究多了起来。这不仅是高校传统学生工作的对象、内容、任务、方式发生了变化,更重要的是我国高校发展到今天,党和国家的人才培养要求、经济社会的现实发展需要、家庭和学生的成长发展的期待更高了,它迫切需要高校在高等教育大发展中找到切实有效的发展之举,找到满足学生成长发展期待的有效举措。

　　成都学院这些年的快速发展日渐引起人们的关注。特别是在学生事务管理方面,创新性地探索出一种适合自身发展阶段的学生事务服务育人模式,为"服务育人"及其机制做出了有益贡献。2015 年成都学院学生事务服务中心建成以来,国内外已有上百所高校来参观学习,其"互联网＋学生事务"的服务育人模式在全国、全省相关会议上做经验交流。教育部思政司大学生思想政治教育工作简报总第 1276 期以《成都学院发挥互联网思维创新服务平台探索育人新模式》为题,介绍该校针对网络时代学生思想行为新特点和新变化,发挥互联网思维,推动学生工作与网络新媒体深度融合,通过建设"迎新、离校"网络系统,延伸服务平台,拓展服务功能,把解决学生思想问题与解决实际问题相结合;思政工作全面进公寓,在公寓社区建立了党员服务站、团员服务站、辅导员工作站、朋辈知心小屋、就业指导站等思政工作空间,积极探索服务与育人有机结合的"互联网+学生思想政治工作与学生事务融合"育人新模式。这一模式近来总结成一本新作《创新驱动下的高校服务育人模式研究——成都学院学生事务管理改革的理论与实践》即将出版,我看后,认为这一模式中有不少思考和做法对同行们可能会有所启发借鉴,其中几点尤其值得肯定。

一、以创新思维适应学生事务发展新趋势,努力践行服务宗旨于各项育人实践中

《关于加强和改进新形势下高校思想政治工作的意见》把国际交流合作作为高校肩负的重要使命之一。在西方发达国家高等教育领域,学生事务的提出已有上百年的历史。从早期的"替代父母制"到后来的"学生人事""学生服务""学生发展""学生学习",学生事务伴随着西方国家高等教育发展变化,其内涵和外延不断丰富、发展、变化,而且不同国家的高等教育,学生事务管理模式也呈现出不同的特点。我国高等教育研究和实践学生事务管理是改革开放以后的事。随着高等教育国际化,特别是高等教育大众化以及互联网普及以后,我国高校在育人目标、师生关系、育人手段、教育内容、教育时空、育人视野方面发生了巨大变化,学生事务管理成为众多理论工作者和学生管理人员探索的热门话题。成都学院结合党和国家要求、社会发展、学校发展实际,对学生学习、成长、生活、教育等现实需求和更具稳定性的学生事务给予高度关注和重视,逐步建立起学生事务服务育人新理念、新机制、新方法,形成了学生事务服务的信息化、多平台、个性化、学生参与、同辈助长的服务育人新模式。学校已建成的近500平方米的集教育、管理、服务于一身的一站式"学生事务服务中心",把改革管理与学生事务中心建设有机结合,把线上与线下办理事务有机结合,同时为校园第三方系统提供接入服务,尽可能将学生管理和服务事项纳入"一站式"事务中心,精简审批和管理事项,实行"错时办公"或"延时办公"制度以方便学生。不断拓展服务内容,集中提供后勤服务、团学服务、教学服务、资助服务、就业创业服务、心理咨询服务等服务,还引入驾校培训、代购车票、保险理赔、移动电信、留学中介等社会服务项目。目前,学生事务中心集成60类项目,146个服务子项目服务学生。服务育人新模式得到国内外同行和高校广泛认可,国内外已有上百所高校来参观学习,相关论文在有关领域学术会议或刊物发表。

二、用服务育人理念统领学生事务新发展,积极探索全过程育人体系与方法

在谈到教书育人、管理育人、服务育人"三育人"关系时,该书提出"'教书育人''管理育人'也属于'服务育人'的范畴"这一观点是可以探讨的,本意我想更多的也是强调教书育人、管理育人的着眼点和聚焦点同服务育人一样,都是着眼学生、聚焦学生、围绕学生,也是一种广义的服务。所以,用服务育人理念统领学生事务发展确是属于务实而创新的。与许多高校的事务中心不同,成都学院学生事务中心不是学校相关职能部门业务"收发"窗口的集合,而是部门实体的有机整合,是学校有关学生工作架构在职能范围和运行机理上重新设计,更是学生自我服务、自我教育、自我管理的成长平台,也是在教育为学生发展服务的理念上的一种突破和创新。成都学院学生事务中心以扁平化的组织形式减少了行政管理层级、开展了朋辈式教育、主动适应了学生个性化需求,提升了服务效能,把服务理念与育人理念融合,探索具有时代特点的服务育人模式,在高校服务育人方面做了新尝试,迈出了新步伐。学生事务中心打破学科、专业、班级、年级界限,为有创意和创新创造能力的学生提供平台。学校设立的"菁蓉学院",积极创建学生创新、创业、创造的平台,取得了积极的效果。用明晰的制度代替传统的层级管理,变传统的人管人的管理模式为制度引导人的服务模式,强调制度建设的科学理性和人文关怀,强调制度体系的周延性,强调制度的执行力,减少了工作中的人为因素,使学校学生教育与服务更加公正和透明,使学生在学习、生活各方面事务中都有章可循、有法可依、有门可诉,用制度的规范来指引、约束和激励学生的行为。通过制度引导和支持实现服务育人,让制度走在工作的前面,克服"等、靠、推"的被动工作现象。当今学生中普及的电脑和移动通信终端设备已为信息化服务提供了成熟的条件,学校通过将学生办理事务的众多有数据库支持的交互式应用集成到一站式服务机构的网络平台上,面向可选择范围的对象提供信息推送提醒服务,学生通过网络即可实现随时随地办理业务,而不是必须现场办理,从而使一站式服务在时间和空间上都实现了无限制地向学生延伸。在思想引领、党团建设、心理健康教育等工作中,通过加强普查和调研工作主动查找问题、发现问题,继而开展有针对性的主题教育、团体辅导等活动和各种形式的干预机制加以解决,同时还可将职业生涯规划、就业创业指导、心理健康教育、国防和安全教育等公共课程作为了解学生需求的渠道,通过课程讲授、课外辅导、第二课堂、社会实践、社团活动等多种途径发挥引领学生发展成长的作用。2017年,学校迎新系统再度升级,学生在报到前已基本实现住宿条件个人网上选择的全面服务。可以说,成都学院用服务育人理念统领学生事务,已基本实现了从学生入校到离校的全程育人体系的构建。

三、把思想政治教育深度融入学生事务过程中,探索增强思想政治教育实效性新路径

高校学生事务管理的效果是有一定的利益根源的,按照马克思主义的观点,人们为之奋斗的一切都和他们的利益有关。对于特定的个体来讲,他的利益关系必然会在他的头脑中以思想意识的形式反映出来,从而影响到他的行为方式。因此,高校学生事务管理不仅要解决大学生由于各种利益因素所引发的思想问题,还必须关注和解决大学生日常生活学习中遇到的实际问题。如果不从利益动因上去分析学生的思想问题,不去考虑解决大学生的实际问题,那么学生事务管理就不能有效地发挥它的教育管理功能。实际上,解决思想问题很多时候应通过解决实际问题来实现,即借助解决实际问题这一环节来升华思想,提高觉悟;在解决实际问题的过程中,要强化思想政治教育功能,凸显解决思想问题的人文内涵和精神支柱的作用。成都学院近年来注重"服务师生需求、促进师生发展",着力提升学习空间、活动空间和生活空间的育人功能。改造考研自习室、高标准建设新图书馆、整合优化教学实验用房、在各栋学生宿舍普遍建设舒适美观的学习室、引进新华文轩建成全国首家校园轩客会,拓展活动空间如大型演播厅、名师工作坊暨朋辈沙龙室、排练厅、社团活动室、创业孵化室、就业双选厅暨创业路演室,优化生活空间,引入大型超市、建好校园橙子便利店,规范银行、邮政、通信网络等服务网点,引进企业资金建设装修新颖别致的受学生"热捧"的学生食堂。特别是学生公寓成功创建省教育厅示范性标准化学生公寓。在公寓社区学校建立了党员服务站、团员服务站、辅导员工作站、朋辈知心小屋、就业指导站等思政工作空间。实行各栋公寓思政工作学院负责制,每栋聘请辅导员栋长,明确各栋公寓党建、团建、心理、就业指导老师。通过公寓思政任务清单台账、学生工作集体和个人年度考核、专项工作协同等方式推动和落实各项公寓思政工作,公寓育人全要素全时空的工作格局基本形成。各项公寓服务项目赢得学生欢迎,满意度均在80%以上。

《创新驱动下的高校服务育人模式研究——成都学院学生事务管理改

革的理论与实践》一书,前四章应该是学校的学生工作同人们的理性思考和经验总结,五至十六章是一些具体做法的讲述与描摹,类似于案例研究。特别是后面的十二章,对于实际从事学生事务管理的学生工作人员及辅导员们,我想很多地方是有启迪的。希望此书的出版能给有志于探索高校学生事务管理、大学生思想政治教育的同仁们更多的启发与借鉴。

是为序。

冯　刚

2017 年 8 月

目 录
CONTENTS

❦ 上篇　理论与体系 ❧

下篇　实践与创新

上篇
理论与体系

　　本篇从党和国家对高校育人的总体要求出发，感知社会发展对高校育人工作的呼唤，探讨了我国高校服务育人的发展过程及创新方向；尝试分析高校服务育人的内涵和外延，着重陈述了以生为本的服务理念、服务学生学习的理念、服务学生发展的理念、差异化服务理念等，进而对高校服务育人模式进行了简要阐释；分析了高校服务育人的发动机制、管理机制、资源配置机制、监督机制、保障机制；概括展示了成都学院"发展＋事务"双核多元服务育人载体体系的诸多方面。

第一章

创新驱动下的高校服务育人背景

第一节　党和国家对育人的总体要求

党和国家对学校育人的要求一般会通过教育方针和教育目标得到体现。教育方针是国家或政党在一定历史阶段提出的有关教育工作的总方向和总指针，是教育基本政策的总概括。它是确定教育事业发展方向，指导整个教育事业发展的战略原则和行动纲领。内容包括教育的性质、地位、目的和基本途径等。它是专属于国家、服务于社会的，或者是代表国家行使教育管理职能的。相对于国家、政府或全社会的总路线、总方针而言，它是具体的部门工作方针；相对于各级各类教育工作来讲，它具有全局性、战略性，是制定各类教育政策法律法规的准绳。

党和国家是教育方针的当然主体，其教育方针代表了一定的统治集团在一定历史阶段关于教育发展的总方针。中国共产党是教育方针的核心主体，其所提出的教育方针通过一定的组织和立法程序，上升为国家的教育方针，从而将党的教育意志上升为国家和人民共同的教育意志。[①] 不同的历史时期有不同的教育方针；相同的历史时期因不同需要，其教育方针表述的侧重点也会有所不同。

一、党和国家关于"育人"的教育方针演进

1978 年 3 月 5 日，第五届全国人大一次会议通过的《中华人民共和国宪法》指出："教育必须为无产阶级政治服务，同生产劳动相结合，使受教育者在德育、智育、体育几方面都得到发展，成为有社会主义觉悟的有文化的劳动者。"同年 4 月22 日，邓小平在全国教育工作大会上讲话指出："这就是毛泽东同志所说的，应该使受教育者在德育、智育、体育几方面都得到发展，成为有社会主义觉悟的有文化

---

① 杨天平：《中国教育方针概念界说》，载《国家教育行政学院学报》，2013 年第 1 期。

的劳动者。"①"为了培养社会主义建设需要的合格的人才,必须认真研究在新的条件下,如何更好地贯彻教育与生产劳动相结合的方针。②"后来他又提出教育要"三个面向"(即教育要面向现代化,面向世界,面向未来),要培养"四有"新人。这些都被写进了当时中央和国家的有关文件,具有教育方针的性质,对新时期教育的改革和发展起到了十分重要的指导作用。

十一届三中全会以后,党和国家有关文件、法规对教育方针多次做过表述。1981年6月,中共中央十一届六中全会通过的《关于建国以来党的若干历史问题的决议》提出:"坚持德智体全面发展、又红又专、知识分子与工人农民相结合、脑力劳动与体力劳动相结合的教育方针。③"

1982年12月,第五届全国人大五次会议通过的《中华人民共和国宪法》规定:"国家培养青年、少年、儿童在品德、智力、体质等方面全面发展。④"

1985年5月,中共中央颁发的《关于教育体制改革的决定》提出:"教育必须为社会主义建设服务,社会主义建设必须依靠教育。社会主义现代化建设的宏伟任务,要求中国的教育不但必须放手使用和努力提高现有人才,而且必须极大地提高全党对教育工作的认识,面向现代化、面向世界、面向未来,为90年代以至21世纪初叶我国经济和社会的发展,大规模地准备新的能够坚持社会主义方向的各级各类合格人才。⑤""所有这些人才,都应该有理想、有道德、有文化、有纪律,热爱社会主义祖国和社会主义事业,具有为国家富强和人民富裕而艰苦奋斗的献身精神,都应该不断追求新知,具有实事求是、独立思考、勇于创造的科学精神。⑥"这段话规定了教育的战略地位、性质和任务,提出了"三个面向""四有新人"等具体要求及其具体规范,具有教育方针的性质。"三个面向"与"四有新人"为当时人才培养指明了方向,引起了社会的极大反响,对新时期人才培养具有极其重要的作用与影响。

1986年4月,第六届全国人大四次会议通过的《中华人民共和国义务教育法》规定:"义务教育必须贯彻国家的教育方针,努力提高教育质量,使儿童、少年在品德、智力、体质等方面全面发展,为提高全民族的素质,培养有理想、有道德、有文化、有纪律的社会主义人才奠定基础。"这里既包括德、智、体全面发展,又包

① 《邓小平文选》第2卷,人民出版社1994年版。
② 《邓小平文选》第2卷,人民出版社1994年版。
③ 《中国共产党党内法规选编(1978—1996)》,法律出版社1996年版。
④ 《中国共产党党内法规选编(1978—1996)》,法律出版社1996年版。
⑤ http:Ministry of Education of the People's Republic China. 1985年5月27日。
⑥ http:Ministry of Education of the People's Republic China. 1985年5月27日。

括"四有"要求。

进入 90 年代,改革开放和现代化建设步伐加快,党和国家又及时制定了新的教育方针政策。1993 年 2 月,中共中央、国务院印发《中国教育改革和发展纲要》规定:"各级各类学校要认真贯彻'教育必须为社会主义现代化建设服务,必须与生产劳动相结合,培养德、智、体全面发展的建设者和接班人'的方针。""培养有理想、有道德、有文化、有纪律的社会主义新人。"提出了我国教育事业发展的任务、目标、战略政策措施和指导方针。"教育工作的任务是:遵照党的十四大精神,以建设有中国特色的社会主义理论为指导,坚持党的基本路线,全面贯彻教育方针,面向现代化,面向世界,面向未来,加快教育的改革和发展,进一步提高劳动者素质,培养大批人才,建立适应社会主义市场经济体制和政治、科技体制改革需要的教育体制,更好地为社会主义现代化建设服务。"

1995 年 3 月 18 日,第八届全国人大三次会议通过了《中华人民共和国教育法》,规定:"教育必须为社会主义现代化建设服务,必须与生产劳动相结合,培养德、智、体等方面全面发展的社会主义事业的建设者和接班人。"以法律形式将此方针确定下来,规定了我国未来教育的性质、方向、途径、目标及其规格,对我国教育的发展产生重大而深远的影响。

进入 21 世纪,党的十六大报告指出:"教育为社会主义现代化建设服务,为人民服务,与生产劳动和社会实践相结合,培养德智体美全面发展的社会主义建设者和接班人。[1]"

党的十七大报告对科学发展观进行了全面系统的阐述,明确指出了科学发展观第一要义是发展,核心是以人为本,基本要求是全面协调可持续发展,根本方法是统筹兼顾。党的十七大报告指出,要"坚持育人为本、德育为先,实施素质教育,提高教育现代化水平,培养德智体美全面发展的社会主义建设者和接班人,办好人民满意的教育"。其关于教育方针的论述,体现了科学发展观以人为本的核心思想。从科学发展观的角度思考学校的发展和改革,这对于教育,尤其是高等教育具有重要的指导意义。

二、十八大以来党和国家对育人工作的要求

教育兴则人才兴,教育强则国家强。十八大以来,以习近平同志为核心的党中央统筹推进"五位一体"总体布局和协调推进"四个全面"战略布局,高度重视高校"育人"工作。

---

[1]　江泽民:《在中国共产党第十六次全国代表大会上的报告》,人民日报出版社 2002 年版。

党的十八大报告指出,要"坚持教育为社会主义现代化建设服务、为人民服务,把立德树人作为教育的根本任务,全面实施素质教育,培养德智体美全面发展的社会主义建设者和接班人,努力办好人民满意的教育"。

习近平总书记对中国高等教育的发展和高校思想政治教育工作高度重视,发表了一系列重要论述。2016年12月,习近平总书记在全国高校思想政治工作会议强调,高校思想政治工作关系着高校培养什么样的人、如何培养人以及为谁培养人这个根本问题。要坚持把立德树人作为中心环节,把思想政治工作贯穿教育教学全过程,实现全程育人、全方位育人,努力开创我国高等教育事业发展新局面。

(一)育人要坚持以马克思主义为指导

"办好中国特色社会主义大学,要坚持立德树人,把培育和践行社会主义核心价值观融入教书育人全过程。"2014年,第23次全国高等学校党的建设工作会议召开,习近平总书记就高校党建工作做出的重要指示强调,坚持立德树人思想引领。对人的培养首先是价值观的培养。在这一过程中,高校教师队伍扮演着非常重要的角色。习近平总书记对教师队伍提出了明确的要求,"高校教师要坚持教育者先受教育,努力成为先进思想文化的传播者、党执政的坚定支持者,更好担起学生健康成长指导者和引路人的责任"。指明了高校及其教师的历史使命和当下职责。

"办好我们的高校,必须坚持以马克思主义为指导,全面贯彻党的教育方针。""要坚持不懈培育和弘扬社会主义核心价值观,引导广大师生做社会主义核心价值观的坚定信仰者、积极传播者、模范践行者。"习近平总书记在全国高校思想政治工作会议上的重要讲话,从全局和战略高度,深刻回答了事关我国高等教育事业发展的一系列重大问题,深刻阐明了加强和改进高校思想政治工作的重大意义、目标定位、主要任务和基本要求。

(二)育人要坚持"四个服务"的发展方向

"我国高等教育发展方向要同我国发展的现实目标和未来方向紧密联系在一起,为人民服务,为中国共产党治国理政服务,为巩固和发展中国特色社会主义制度服务,为改革开放和社会主义现代化建设服务。"这是中国高等教育的政治功能。"高等教育的政治功能是如何体现的?我们知道,高等教育必须通过培养人这一基本活动来发挥作用,失去了这一点,高等教育就不再是教育了。对人的培养,主要是对他的价值观的培养,同时对他的行为方式进行塑造,即养成一种良好的行为习惯,培养一种理想人格。"①

我国的高等教育都要以"四个服务"为发展方向,坚持把学生培养成"德智体全面发展的社会主义建设者和接班人",重在培养他们的社会主义核心价值观,重在思想的引领,重在对行为方式的塑造和行为习惯的养成。

(三)育人要坚持以立德树人为中心

"育才造士,为国之本。"育人是高校的中心工作,也是高等教育的中心任务,当然更是高校思想政治工作的出发点和立足点。在全国高校思想政治工作会议上,习近平总书记在重要讲话中再次强调,"高校思想政治工作关系着高校培养什么样的人、如何培养人以及为谁培养人这个根本问题"。同时指出要坚持把立德树人作为中心环节,要贯穿教育教学全过程。高校思想政治教育对于"立德树人"根本任务的实现有着重大作用。

十八大以来,高校要把立德树人摆在更加突出和重要的位置,这是与当前我国的教育方针一脉相承的。坚持立德树人,就是要始终坚持马克思主义的指导地位不动摇,夯实实现"中国梦"的思想基础;坚持立德树人,就是要坚持把培养什么样的人、如何培养人以及为谁培养人这个根本问题放在首要位置,时刻牢记育人的根本任务;坚持立德树人,就是要坚持高等教育为社会主义建设服务的宗旨,遵循中国特色社会主义办大学的基本原则。

由此可见,我国教育发展的方向以及明确规定这一方向的党和国家的教育方针,是由我国社会主义社会的性质决定的,是由社会主义现代化建设的发展要求决定的。教育为谁服务,培养什么样的人,是教育中带有全局性和根本性的重大问题。因此,教育方针的核心内容,是关于教育的培养目标和发展方向的规定。

第二节 社会需求与高校育人工作的变化

经济的发展,社会的进步,科学的飞跃,使社会对人才的需求呈现多元化、重能力、强服务的趋势,对高校人才培养提出新要求。

一、社会对高等教育的价值、所承担的作用的期待

这属于高等教育的经济功能。随着高等教育规模的扩大及经济发展对高等教育依赖程度的提高,高等教育和经济发展的关系变得日益密切起来。高等教育

---

① 王洪才:《论高等教育的本质属性及其使命》,载《高等教育研究》,2014 年第 6 期。

的价值之一在于促进国家和社会的发展。19世纪下半叶,在美国高等教育史上第一次巨大的变革与发展进程中,"威斯康星思想"的创始人范·海斯认为:"教学、科研和服务都是大学的主要职能。更为重要的是,作为一所州立大学,它必须考虑每一项社会职能的实际价值。换句话说,它的教学、科研、服务都应当考虑到州的实际需要。大学为社会,州立大学要为州的经济发展服务。作为一所州立大学,它必须考虑每一项社会职能的实际价值,换句话说,它的教学、科研和服务都应当是考虑到州的实际需要。"①威斯康星大学的社会服务采取的两条基本途径是:一是传播知识,包括函授、知识讲座、公共研讨、信息服务等;二是专家服务,即直接参与州经济、政治、文化诸方面的咨询及策划工作。② 由"威斯康星思想"所确立的现代大学的社会服务职能,在大学与现代社会的关系构建中发挥着不可替代的作用,是现代大学全面开放和走进社会的契机。随着社会服务职能的不断扩展,大学与社会的联系越来越广泛、越来越密切,大学由社会的一部分而变成了社会的一个有机机构,大学的社会价值和作用得到最直接的体现,使得现代大学开始超越象牙塔,走向社会的中心,成为整个社会中最具活力、最能代表时代前进方向的机构,从而引领社会发展的潮流。

在现代,高等教育价值观更多体现在政府的高等教育指导思想中。如1947年11月美国总统委任的国家教育委员会颁布了一个题为《美国民主的教育》的报告,认为:"教学必须服从社会目的,个人前程与社会责任应紧密结合,高等教育的整个基本任务是激励青年人担负起劳动世界中的有关社会责任和生产责任等。"从报告中可以看出,高等教育为社会做贡献,为社会经济发展服务,都是高等教育价值观和作用的体现。

高等教育的首要目标是培养和造就人才。从高等教育的性质看,它是一种专业教育,依据学科知识和专业分工培养高级人才的活动,是培养和造就各类高级专门人才的社会活动。主张严格的专业教育,即大学活动按专业划分,围绕专业设置课程,学生从进校至毕业始终在专业教育的范围活动。而专业设置则依据学科发展与社会就业结构的变动而变动。大学对学生的培养首先应该考虑如何让他们适应社会的需要,适应未来职业的需要。

在我国,社会主义现代化建设,经济建设是中心。教育,尤其是高等教育为社

---

① 朱国仁:《从"象牙塔"到社会"服务站"———高等学校社会服务职能演变的历史考察》,载《清华大学教育研究》,1999年第1期。

② 肖洪钧、迟景明:《大学社会职能的历史演进》》,载《大连理工大学学报(社会科学版)》,2001年第6期。

会主义建设服务,其中之一是为经济建设服务。其首要任务是提高生产力水平,教育最基本的经济功能是劳动力的再生产,把可能的劳动力转化成现实的劳动力,把一般劳动力培养成具有一定的生产知识、劳动技能、有觉悟、有文化素养的特殊劳动力,以促进生产力的提高。① 高等教育对社会的最大贡献就是为社会培养合格人才,根据社会经济文化发展变化培养可用之才。

二、社会需求要求高等教育进行分类管理、分类指导

党的十八届三中全会提出了深化教育领域综合改革的明确要求。习近平总书记在北京大学师生座谈会上的重要讲话中指出:"全国高等学校要走在教育改革前列,紧紧围绕立德树人的根本任务,加快构建充满活力、富于效率、更加开放、有利于学校科学发展的体制机制,当好教育改革排头兵。"高等教育如何发展引起全社会的极大关切。

毫无疑问,高等教育的社会属性更为明显。大学始终与国家发展和民族振兴同向同行,同向发展,这是大学发展的规律。作为社会的子系统,教育不可能离开一定的社会环境和社会条件而存在。同时,教育的一切活动都要适应社会发展,为社会发展服务,这是教育发展的外部规律。② 因此,适应经济社会发展需要,就成为我国高等教育必须面对、也必须解决好的重大问题。要很好地做到适应经济社会发展需要,必须要推动高等教育结构的战略性调整。

进入 21 世纪,全国高校毕业生人数就如同中国经济一样,势头迅猛,一发不可收拾。从 2001 年 114 万人增加到 2016 年 765 万人③,短短 15 年净增 651 万人,平均每年增加 43.4 万人,2017 年更是将达到 790 万人,堪称世界教育史上的奇迹。每年这么多毕业生进入市场,引起社会热论,"就业形势异常严峻""创历史新高""史上最难就业季"等吸人眼球的词语频见报端,但社会反映的区域经济社会发展最为需要的技能型、应用型、复合型人才又异常紧缺,问题的根源在于结构性矛盾。其深层次原因是我国高等教育体系对经济社会的变化和科学技术的进步响应迟滞。高校"同质化"现象严重,许多高校学科专业"大而全",专业陈旧雷同,人才培养方式与实际需求脱节,人才培养的类型、层次特征不清晰,办学封闭化倾向严重,缺乏与行业企业需求和区域发展需求紧密结合的机制。

---

① 谭菊华:《中国高等教育人才培养模式改革研究》,武汉大学,2014 年。
② 杜玉波:《高等教育要更加适应经济社会发展需要》,载《中国教育报》,2014 年 7 月 24 日。
③ 2016 史上"最难就业季"——何处安放奋斗的青春(第 17 期)[EB/OL]. 中国教育在线, http://www.eol.cn/html/c/znjyj/index.shtml。

以人才培养定位为基础,我国高等教育总体上可分为研究型、应用型和职业技能型三大类型。① 研究型高等学校主要以培养学术研究的创新型人才为主,开展理论研究与创新,学位授予层次覆盖学士、硕士和博士,且研究生培养占较大比重。应用型高等学校主要从事服务经济社会发展的本科以上层次应用型人才培养,并从事社会发展与科技应用等方面的研究。职业技能型高等学校主要从事生产管理服务一线的专科层次技能型人才培养,并积极开展或参与技术服务及技能应用型改革与创新。本科教育中的课程设置以及建设总是为实现特定人才培养目标而服务的,应用型本科院校的最主要任务就是培养高素质应用型人才。其课程设置及相关建设工作也应围绕应用型学科专业结构来开展,围绕本科层次应用型人才培养模式来构建,达到服务于地方经济建设和社会发展的根本目标。

更重要的是要加大力度培养多规格、多样化的应用型、复合型人才。在专业设置上更加注重以社会需求为导向,在课程设置上更加注重科学知识、思想品德、人文素养和实践能力的融合,在教学方法上更加注重发挥学生的主体作用,在社会合作上更加注重用人单位的参与,着力培养具有较强岗位适应能力的面向地方、面向行业企业的高素质人才。唯有如此,才能有效解决当前大学生就业难以及社会对人才的多元化的需求。

三、我国经济转型要求高等教育进行人才培养调整

随着社会转型升级,社会对高等学校人才培养要求发生了变化,随之高等学校教育理念和人才培养目标也将适应社会转型而进行调整,转型背景下高等教育发展面临更多新形势和新挑战,人才培养和社会需求之间的矛盾都有待于不断调整。在经济转型新形势下,高等教育进行人才培养要突出能力培养和突出服务特色。

(一)突出能力培养

《国家中长期教育改革和发展规划纲要(2010 - 2020)》也明确指出:"坚持能力为重。优化知识结构,丰富社会实践,强化能力培养。"这是当代人才培养工作理念的新发展,也是回应社会对高校人才培养的关切,更是对当前高校人才培养工作提出了新要求。习近平强调,办好我国高校,办出世界一流大学,必须牢牢抓住全面提高人才培养能力这个核心点,并以此来带动高校其他工作。

能力为重是高校人才培养工作适应知识经济时代社会发展的必然选择,也是中国特色社会主义建设事业的高校人才培养理念的现实呼唤,更是以人为本的科

---

① 内容摘自《教育部关于"十三五"时期高等学校设置工作的意见》(教发〔2017〕3 号)。

学发展观对高校人才培养工作的急切期待。① 当前,高校要构建以能力为重的实践体系,一是优化知识结构,不断增强学习能力;二是丰富社会活动,逐步完善实践能力;三是强化专业训练,精心培育创新能力;四是改进思想政治教育,扎实提升道德能力。

(二)突出服务特色

高校为地方社会经济发展服务是高校的基本职能之一,人才培养不能脱离地方经济社会而独行,经济、政治、文化、社会和生态建设对高校社会服务职能的需求更加凸显,并具有主导性。高校作为生产知识和培养人才的重要基地,是社会发展的动力站,其职能的发挥与社会的进步密切相关。

随着社会的发展,高校应该充分发挥其社会服务职能,更好地适应和满足社会需求。高校如何充分发挥其社会服务职能,成为名副其实的社会"服务站",以承担时代赋予的重大历史使命,已引起了高等教育界的广泛关注。高校只有突出服务地方经济社会发展,才能孕育学校特色和优势,才能保持可持续发展,实现新的跨越。

总之,社会和经济的发展对高等教育育人工作提出了新要求,高等学校理应积极回应。

第三节 我国高校服务育人的发展

事物从来都不是凭空想象的,更不是无中生有的,都是在发展的过程中,不断回顾、凝练、总结和提高。高校服务育人的发展也经历了这样一个过程,"十年磨砺,一朝惊艳"。20 世纪 80 年代提出"三育人",即"教书育人、管理育人、服务育人",是在极其深刻的意义上对大学职能的正本清源,是在最本质的意义上对大学使命的重新认识。现在,"教书育人、管理育人"也属于"服务育人"范畴的认识得到越来越多的认同。从本质上讲,教育与管理也是服务,从而扩大了服务的内涵和外延,提升育人质量,提高育人水平,使全员育人、全方位育人、全过程育人得以真正落实。

一、我国高校育人的发展

从 1977 年恢复高考,到现在的 2017 年,整整 40 年,中国的高等教育取得了迅

---

① 吴自斌:《能力为重:对高校人才培养提出的新要求》,载《高校理论战线》,2011 年第 6 期。

猛发展。四十年来,无论从考生人数、录取人数、录取比例、毕业生人数来说还是从高校数量来讲,都可谓变化惊人。1966 年到 1970 年,由于"文化大革命",中国的高校没有招生,在 1971 年到 1976 年间,只推荐工农兵学员上大学,因此 1978 年,全国普通高等学校毕业生仅为 16.5 万人,而 2017 年,普通高校毕业生达到 790 万人;1977 年,高考报考人数 571 万人,录取 27 万,而 2017 年,中国考生人数 940 万,录取人数 700 万。1978 年,全国参加录取考生的高校数仅为 404 所,而 2016 年全国高等学校共计 2879 所,其中,普通高等学校 2595 所(含独立学院 266 所),成人高等学校 284 所。在高校数量上,位居世界第二。1978 年,全国大学生在校人数 86.7 万,而 2015 年,在校人数已达到 3700 万。与改革开放之初相比,高等教育的规模增长超过 42 倍,位居世界第一。① 总而言之,改革开放之后,中国的高等教育跟中国的经济、中国的综合国力一样高速增长、飞速进步,发生了翻天覆地的变化。毋庸置疑,从"量"上讲,中国的高等教育的增长速度和当前规模是举世瞩目的,是成功的。

同时,中国高等教育没有忽略对人才培养的"质"的要求和把控。早在 20 世纪 80 年代初,我国高等学校就有"三育人"的提法。"三育人"是指:教书育人、管理育人、服务育人。高校开展"教书育人、管理育人、服务育人"为内容的"三育人"活动,取得了较好效果,成为高校思想政治工作的重要途径和基本载体。

对高校的职责而言,"教书育人"是其通用的口号,有人由此引申出"服务育人""管理育人"等口号,也有人笼统概括为"三育人"。其本意大概是指,在学校中不同岗位上的各类人员在完成本职工作之外,还应担负起"育人"的责任:教师要在教学过程中教书育人,管理干部要在行政工作中管理育人,后勤工作人员要在日常工作中服务育人。"教书育人"显然是针对教师而言,教师的本职工作确定为"教书",不仅要教学生专业知识、基本技能,"师者,所以传道授业解惑也",但也要教学生做人的道理;"管理育人"就是针对高校行政部门、职能处室工作人员而言,其本职工作是管理。管理人员是否要"育人",是否要参与到"育人"的过程中,对于这个问题的回答一目了然,不管任何时候,答案都是肯定的。中国高校的办学性质是坚持社会主义办学方向,是培养具有"德智体等方面全面发展的社会

---

① 数据来源:全国历年(1977 – 2015)高考人数、录取比例和录取院校统计,http://www.sohu.com/a/81744717_351275;1977 – 2014 历年全国高考人数和录取率统计,http://edu.sina.com.cn/gaokao/2015 – 06 – 18/1435473862.shtml;教育部公布 2016 最新全国高校名单共 2879 所,http://edu.sina.com.cn/gaokao/2016 – 06 – 04/doc - ifxsvenx3264013.shtml。

主义事业的建设者和接班人"。① 这一培养目标的实现必须靠高校管理层强有力的领会和执行才能实现。"服务育人"自然是针对后勤人员而言,他们的本职工作理当是"服务"。我们可以看到,很多学者将"服务育人"简单地理解为后勤、图书馆等机构的育人工作,认为只有他们才是服务,在日常的与学生打交道中去服务,不能说不正确,但这种理解是一种片面的、狭义的甚至较为偏执的理解。

从"三育人"提出的背景来看,"育人"的含义显然是指做思想政治工作。思想政治教育工作的实质是做关于"人"的工作②,是做人的精神世界的工作。在20世纪90年代前夕,中国的改革开放"摸着石头过黄河","边试边行、边试边改",老左派、新左派、民主社会主义、自由主义、民族主义等各种社会思潮起伏涨落呈现参差的状态,"姓资姓社"尖锐交锋,各种问题、矛盾与冲突频频,中国的高等教育和中国高校正是在改革开放这种大环境大背景下跌宕起伏,曲折发展,因此,深刻认识高校思想政治工作关系到培养什么人、如何培养人以及为谁培养人这个根本问题。

从"三育人"提出的时代来看,这个时期是中国高等教育发展速度最快、最繁盛的一个时期,同时,也是中国高等教育的形象和概念较模糊和混乱的时期。其主要表现是无限夸大高等教育的功利性,其中又以夸大高等教育的经济功利性为主要内容。这种功利性的后果直接体现在人才的培养质量与成效上。高校开展"三育人"工作,主要是依据高等教育规律和时代特点,紧密结合高校工作实际和学生发展规律,辩证分析和处理育人的各种关系和矛盾,从而取得育人工作的实效。

从分析"三育人"的内涵来看,不难发现,"三育人"都有强烈的"育人"功能,教书育人与管理育人、服务育人共同组成了学校教育工作的主要渠道和有机整体,其最终目的都是全面贯彻党的教育方针,高质量地完成培养德智体美劳全面发展的社会主义事业建设者和接班人的任务。高校的"育人"功能和成效只有与高校的社会主义办学性质相呼应、相匹配才能保证高校培养出来的人才拥护党的领导,听党话、感党恩、跟党走,才能坚持走中国特色社会主义道路。

从分析"三育人"的外延来看,也能发现,"三育人"是高校在开展思想政治工作过程中,要实现全员育人、全过程育人和全方位育人,最终形成了高校"三全育

---

① 1995 年 11 月 23 日,国家教委正式颁布试行的《中国普通高等学校德育大纲》开宗明义指出:"高等学校的根本任务是培养德智体等方面全面发展的社会主义事业的建设者和接班人。"

② 李婉芝:《群众路线视域下的新时期思想政治教育》,载《牡丹江教育学院学报》,2014 年第 3 期。

人"工作的大格局。高校的思想政治工作是一个整体,不能单独将某一部分割裂开来,同时,它又是一个系统工程,涉及方方面面。高校育人工作只有做到"三育人"和"三全育人",才能真正建立健全思想政治教育工作体系,更好地促进学生的成长成才。

二、我国高校服务育人的发展和理念构建

"三育人"的提出是我国高等教育在长期探索过程中总结和凝练出来的能较好反映思想政治教育工作的表象,但是实践中看到,"三育人"未能形成一个有机整体,其原因在于人们仅仅根据高校工作板块和性质,人为地将三者割裂开来。

其实,"服务育人"同"三育人"一样,同是途径,又是理念,更是方向。在"三育人"的发展、完善过程中,高等教育界逐渐认识到,"教书育人""管理育人"也属于"服务育人"的范畴。高校的"服务育人"有广义和狭义之分。狭义上的"服务育人"重在强调教辅部门和后勤机关的服务职责,这些部门的服务性工作,为师生创造良好的工作、学习和生活环境,把党和国家对师生的尊重、关心和爱护体现在具体工作中,达到服务育人的目的。[1] 广义上的"服务育人"强调"大服务"的理念:高校的各个工作部门都和学生息息相关,所有工作环节都具有服务学生的意义,因而都应具有育人功能,都具有服务育人义务。

理念引领行动,方向决定出路。高校的服务育人是连接教书育人和管理育人的桥梁和纽带,对提高学生的综合素质和道德情感的升华具有重要作用,所以要构建全新的"服务育人"理念。[2] "服务育人"理念构建首先是基于经济社会对高等教育的要求。现代高等教育培养的人才应该是具备较强专业能力,并能够服务于社会的高素质应用型人才,强调学生的"服务"能力和本领,因而高校的人才培养必须重视服务理念的导向作用。其次,"服务育人"理念构建是基于学生主体意识的提高。随着经济社会发展和教育体制转变,学生正逐渐把自己看作高等教育的消费者,对学校提供的软硬件服务水平提出了更高的要求。学校作为服务者必须满足学生的合理需求。再次,"服务育人"理念构建是基于高校服务水平的弱化。由于大规模扩招等原因,高校出现了服务能力和服务水平的下降,尤其是整体素质参差不齐,"去行政化"未能落到实处,具体工作中责任意识淡化,服务意识薄弱,互相推诿扯皮。这些因素决定了高校转变服务意识,更新服务理念,提高服

---

[1] 江洪明:《构建高校服务育人新体系的思考》,载《经济与社会发展》,2006 年第 4 期。

[2] 李亚杰:《高校服务育人的实践与探索》,载《河南师范大学学报(哲学社会科学版)》,2012 年第 9 期。

务质量是迫切而紧要的。

三、我国高校服务育人的背景

（一）高校服务育人是时代发展的需要

当前的时代是知识经济的时代，再加之互联网和信息技术的迅猛发展，其信息来源十分复杂，各类文化的表达有着更广泛的载体，对高校服务育人工作提出了严峻的挑战。国内各种社会思潮的交流、交锋、交融，西方从未放松对我国意识形态领域的渗透和侵蚀。过去"大一统"的育人模式失去了曾经有过的震撼力与感召力。构建服务育人体系已成为各高校面临的一项重大而紧迫的任务。①

（二）高校服务育人是适应市场经济和改革开放发展的需要

随着我国对外开放不断扩大、社会主义市场经济的不断深入，大学生思想观念逐渐出现新的变化。一方面，大学生的自强意识、创新意识、成才意识和创业意识日益增强；另一方面，一些大学生确实不同程度地存在着政治信仰迷茫、理想信念模糊、价值取向扭曲、诚信意识淡薄、社会责任感缺乏、艰苦奋斗精神淡化、团结协作观念较差、心理素质欠佳等问题。② 因此，在新形势下，各高校只有更新服务育人理念、改革服务育人内容、改进服务育人方式、改善服务育人环境、拓展服务育人渠道，才能有效地发挥思想政治教育强大的政治功能，使大学生具备政治判断力，正确认识和理解中国特色社会主义的"四个自信"。

（三）高校服务育人是贯彻落实习近平系列讲话精神的需要

高校服务育人主体实现好、维护好、发展好服务育人客体的根本利益，办人民满意的教育，这是高校实践习近平系列讲话精神的集中表现和核心内容。③ 高等学校要自觉践行习近平系列讲话精神，自觉落实到服务于"四个全面""五位一体"的战略布局，就必须致力于构建高校服务育人新体系，营造有利于学生发展和培养合格人才的机制、环境和氛围，努力提高人才培养的质量。高校要努力构建高校服务育人新体系，这关系到科教兴国和人才强国战略的全面实施，关系到"四个全面"和"两个一百年"的宏伟目标的实现。

（四）高校服务育人是适应高等教育发展的需要

改革开放以来，我国高等教育体制改革发生了历史性的深刻变化，高等教育已从过去的边缘开始变成社会的中心。历史表明，只有紧扣时代脉搏，洞悉时代

---

① 江洪明：《构建高校服务育人新体系的思考》，载《经济与社会发展》，2006年第4期。
② 同上。
③ 同上。

精神,把握时代要求,建立与市场经济体制相适应的高等教育管理体制才符合高等教育发展规律。高等教育为"四个服务"服务就是要求社会各界重视高等教育,遵循高等教育的发展规律;高校重视教育教学,保障足够的经费与精力投入,保证青年学生的健康成长。适应高等教育发展,就要求高校增强服务育人功能。强化服务育人功能,才能更有力地促进高等教育体制改革。

（五）高校服务育人是大学生成长成才的需要

大学生是十分宝贵的人才资源。但在长期的教育活动中,将学生纯粹视为教育的对象,否认或忽视学生作为人的客观存在,忽视对学生个性和潜能的开发。而现在,"以学生为本""以服务为本"的观念逐渐深入人心。"以学生为本"就是要以学生为中心,体现出以学生发展和学生成长成才为重,强调激发学生潜能,重视培养学生能力;"以服务为本"就是要在教育与管理的过程中,也应增强教师服务学生的主动性、针对性,提升教师的服务意识以服务学生个性化发展,满足学生的不同需要。

四、我国高校服务育人的表征

正如前文所述,"教书育人""管理育人"也属于"服务育人"的范畴。从本质上讲,教书与管理也是服务,扩大了"服务"的内涵与外延,既能提升育人质量,又能提高育人水平。

"教书"即"服务"。在高校中,"教书"的任务主要由教师来完成,这里的教师专指专业教师,在教育部文件中官方用语为"专任教师",特指具有教师资格,专门从事教学工作的人员。这类教师要具备一定的专业水平、理论水平、教学能力等,其职责是教学生专业知识和专业技能,但这仅仅是"教书"部分,还要承担起"育人"功能,既教书又育人,在课堂上既要传授知识,又要正确引导和关心学生。学生是高校教师的"作品",是高校的产品,"合格与否"往小来说关系到一个高校的声誉,往大来说直接关系到社会主义接班人的培养。"以学生为中心,关心学生的发展和成长成才"一直是高校追求的目标。要真正做到"一切为了学生,为了一切学生,为了学生一切",真正做到"为了全体学生的全面发展""办人民满意的教育"就必须将教书看作是服务,用服务的理念来促进教书的功能,这样既跳出思维定式,又拓展思维边界。教师的教学活动,就是服务于社会,服务于学生,实际上每个教师的教学活动都具有服务育人的深刻含义。所以,将教书视为服务既提升了专任教师爱岗敬业的精神,又增强了专任教师注重教书的质量的认识。

"管理"即"服务"。从现代管理学的角度看,高校各部门及其工作人员在高校内部的管理行为实质上都是为高校的"育人"这一中心职能进行的服务,所以,管理育人也属于服务育人的范畴。只重视教书育人而忽略其他育人要素会直接影响高校人才培养的质量。管理即服务是管理的最高境界,这种理念正逐步在企业、政府部门得到认可,如政府公务员提倡做公仆,为人民服务;企业以客户为中心,提供细致周到服务,等等。那么,在教育界也应如此。管理如同服务,就是满足或超越学生期待的行为过程与结果,"以学生为中心",为学生做事。管理即服务更体现在实际工作之中,服务质量决定了管理质量。高校应有这种认识,学生需不需要、学生认不认可、学生满不满意是我们工作的出发点和立足点。因此,高校各类工作人员应该正确认识服务育人的作用以及实施服务育人的途径,增强服务育人的主动性、针对性和实效性,努力适应时代的特点和形势的需要,为将"育人"这一学校的中心工作做得更好而不懈努力。

那么,服务育人的内涵绝不是仅仅表现在像后勤、图书馆的这种浮于字面理解的服务上,而是体现在"大服务育人"上。高校的服务育人是指学校工作人员以出色的工作和良好的形象,通过为学生提供优质的服务,帮助学生解决思想、学习和生活中遇到的各种问题和困难,引导学生树立正确的世界观、人生观、价值观,从而培养学生良好的思想道德品质和行为习惯。① 高校的办学宗旨和中心任务是为国家和社会培养和输送大批高素质的社会主义建设者和接班人。服务育人是社会赋予高校每位教职员工的一种责任,每位教职工不单是学校的一名服务者,同时还是一个教育者,高校的每位教职员工,无论是学校领导,还是具体的专任教师、行政管理人员、学生管理人员、财务管理人员、后勤管理人员,都肩负着育人的责任,学校的一切工作都必须以育人为出发点。而这也正是我们所一直孜孜追求的"大思政教育"体系或者"三全育人"模式。随着我国高等教育体制改革的进一步深化,为学生服务已经成为高校新的目标,逐渐被各高校所认识。当然,我国目前高校服务育人工作还存在许多问题,服务育人功能还没有充分发挥,还不能充分满足学生需求。

第四节　国外高校服务育人的发展

高校服务育人的发展属于高等教育发展的一部分,与高等教育发展是一脉相承的。国外主要指西方主要国家的高等教育和服务育人(学生事务管理)经过几百年的较为稳定的发展,而我国的高等教育发展时间较短,具有社会主义办学概

---

① 陆英:《高校服务育人的作用及其实施途径》,载《内蒙古电大学刊》,2005 年第 99 期。

念的高等教育只有近七十年的时间,改革开放之后短短四十年,我国的高等教育才取得快速发展。我国高校的学生工作也是这样,一直处于摸索阶段,尚谈不上真正意义上的定型。所以,西方国家高校学生事务管理是可以供我们学习、研究和借鉴的。

一、美国高校学生事务工作的发展

美国高校的学生事务工作经历了 300 多年的实践与探索,形成了自己的特色,形成一整套全面而完善的并行之有效的学生事务管理体系,在管理上能充分考虑学生的需求,以为学生发展提供咨询服务、生活服务、学生校园生活为主,学生事务项目呈现多元化和多样性。就其体系而言,有制度文化建设体系、学习学业辅导体系、社团组织管理体系、学生活动管理体系、学生宿舍管理体系、学生咨询服务体系。学生事务管理内容大致包括招生宣传、招生录取、新生教育、学生住宿、就餐、安全、学业辅导、课外活动、时间管理、体育健身、竞技比赛、心理咨询、疾病治疗、奖助学金、社区服务、停车、就业指导与帮扶等方面①,服务内容相当宽泛且为学生量身定做,细致周到具体。

美国高校的学生事务发展脉络基本与美国高等教育演变历程同步,大致分为五个阶段:替代父母制阶段,学生事务与学术事务浑成一体;学生人事阶段,将学生注册、住宿管理、经济资助和体育活动等事务陆续纳入学生人事体系中,实现学生事务与学术活动相分离;学生服务阶段,为了争夺生源,各校努力采取策略改善对学生的服务工作;学生发展阶段,强调服务的最终目的是为了促进人的发展,通过辅导和咨询使每一位学生能够完成越来越复杂的学习任务,实现自我发展;20世纪后期进入学生学习阶段,学生事务和学术事务呈现出广泛联系,提出创建"无缝隙"学习环境的概念,更加注重"学生学习"的效果。②

美国大学生事务管理是美国高等教育目标和大学目的得以实现的具体体现,有着非常成熟的研究和运用,主要对美国高校内部组织机构的研究相对较多和全面。美国的学生事务是在 19 世纪才从学术事务中分离出来,具有独特的意义和专门的用法。目前,学术事务通常被认为是通过管理和服务,追求对学生的教育功能和发展功能,而且其教育功能隐性地贯穿于管理和服务的具体事务中③。

---

① 胡金朝:《美国大学服务育人的主要做法及启示》,载《思想政治教育研究》,2016 年第 4 期。
② 张园园:《美国高校学生事务工作的特点与启示———以加州大学圣地亚哥分校为例》,载《高校辅导员学刊》,2014 年第 10 期。
③ 刘敬敏:《中美高校学生工作与学生事务的比较分析》,载《合作交流》,2007 年第 5 期。

美国大学学生事务管理呈现的主要特点："培养全人"是美国大学全校上下共同的理念;学生事务重服务、轻管理、扁平化、垂直化的机构设置灵活高效;丰富多元的服务内容使学生事务做到了精细化与全覆盖;有一支敬业奉献的专业化队伍和先进完善的硬件设施;统一严谨的考核标准使学生事务工作规范科学。美国高等教育在长期办学过程中,清楚认识到"学生交费上学,是在消费教育的资源,培养的是既有知识,又有技能,会沟通、能工作、有责任、懂奉献的'全人'"①。这一理念深入人心,所以学生事务工作不仅很受重视,而且成立了多个专门负责学生事务的部门,有宽裕的经费,有专门的机构、专业化的队伍、丰富的服务内容、先进完善的硬件设施以及严谨的考核标准,使以学生为中心、培养全人的理念贯穿学生读书的全过程,能够落地生根生长。

二、英国高校学生事务工作的发展

英国高等教育具有 800 多年的历史,可以说它的学生事务管理工作也伴随着高等教育的发展而不断改变形式。英国高校在其悠久的办学历程中,其高校学生事务发展经历了"替代父母"、专业化、集成和伙伴关系等四个阶段,逐渐沉淀形成了"以学生为中心"的育人理念,其核心是注重高等教育的服务意识和学生的主体地位②;构建了学术事务与非学术事务既相对分离又紧密配合的育人机制,其核心是提升学生服务的专业化和育人机制的协同性。负责非学术事务的英国高校学生服务与支持系统,先后经历了传统导师模式、学生服务模式、课程模式、校园福利模式和朋辈支持模式③,积淀了为学生提供"牧师般的关怀"和专业化支持服务的优良传统。

英国学生事务部门作为学校常设部门,下设学生注册办公室、住宿办公室、心理咨询服务中心、残障服务办公室、学生资助办公室、国际学生及海外学习办公室、就业指导服务中心、招生办公室、艺术教育办公室、考试办公室等十多个部门④,职能涉及招生事务、学籍管理、入学辅导、住宿服务、职业辅导、心理咨询、残疾人服务、学生考试、学生资助、国际和海外学习等方面,其内部各部门分工明确、职责清晰、管理规范。

---

① 胡金朝:《美国大学服务育人的主要做法及启示》,载《思想政治教育研究》,2016 年第 4 期。
② 童静菊:《英国高校学生事务的特点及启示》,载《高等教育研究》,2009 年第 1 期。
③ 李永山、李大国:《英国高校学生支持服务的历史演进及其特点》,载《比较教育研究》,2008 年第 9 期。
④ 冯刚、赵锋:《走进英国高校学生事务管理》,中国人民大学出版社 2008 年版。

"学生即消费者"的观念被大学广泛接受,英国高校学生事务的主要特点,强调"以学生为中心"的工作理念;独具特色的综合化、专业化学生服务体系;重视学联在学生事务中的参与作用;构建了"学术导向"的学生事务工作体制。需要特别指出的是,英国学生事务虽然没有一个被广泛接受的模式,也没有服务范围的规定,但对于具体的学校而言,学生事务工作人员的基本任务是确定学生服务的范围,整合学校各部门学生服务的内容,建立统一的学生服务体系。[1]

三、澳大利亚高校学生事务工作的发展

澳大利亚高校重视学生工作,将其作为一个服务性极强的职业领域,其理论、职能、体系随着高等教育的市场化、国际化而日益完善[2]。

澳大利亚高校学生工作的基本发展历程先后经历了学生管理、学生管理与教育、学生服务时期。现在的学生服务时期,学生服务领域增添了针对学生需要的心理咨询、职业指导等事项,进一步扩展增加了学生学术帮助、残障学生服务、土著学生服务、国际学生服务,主张提供能够满足所有学生需要的服务,还扩大到了招生前的宣传、入学前的教育、学生毕业后的专业支持、学校办学质量保障和提高等各方面,更加强调个性化的学生服务,激发学生潜能,满足学生的不同需要,重视对国际学生的全方位服务。

在学生事务管理理念方面,澳大利亚学生事务管理理念体现为学生服务、发展。大学重视人才培养,为学生学习提供便利、宽松的学习环境,在学生教育全过程中形成了独具特色的培养体系,坚持以人为本、以学生为中心的办学方向;学生管理体现以人为本,全方位服务学生;强调学生自我管理,自我服务,同时重视法规管理。

在澳大利亚学生工作的管理模式方面,大学存在着一个庞大的、层级分明的学生事务管理机构,学生管理内容丰富。学生工作管理组织主要包括招生、注册管理、新生入学教育、住宿生活、经济资助、学生组织和学生活动、健康服务、心理咨询、就业指导等多个方面。从管理与服务的内容来看,可划分为学术服务、生活服务、学生辅助性服务等。根据服务种类进行专业分工,针对每一类型工作设立专门部门,并由不同的人员来负责。澳大利亚高校还充分运用社会力量,比如社区的心理咨询机构、医疗机构、法律机构、宗教机构等,共同做好对学生的教育、管

---

①　童静菊:《英国高校学生事务的特点及启示》,载《高等教育研究》,2009年第1期。
②　赵旻:《澳大利亚大学与中国大学学生管理比较研究》,载《北京教育》,2008年第2期。

理与服务。①

四、日本高校学生事务工作的发展

日本的高等教育在全球教育体系中占据着重要地位,其国内高校的学生事务管理工作也颇具特色,并形成了相对完善、成熟的体系。

日本学生事务管理一般被称为"学生支援"或"学生生活支援"。在国家层面,具体负责实施国家层面的各项学生支援业务。而在各大高校内部,自行设置学生管理机构,学生管理机构由校内和校外两部分组成,两者职责不一,呈现互补关系。校内设置学生部(学生处),配有专职的人员,面向全校学生服务。② 学生部是在校园生活中,对学生个人或团体活动提供各种服务,以促使学生形成丰富人格,达到自主发展的管理组织,对学生的服务涵盖了职业指导、健康管理等。③ 校外部分指的主要是消费生活协调组织等群众组织,该部分承担学生的食宿等生活后勤服务。政府对高校的后勤服务部门实行免税或低税政策进行支持。

日本学生事务管理呈现如下特点:一是以学生支援为中心。具体实施支援时以"引导、服务、辅助"为主,注重尊重学生的主体性。二是支援与教育为一体。结合支援的需要,配合实施教育活动。三是全国无统一的学生管理组织模式,主要由各学校自主实施。各学校根据自身特点,侧重于不同的学生支援。四是组织结构明晰,专职专岗配备。从国家层面说,日本拥有国家级专门学生支援机构,具体主持实施日本国家层面的各项学生支援业务。从各学校层面看,无论国立、公立还是私立学校一般都设置有独立的学生部,配有专职的人员,面向全校学生服务。

五、国外高校服务育人对我国的启示

国外高校的学生事务管理起步较早,已经有 300 多年的发展历史,在世界上都有比较深远的影响,尤其以美国在高校学生事务管理中的经验成熟且丰富,理论成果也最为深入和完善。

新世纪以来,我国教育行政主管部门、高校和相关学者对当前发达国家及地区高校的学生事务管理研究逐渐加深,理论研究和实践探讨的成果也日渐丰硕,并在工作中对研究成果加以借鉴和运用。2007 年出版的《走进英国高校学生事务

---

① 黄海崎、于景华、张向红:《澳中高校学生工作的比较研究》,载《西安工程大学学报》,2011年第 6 期。

② 翁婷婷:《日本高校学生事务管理特点分析及经验启示》,载《高教学刊》,2016 年第 9 期。

③ 端木怡雯、裘晓兰:《日本的学生事务管理与中国学生工作的比较》,载《中国德育》,2010年第 10 期。

管理》和 2011 年出版的《走进美国高校学生事务管理》较为全面系统地反映了英美高校学生事务管理理论与实践经验,对中国高校学生工作具有极其重要的启示与借鉴。《反思、借鉴与创新:美国学生事务管理的经验与启示》通过对美国学生事务管理顺应高等教育内外部环境和教育对象变化规律成长脉络的梳理,启示我国学生工作顺应变化,关注机制、方式、模式的创新,启示我国学生工作要借鉴美国学生事务管理理念和模式,增强学生事务管理实务工作者和理论工作者的沟通等方面进行了系统论述,值得高校学生工作者拜读。近几年,我国高校在结合本地本校工作实际,也在努力对发达国家成功的经验进行挖掘,学习借鉴国外学生事务管理中好的经验和做法,不断提升大学生思想政治教育工作的科学化水平。

结合众多学者研究成果,不难发现,对国外高校学生事务管理的借鉴表现在以下几个方面:

一是转变观念,树立服务性的学生工作理念。始终坚持着一切为学生服务的工作理念是国外高校教育的特色,他们认为一所学校的真正主人不应该是老师,而是学生。学生们是教育的消费者和投资者,并不是受教育者。我国提出的"一切为了学生,为了一切的学生,为了学生的一切"与国外的"学生是学校的主人"如出一辙。但从客观上说,我国高校普遍重管理而轻服务。所以,我国高校应切实树立"以学生为本"的观念,并且学校所承担的角色也应该向学生的合作教育者转变,而不是成为一个权威的纪律管理者。"服务育人"应该从尊重学生的权利,并尊重学生的个体价值和尊严来入手,并将学校的办学目的从"管理"向"服务"转变,增强管理者的服务意识,并将对学生的教育深入到为学生服务中去。

二是构建全面的服务型学生工作体系,突出为学生全面服务。国外高校学生事务管理突出服务意识和人本意识,建立起全面的组织体系和服务体系。学生事务管理内容设计方方面面,无所不包。我国高校要整合各项为学生服务的功能,建立健全专门的分类管理体系和健全学生服务体系,建立完整、科学、操作性强的学生事务规范和准则,成立专门的学生心理咨询和辅导中心、健康服务中心等机构,并且在学生之中,应该建立学生活动中心、党团工作中心、就业指导中心、学生工作常务办公室等部门来为学生提供服务,引导学生自我管理、自我服务,发挥学生在学校管理与教育中的主体作用。

三是转变学生工作中心,以促进学生发展为重中之重。国外高校的学生事务的中心任务是关注学生全面发展,强调学生发展的多样性,关注学生的个性化发展,帮助学生实现自我。而我国高校学生工作却忽视了学生的个性发展和其自身价值的实现。因此关注学生个性发展、帮助学生自我实现是当前中国高校学生工作的首要要求。针对不同天赋、不同需要、不同个性的学生开展个性化服务,包括个人职业规划、心理健康咨询、学习能力培养等服务,同时促进学生更广泛地参加到学校事务管理工作中来,进行自我、自我监督,在其中锻炼自身的能力。

四是重视学生管理和服务过程中的法制建设,突出法纪意识。西方国家法制相对健全,公民的法制意识也相对浓厚。高校管理大都有严谨的大学章程和细化的内部规章制度。学生事务管理既体现以人为本、精细服务的理念,也体现依法管理、权责对称的思维。一方面,高校及其职能部门特别强调依法管理和依法服务。另一方面,高校特别强调学生为自己的行为负责。学校可以为学生提供法律方面的咨询服务,但没有义务为学生的行为过错承担责任。针对学生违法犯罪的任何处置都必须合乎法律的规定,同时,给予学生相应的申诉权利。对于学生可能发生的自杀或危害他人安全则完全交由警察、法院等司法部门依法处置,很少与学生家长发生关系。

总而言之,国情不同,在工作模式、工作内容等方面不能生搬硬套、照搬全抄,但国外高校"为学生服务""以学生发展为重"的理念却是值得我们借鉴、学习和大力发挥的。

第五节　创新驱动下高校服务育人的新要求

2012 年 11 月,党的十八大强调要坚持走中国特色自主创新道路,实施创新驱动发展战略。2015 年 3 月,《中共中央国务院关于深化体制机制改革加快实施创新驱动发展战略的若干意见》明确指出,创新是推动国家和民族向前发展的重要力量,也是推动整个人类社会向前发展的重要力量。目前,在我国创新驱动方面,表现最活跃的是经济领域,表现最充分的是科技领域。毋庸置疑,创新驱动的关键是科技创新能力,而科技创新能力的根本驱动力在教育,尤其是高等教育。高等教育与经济社会发展关系最为紧密,对科技创新的贡献也最为直接、最为明显,因此,创新驱动发展对教育的迫切需求最先体现在高等教育上。

在当前经济发展的新常态下,我国高校教育也面临新的机遇和压力,特别是创新驱动发展战略对高校教育提出了新的需求,迫切需要高等教育系统以综合改革为契机,找准定位,办出特色,打开服务育人新格局,与时偕行。

就高校而言,有四大基本职能,其中,人才培养是关键。高校服务育人的宗旨是培养合格人才,因此,在新形势下,国家、社会对高等教育寄予更高的期望,高校服务育人也将面临新要求、新挑战。

一、创新驱动下高校服务育人要以"四个服务"为目标

发达国家的高校都有各自的德育教育,正如北京大学原党委书记朱善璐先生所讲:"没有哪一个国家哪一所大学没有思政课,无非是形式内容不同而已。"①但是他们通常不像中国的行政化这么明显,而是采用润物细无声的方式——由专家教授引领、由同学之间相互感染,由社会共同营造德育教育的氛围。②

纵观我国各个时期的教育方针,不难发现,我们非常强调培养德智体美全面发展的社会主义建设者和接班人。现在,对这个"培养德智体美全面发展的社会主义建设者和接班人"赋予了更为明确的内涵,那就是"为人民服务,为中国共产党治国理政服务,为巩固和发展中国特色社会主义制度服务,为改革开放和社会主义现代化建设服务"。也即是说,高校服务育人要自觉为上述"四个服务"服务。这是我们高校服务育人的总纲,它体现了我们社会主义办学的性质和内涵。

"四个服务"是当前我国高校思想政治工作新理念,为加强和改进新形势下高校思想政治工作提供了理论指引和目标遵循。"为人民服务"要求高校思想政治工作坚持人民至上的价值取向,"为中国共产党治国理政服务"要求高校思想政治工作必须自觉维护党对高校的领导权威,"为巩固和发展中国特色社会主义制度服务"要求高校思想政治工作致力于保证高校办学的社会主义方向,"为改革开放和社会主义现代化建设服务"要求高校思想政治工作必须聚焦人才培养的核心任务。这既是高校服务育人必须遵循中国特色社会主义办大学的基本原则,也是服务育人走中国特色社会主义发展之路所面临的客观现实,更是高校服务育人发展的正确方向。

二、创新驱动下高校服务育人要构建"三全育人"的格局

大学生是国家的希望和未来,高校服务育人对于高校思想政治教育、对于社会主义现代化建设具有重大而深远的意义。服务育人是一项系统工程,需要整合德育资源,形成育人合力,这既是在当今复杂多变的时代下对德育工作者的要求,也是高校服务育人内在发展的需要。

"三全育人"模式包括全员育人、全过程育人、全方位育人三个方面,通过围绕"育人"这个核心,形成一个严密、立体、整合的思想政治教育模式。"三全育人"

---

① 吴楚、岳巍:《北大书记朱善璐:世界上没有哪一所高校没有思政课》,载《中国青年网》,2016 年 12 月 9 日。

② 吴媛媛:《中外高校学生事务管理模式比较研究》,南京农业大学,2013 年。

理念有着深刻的理论基础,系统论理论、思想政治教育的协调控制理论以及马克思的人的全面发展理论都与之有着不可分割的内在联系。"三全育人"模式的优越性在于以育人为核心,重在整合;全员调动,齐抓共管,形成教育合力;全程跟进,上下联动,抓好大学生教育的关键点;全方位展开,全面配合,促进大学生全面发展。

"三全育人"体现服务育人的最高境界,真正建立了立体式的服务育人运作机制。建立党委统一领导,发挥各部门参与、齐抓共管新格局:党委统一领导;学工部、团委组织协调;强化辅导员、班主任骨干作用;发挥全体教师的主导作用;发挥行政管理人员、后勤人员的参与育人作用。

三、创新驱动下高校服务育人要树立"以人为本"的科学管理理念

"以人为本"是建立在马克思主义人的全面发展理论基础之上的科学的管理理念。在我国学生事务管理发展与改革的过程中,高校对"以人为本"的管理理念呼声很高,但真正理解、落到实处少。高校的管理行为表面上穿上"以人为本"的外衣,实则脱离管理与服务工作的主体——学生的实际需要。在当前我国高等教育面临严峻挑战的新形势下,树立"以人为本"的科学管理理念势在必行。

要立足几种变化:一是变管理约束学生为激励学生,激发学生的个人潜能。激励更能唤醒学生的个人潜能,是"以人为本"管理理念的具体体现。二是充分认识和发挥学生的主体作用。明确学生在学生事务管理工作中的主体地位,一切教育活动要以学生的实际需求为中心;引导学生树立自我教育、自我管理、自我服务的意识,充分认识学生是教育活动的主体。三是要促进学生全面发展。在充分开发学生个体潜能的基础上,注重个体差异,因材施教,通过引导、激励、唤醒和鼓舞,发挥学生的最大潜能,使之成为自觉优化、和谐发展的个体。

四、创新驱动下高校服务育人要构建适合本校学生事务管理的队伍

通过对国外高校学生事务管理状况分析,可以得出,学生事务管理的高效运行原因之一是得益于一支专业化程度高、职业化发展的学生事务管理队伍。学生事务管理队伍的专业化和职业化主要体现在从业人员对于学生事务管理工作的态度(来源于能否被认可、职业满意度、工资收入、能否受到尊重等)、聘任、晋升(晋升途径是否畅通)都有较为严格的要求和规范程序。

近年来,我国教育部门和高校都不断提出辅导员职业化、专业化。其实职业化和专业化有联系,职业化必然带来专业化。就我国高校学生工作管理队伍来看,队伍极不稳定,原因很多,主要表现在工作劳动强度大、心理精神压力大、收入

与付出不成正比、处于学校底层等,造成很多辅导员在条件成熟后跳到其他部门工作。高校要认真思考怎样在学生工作系统中留住人才。就我国高校现有学生事务管理人员而言,不一定拥有职业需要的专业知识背景(当然,在入职之前要经过较为严格的培训),但已经从事一段时间的学生事务管理工作,积累一定工作经验,要经过专业培训,力争提升管理队伍的专业化;对工作内容进行科学分工,相对细化和固定的工作有利于保证人员的专业化发展;构建学生事务管理队伍的发展体系尤为重要,确保人员在系统内可以得到垂直方向的晋升,也即打通晋升渠道,可以按职称发展,如助教级辅导员、讲师级辅导员、副教授级辅导员、教授级辅导员;也可以按行政级别发展,如见习辅导员、科级辅导员、处级辅导员等,系统内部的晋升,有利于保证学生事务管理工作队伍的稳定性,确保学生事务管理工作的延续性,也增加学生事务管理人员的积极性,从而才能实现学生事务管理队伍的职业化。

五、创新驱动下高校服务育人要建立大学生参与高校管理的新机制

国外高校学生参与学校管理机制比较完善,学生参与信息管理的积极性较高。而由于我国传统文化的内敛、含蓄等特点的影响,学生参与学校管理的热情并不高,也很少有机会参与到学校发展的决策中去。在新形势下,我国在这方面的创新改革显得极为迫切。这也是发挥学生主体作用、主人翁意识的直接表现。

首先,高校要积极建立学生参与高校管理的运作机制。有学者把大学生参与高校管理分为三个层次:初级层次以行使知情权、监督权和建议权为核心,中级层次以行使行动权、咨询权和评议权为核心,高级层次以行使决策权、表决权、投票权为核心。其参与模式有:知情模式、行动模式和决策模式。[1] 高校要认识到学生参与学校管理的重要性,积极推动建立学生参与高校管理的机制。[2] 主要措施有:一是完善学校的校务公开制度。二是完善学生代表大会制度、校领导接待日制度、学生评教制度等。三是构建学生行使决策权、表决权、投票权的机制。

其次,下放权力,学生自治性组织由学生自主管理。学生会、社团、协会等由学生作为主体的正式组织可由学生自主管理,教师加以技术指导和把握政治方向。一些专业化的机构如就业服务中心、宿管中心、学生活动中心、资助中心、学生工作办公室等,也可以提供工作岗位,直接面向全体学生招募,这有利于开展教育、管理和服务活动,更直接、更快捷地为学生提供服务。

---

① 张向东:《大学生参与高校管理的理论与实践研究》,江西师范大学出版社 2006 年版。
② 卢文忠、储祖旺:《论中国特色学生事务管理模式的构建》,载《理论月刊》,2009 年第 6 期。

最后,高校应组织学生监督组织。如宿监会、食堂管理委员会、学生生活权益部等,对学校宿舍、食堂等涉及学生权益的公共场所和设施实行管理监督和意见反馈,行使监督权、建议权和评价权,等等。

第二章

创新驱动下的高校服务育人理念

第一节　高校育人模式与服务理念的融合

一、高校育人模式及其相关

(一)党的教育方针对高校育人做出了方向性规定

前面我们提到,教育方针是一个国家或政党在一定历史阶段提出的有关教育工作的总的方向和总指针,是教育基本政策的总概括。它是确定教育事业发展方向,指导整个教育事业发展的战略原则和行动纲领,涉及"培养什么样的人、如何培养人以及为谁培养人这个根本问题",这是教育中带有全局性和根本性的重大问题。在我国,不同历史时期教育方针是不尽相同的。

党的十八大报告指出,要"坚持教育为社会主义现代化建设服务、为人民服务,把立德树人作为教育的根本任务,全面实施素质教育,培养德智体美全面发展的社会主义建设者和接班人,努力办好人民满意的教育"。因此,"培养德智体美全面发展的社会主义建设者和接班人"是高校育人的根本方向。

(二)高校育人目标与育人模式

根据党和国家的教育方针,每所学校都应有自己明确而具体的育人目标。育人目标不同,育人模式一般也会不尽相同。

模式是人们根据实践需要和一定的科学原理设计、创造和构思出来的理论的简化形式,是提供人们照着去做的标准样式。育人模式就是人们基于对育人规律的认识,并在育人规律的指导下为实现育人目标而进行的一种人才培养对策。育人模式通常包括四个方面:教育思想、培养目标、培养体系和保障体系。保障体系服从于培养体系,培养体系服务于培养目标,培养目标服从于教育思想。只有把这四个方面内容有机地结合在一起,方可寻到一个比较符合客观规律、符合育人规律、实现育人目标的对策体系。

成都学院的育人模式变迁比较典型地体现了教育方针、育人目标和育人模式的关系。

筹建于1978年的成都学院,是地方政府主办大学的开创性尝试,创办之初探索出了一种花钱少、见效快的为地方经济建设定向培养人才的办学模式——学生"走读",教师"走教",办学秩序井然,学风严谨,社会各界反映良好。1980年10月4日,《光明日报》在头版头条位置以《走读为主的地方大学也能保证质量》为标题,详细报道了成大创办两年来取得的成绩。1981年元旦,《人民日报》特别以《一所"以走读为主"的地方大学》的调查报告为题,详细报道介绍了学校的办学经验并加编者按进行评论。1983年8月,中共成都市委决定,接受世界银行贷款,成都学院由全日制综合院校改为短期职业大学,工科学制由四年改为三年,师范三年学制不变,干修二年学制,学生实行走读,酌收学费,毕业后学校不包分配。1984年12月19日,《光明日报》以"成都大学动员社会力量办大学"为题,对学校集资办学,面向郊县,培养农村建设人才的做法进行了报道。随着社会发展对人才需求的变化,成都学院的人才培养目标不断更新,专业逐渐增多,规模逐步扩大。2003年5月16日,教育部正式批准成都学院升格为本科院校。教育部下文,同意在原成都学院基础上,建立本科层次的成都学院,成都学院校名保留且不被其他学校使用,当年招收自动化等8个专业的819名本科生,在校学生人数达到8184人。经过39年的发展,成都学院已建成为工学、文学、教育学、艺术学、管理学、经济学、法学、理学、医学、农学等多学科协调发展的综合性大学。全日制在校学生21095名,其中研究生362名,留学生222名,中外合作办学学生479名。58个本科专业,5个硕士学位授权一级学科(类别),28个硕士学位授权二级学科(领域),1个博士后创新实践基地,5个省级重点学科。学校不断深化教育教学改革,以专业评估为抓手,以现代教育理念为指导,深入研究区域经济社会发展对人才需求的趋势,明确专业的发展定位与目标,以培养学生创新创业能力为导向,以学生的可持续发展为基本要求,形成鲜明的专业特色,不断提高人才培养质量。学校注重学生发展与素质提升,努力构建系统育人机制,鼓励和支持学生积极参与科技竞赛、创新创业、文化艺术和社会实践活动。近五年,学生省级及以上创新训练计划项目立项数量共计150项,其中学生公开发表学术论文、专利总计204项;在各类学科竞赛中取得省级以上奖励1028项,其中国家级奖励达376项。

在教育思想上,成都学院的发展体现了不同阶段党和国家对人才培养的要求。在培养目标上,立足于不同时期社会发展对人才的需求,培养当地急需人才。在培养体系上,构建符合要求、适应需要的课程体系、实践体系,以及配套的人、财、物及信息体系。在保障体系上,构建与之匹配的质量保证体系和支持服务体系,形成自身的育人模式。当然,这些模式还在不断完善之中。

(三)高校育人体系与学生工作模式

学生工作是高校育人体系中的组成重要部分。高校学生工作围绕学生的成长、成才,以学生工作人员为主要管理队伍,按照教育方针的要求,遵循教育规律而进行的一系列有组织、有计划的教育、规范、指导、咨询、服务工作,使学生在德、智、体、美等方面得到全面发展,成为社会主义事业的合格建设者和可靠接班人的过程。由于自身校园文化和具体组织方式的不同,学生工作也表现出不同的模式。

根据吴景明、解玲、刘泉的《建国以来高校学生工作述评》,学生工作模式有以下五种。

一是"目标——关系型"模式。这种模式注意通过一种双向关系实现学校管理目标与学生发展目标的有机结合。高等学校通过对学生的教育、管理和为学生发展服务,使高等学校的培养目标和学生自我发展的目标逐步达到统一。学生工作者与学生之间是一种双向互动的作用关系。这种新型学生工作模式的实质是突破了传统学生工作模式中以单纯管理为主的工作方式,而转为以管理与服务并重的工作方式,其核心包含了学生对培养目标的确定关系。

二是"系统——过程型"模式。这种模式提出"教——管——导——育——评"学生工作机制,倡导建立用思想教育塑造、用行为管理养成、用政策导向激励、用良好环境和文化陶冶感化、用考核体系评价,这种机制是"系统——过程型"学生教育管理模式的典型,将学生教育管理作为一个完整的过程和系统,创建和完善新的学生工作运行机制,运用新的教育观念和思路对过程的各个环节进行有效管理。

三是"契约——参与型"模式。也被称为"契约"式的管理模式。学校与学生之间存在着管理关系和"契约"关系。一方面,学校受国家教育行政管理机构的委托承担着教育行政职能,在国家法规下对在校学生的学籍、学位、成绩等进行管理。另一方面,学校为学生提供相应的公共服务和产品,其中包括公允的教育水准、充分的校园安全、足够的教学设备、良好的学习与生活条件。学校与学生之间就是平等的契约关系。这种模式倡导高校学生教育管理要树立"契约"意识,确立以"客户"为导向的管理理念,构建契约式管理。

四是"中心型"模式。该模式构建"整体上的专门化""系统内的多中心"和"以条为主"的学生工作运作机制。"整体上的专门化"是针对学生工作的领导体制而言的,以承认学生工作在学校教育工作中专门的独立地位为前提,由副校长主管,实现"专人专事"。"系统内的多中心"是就学生工作系统内部组织结构而言的。将兼职部门分管的学生事务划归到学生工作系统,形成功能专业的新机构,建立直属学生工作副校长领导的多个中心和办公室。这种组织结构不再包括院(系)一级的学生工作系统。这使学生工作管理由现在的校、院(系)两级的条块结合机制向未来的一级管理和以条为主的运作方式转变。

文章认为,这四种模式设想在具体实施中都存在着一定的局限性。第一种模式将管理学中的目标管理运用于学生管理工作,理论上的确是高校学生管理工作的一条有效途径,但是在实际操作中却面临着现实的困难:在高校扩招力度不断加大、在校生人数激增的前提下,很难实现。第二种模式改革力度最小,较利于学校的稳定,但忽视了学生成长过程中出现的新特点,没有将学生作为教育教学工作的主体,不能解决当前最核心的"体制缺陷"问题,其实际效果并不明显。后两种模式体现了当前对大学生主体性的充分尊重,从理想的状态看,学生管理的最终目标就是要实现学生个体由外控转化为内控、由他律转化为自律,达到自我管理和自我教育的目的。但是这种"契约化"管理的实行是建立在学生具备较高自律性的基础之上,而且要求学校的教育教学机制要相当完备,但从当前大学生的整体素质、高校及社会的整体环境来看,都还面临着许多问题。目前,大学生思想和价值取向多元、学生接受信息渠道增多、就业的巨大压力等新问题和新课题,都迫切要求我们在具体工作实践中,积极思考和探索构建与之相适应的高校学生管理新模式。

五是"以人为本理念下的和谐的管理模式"。吴景明、解玲、刘枭等认为,要构建一种"以人为本理念下的和谐的管理模式",这种模式重视人的利益、人的权利、人的价值、人的作用,具体到高校的学生教育管理工作,就是要充分保障学生的权益,突出学生的主体地位,注重学生个性培养,促进学生全面发展。和谐的高校学生教育管理模式就是要将落脚点放在促进大学生的全面发展和个性发展上,体现出对大学生的充分尊重与关怀,保证个性的充分自由和生命的健康成长。

这五种学生工作模式,可以说是对新中国成立以来十八大以前我国学生工作状况的非常准确的概括。但是,随着经济社会的快速发展,随着高等教育的全面转型升级,高校学生工作正面临着新的挑战、正发生着深刻的变化。

2008年以来,成都学院每年6月派员参加美国俄克拉荷马州立大学一年一度开展的"高校学生事务管理"国际学术交流年会,利用成都学院与美国新罕布什尔州立大学设立"孔子学院"开展国际学生事务管理交流,已培养了40多位直接体验美国高校学生事务管理的管理和研究人员。这些人员不断深入思考经济社会发展变迁状况下,特别是高等教育大众化、国际化背景下的学生工作模式。2010

年学校成立了校级科研平台"学生发展研究中心",着力研究新环境下的育人工作模式。2013 年学校开始设计建设融教育、管理、服务为一体的"学生事务中心",积极创新、积极探索适应新时期的学生工作新模式。

二、"三育人"的发展与高等教育本质的回归

(一)"三育人"发展及其后果

20 世纪 80 年代,国家提出了"教书育人、管理育人、服务育人"的育人要求和路径。"教书育人",就是要求学校紧紧抓住教学这一中心环节,通过不断加强教师队伍建设、提高教师队伍整体素质的能力和教师业务能力,以课堂教学为重点、深化课堂教学改革、提高课堂教学质量,加强教师科研能力,努力探索新的教学模式和教学方法,通过教师树立正确的教育质量观和人才观,增强实施素质教育的自觉性,努力提高思想政治素质、树立正确人才观,使学生德、智、体、美等方面都有所提高和发展。"管理育人",就是将学校日常管理与育人工作有机结合起来,在日常管理中体现育人功能,尤其是德育功能,把思想政治教育工作体现在管理中,通过思想政治工作制度化、建立专门的思想政治工作队伍,不断加强党在学校的领导以推动各项管理工作,在管理中强化育人功能。"服务育人",实践中主要是通过后勤、图书等服务类部门的工作,以他们的爱岗敬业、尊师爱生、服务师生的体系和行为,以勤俭节约、爱护公物、讲究卫生、文明礼貌、热爱劳动和艰苦奋斗的作风教育感染学生,为其健康成长创造良好的育人环境,服务和教育学生。

"三育人"理念的提出对我国各级教育,特别是高等教育产生了极为重要的影响。一是形成和壮大了三支队伍,教师队伍、管理队伍、服务队伍不断壮大,推动了高校的快速发展。二是促进了育人工作的专业化,高校教师队伍在育人中发挥了"教书育人"的主要作用,培养了一批批专业技术人才;管理队伍发挥"管理育人"主要作用,不断强化思想政治教育主阵地作用,落实党的教育方针;服务队伍发挥"服务育人"功能,形成和壮大了高校服务体系。

但是,经过 30 多年的发展,"三育人"在具体落实中也出现了一些问题。一是三支队伍部门化,三支队伍分属不同的部门管理,这些部门只负责完成各自的目标任务而一定程度上忽视了学生的真实需求,只求某方面的成绩而缺少真正的育人,加之各类考核更加强化了这种趋势,形成只注重部门成绩,却忽略了学生。二是三支队伍缺少有效配合,出现教师"只教书不育人"、管理人员"只管理不育人"、服务人员"只服务不育人"各自为政的情况,落实在学生发展上,往往难以取得高水平发展。三是新情况较难适应,只要出现交叉职能的地方就是育人的薄弱环节而且难以得到纠正,比如课堂管理、学科竞赛、学业辅导、就业、人生引导等,经常因职责问题而得不到落实和深化。

虽然"三育人"的落脚点在"育人"上,但是在实践上却由于各自强调自身的手段——教书、管理、服务,而忽略了"育人"的根本目标。因此,高校作为育人载体,必须在工作理念和工作方法上同时创新,理念上更加突出"育人"的核心作用,方法上更加注重系统性、综合性、创新性和有效性。

成都学院敏锐地注意到这一问题,积极探索三支队伍的融合问题。首先在理念上确立以生为本的共同认知,以学生事务管理理论与实践为突破口,在系统育人上取得了一定成绩。特别是在思想政治理论课主渠道和学生思想政治工作主阵地建设、在理论建设和实践育人上、在学生事务中心多功能服务育人、在公寓提档升级环境育人上均取得了一定成效。

(二)高等教育本质的回归

随着社会的进步与发展,社会对大学提出了越来越多的要求,使大学的职能与功能不断地拓展。特别是我国市场经济体制建立后,市场利益机制与竞争机制促使大学过度追求自身利益而忽视了对大学育人理念的固守与教育一般规律的坚持。转型期的大学大多做出了实用性的选择,这突出表现在教学、科研、管理、服务及其关系处理上。在教学上,一些地方普通院校把自己定位为教学型,教师大量地上课而忽视科研,导致教学质量不断下降;在科研上,一些研究型大学重科研、轻教学,许多教授很难给本科生上课,即使是研究生也因导师科研任务重而一学期难见一面,导致学生培养质量下降。大学在教学功能与科研功能之间没有找到平衡点,教师自身也没有找到育人的平衡点,学术水平高的教师往往远离讲台忙于科研,而乐于教学的教师又有很大一部分人远离学术前沿,大学的育人功能也大大下降。在管理与服务上,管理变为了行政化,从学校的级别、校长的级别,到处长、科长、一般职员,大学变为了官场。一些做法与行为,使得人们不断呼吁大学的"去行政化",但呼吁论述的多,落实践行的少,大学依然像一个行政机构。在服务上,曾经轰轰烈烈的后勤社会化改革,也因过分强调资源使用效率,忽视服务对象需求和育人功能,最终导致大量后勤社会化效果不佳,最终又纷纷回归学校管理。

社会对大学的要求不断发展,大学的职责与功能虽可扩展,而且还在扩展,但大学的本质不可改变。大学的功能要为大学的本质服务。否则,不断追随社会发展、丰富大学职能可能导致大学本身价值的迷失,最终将导致大学本质的异化。

大学是一个特殊阶段的教育,是一个教育人的地方,是"实施高等教育的学校"。纽曼认为,"大学是传授普遍知识的地方"。雅斯贝尔斯认为,"大学是公开追求真理的场所"。蔡元培认为,"大学者,研究高深学问也"。大学是传授普遍知识与追求真理的地方,本质上是以"研究高深学问"为原点的知识传授与知识创造的人才培养。大学的目的既是大学的内在逻辑,又是大学存在之初的理由,更是大学存在之最后的理由。大学的目的不在于教学,教学只是一种手段而不是大学的终极目的,"教是为了不教",是为了培养符合社会需要甚至引领社会发展的人才。学的目的也不在于科研,科研同样也只是一种手段。大学的目的既不在于教学,也不在于科研,而在于基于教学与科研相统一的人才培养。大学的目的不是管理,管理只是一种手段。大学管理的根本,体现在育人理念支配下的育人体系,最终为培养什么样的人服务。大学的服务要体现服务对象的特殊性,要体现育人的根本特征,没有学生参与的大学服务、没有育人目标的服务不是大学服务,外表的漂亮并不能等同教育价值和教育效果。

育人是大学存在的目的所在,也是好大学与好教育的评价标准,正如美国哈佛大学前校长内尔·鲁汀斯特所说:"大学固然应当为经济发展做出贡献,大学教育也应当帮助学生从事有益并令人满意的工作。然而对于一个最好的教育来说,还存在无法用美元和人民币来衡量的更重要的方面。最佳教育不仅应助于我们在专业领域内更具有创造性,它还应该使我们更有善于深思熟虑,更有追求的理想和洞察力,成为更完善、更成熟的个人。"大学具有教学、科研、管理、社会服务等多种职能,但大学本质属性是育人。在社会变革越剧烈的时代,大学越不应忘记自己的使命和本质,否则,大学最终会迷失在社会洪流中,最终为企业等其他组织形式所代替。大学,需要回归其育人本质。

当前,全国高校思政工作会议再次提出创办世界一流大学、坚持走好中国特色高等教育发展道路,强调强化"七个主"、深化"七育人",即强化党的领导主心骨、马克思主义主旋律、意识形态主导权、思想文化主阵地、课堂教学主渠道、思政工作主力军、网络舆论主战场(七个主)的同时,聚焦深化教书育人、科研育人、实践育人、管理育人、服务育人、文化育人、组织育人(七育人)这条工作主线。"七育人"中每个"育人"都可以做得很深,但"七育人"最终都归于"育人","七育人"之间又相互联系,相互作用。如果不能很好理解"七育人",容易造成更大的彼此分离。

三、服务理念与育人理念的实质融合——服务育人模式

传统的讲授式教学、刚性的行政化管理、被动的基本性服务已经难以适应今天经济社会发展对人才的需求,也难以适应教育者本身对教育的需求。最近10多年来,全国近百所高校通过对外学习先进高校办学理念、对内整合资源,开展适合我国国情和高校发展的学生事务管理实践探索,走出了颇具特色的新育人模

式。成都学院2009年开始探索、2016年基本成型的学生事务管理模式,建立起了学生事务服务育人新理念、新机制、新方法,其扁平化的组织形式减少了行政管理层级、开展了朋辈式教育、主动适应了学生个性化需求,提升了服务效能,把服务理念与育人理念融合,探索具有时代特点的服务育人模式,在高校服务育人方面做了新尝试,迈出了新步伐。

(一)管理、服务、育人

高等教育大众化的持续推进和社会多元文化因素的不断影响,使高校学生在切身需求上日趋个性化,传统的以学校为主导的统一制式的学生教育管理与服务工作受到了严峻挑战。学分制,尤其是完全学分制教学管理制度的推行彻底打破了原来修业年限、专业课程体系、行政班级和课堂班型的界限,更对传统的学生教育管理模式带来极大冲击。成都学院改革人才培养模式,试点设立突破专业、跨越寝室、打破班级的张澜学院,更加注重这些学生的个性化发展、更加注重学生差异性需求,把教育管理对象转变成服务对象,根据人才培养目标,提供最优质的资源和最有效的服务。

成都学院这些年一直致力于学生事务的研究与实践。一方面每年派人参与美国等高校"学生事务管理"国际学术交流年会,了解国际学生事务管理研究和实践前沿;另一方面,依托学校已建成的近500平方米的集教育、管理、服务于一身的一站式"学生事务服务中心",提供集教学服务、资助服务、就业创业服务、心理咨询服务、团学服务、后勤服务、征兵咨询等服务于一身,还引入驾校培训、代购车票、保险理赔、移动电信、留学中介等社会服务项目。目前,学生事务中心已集成60类项目,146个服务子项目服务学生。与许多高校的事务中心不同,成都学院学生事务中心不是学校相关职能部门业务"收发"窗口的集合,而是部门实体的有机整合,是学校有关学生工作架构在职能范围和运行机理上重新设计,更是学生自我服务、自我教育、自我管理的成长平台,也是在教育为学生发展服务的理念上的一种突破和创新。

(二)引导、服务、育人

用引导教育模式减少讲授灌输模式的教育方式改革,是学生事务发展的重要特征。当前,引导教育模式主要表现在引导学生自主发展、培育学生创新创造能力等方面。

学生事务服务在为学生集成式地提供更加方便、快捷、有效的服务的同时,需要给学生自我发展提供较充分的自由和较广泛的空间,让学生在学校主导下有更多自我选择、自我管理的权力,促进学生自主发展。较充分的自由是指学校在学生事务中将权力重心下移,不再通过行政手段施加影响甚至包办代替,只是根据学生的申请或要求给予必要的指导。较广泛的空间是指学生自主管理和决策事项的范围,原则上应尽可能多地由学生自己来进行自我选择和管理。在学生自主发展的引导与服务中,有两支队伍是必不可少的,一是学生干部队伍和学生社团组织,一是本科生学长队伍和导师队伍。学生工作权限下放以后的诸多事务要由代表和维护广大学生根本利益和意愿的学生会组织来承担,学生干部在满足基本条件的基础上完全通过民主选举的途径产生,民主选举产生的学生会接受学生服务中心和院(系)在业务内容上的指导,并设立相应的工作部和责权利考核部门,建立有条件的弹劾退出和申诉复议机制,以保证学生会组织的民主、透明、公正运转。学生社团是以培养、发展学生兴趣爱好和社会责任,发挥学生特长,提升学生综合素质为目的,自发和自由组建的学生群众性团体,由学生社团联合会负责组织协调相关工作,同样接受校团委的业务指导,承担一定的思想引领的责任。本科生学长制和导师制是在全员育人体系中建立的新型学生关系和师生关系,学长在完成自己学业、导师在完成日常教学科研任务的同时,在学生思想引导、专业辅导、生活指导、心理疏导等方面引导学生做人、学习、做事、发展,学生在校期间的不同阶段具有针对性的指导任务,从而帮助学生优质完成学业,实现能力提升。目前,成都学院积极推进"班主任助理"建设,优选学长作为新生的引路人,取得积极成效。学院导师制也在积极推进。学团组织和社会组织蓬勃发展,在学生培育中发挥越来越重要的作用。

培育学生创新创造能力是学生事务与学术事务融合的重要切入点。学生事务中心打破学科、专业、班级、年级界限,为有创意和创新创造能力的学生提供平台,其目的在于通过真正投身或实际参与,有效地培养学生的学习创新能力、实践动手能力并于潜移默化中锤炼品行,提升学生的综合实力、核心竞争力和社会适应性。2014年,成都学院设立"菁蓉学院",积极创建学生创新、创业、创造的平台,取得了积极的效果。

(三)支持、服务、育人

适应社会发展,不断提升硬件建设水平、不断完善制度设计,以此支持学生事务发展,提高服务质量,最终达到育人目标,是学生事务发展的重要保障。

硬件建设是学生事务的基础,为学生事务发展提供物质保障。这些硬件建设不仅包括集中的学生事务中心,而且包括一切为学生发展提供支持的建设,并均可通过互联网实现网上服务。成都学院学生事务中心建成后一年半时间,国内外已有上百所高校来参观学习,"互联网+学生事务"的服务育人模式在全省、全国相关会议上做经验交流。教育部思政司高校思想政治工作简报总第1276期以"成都学院发挥互联网思维创新服务平台探索育人新模式"为题,介绍学校针对网络时代学生思想行为新特点和新变化,发挥互联网思维,推动学生工作与网络新媒体深度融合,通过建设"迎新、离校"网络系统,延伸服务平台,拓展服务功能,把解决学生思想问题与解决实际问题相结合;思政工作全面进公寓,在公寓社区建立了党员服务站、团员服务站、辅导员工作站、朋辈知心小屋、就业指导站、创新创业工作室等思政工作空间,积极探索服务与育人有机结合的"互联网+学生事务"育人新模式。

支持系统不仅要体现在硬件建设上,更要将学校育人目标的主导性体现在制度设计上。制度建设的本身就是一种支持性的全方位的环境育人。用明晰的制度代替传统的层级管理,变传统的人管人的管理模式为制度引导人的服务模式,强调制度建设的科学理性和人文关怀,强调制度体系的周沿性,强调制度的执行力,减少了工作中的人为因素,使高校学生教育与服务更加公正和透明,使学生在学习、生活各方面事务中都有章可循、有法可依、有门可诉,用制度的规范来指引、约束和激励学生的行为。通过制度引导和支持实现服务育人,让制度走在工作的前面。制度导向是一种主动服务,可以克服"等、靠、推"的被动工作现象,这就需要在制度设计、工作机制和服务方式上建立主动出击的制度保障。比如加强服务平台的信息化建设。当今学生中普及的电脑和移动通信终端设备已为信息化服务提供了成熟的条件,学校通过将学生办理事务的众多有数据库支持的交互式应用集成到一站式服务机构的网络平台上,面向可选择范围的对象提供信息推送提醒服务,学生通过网络即可实现随时随地办理业务,而不是必须现场办理,从而使一站式服务在时间和空间上都实现了无限制地向学生延伸。再如在意识形态、心理健康、思想引领、党团建设等工作中,通过加强普查和调研工作主动查找问题、发现问题,继而开展有针对性的主题教育、团体辅导等活动和各种形式的干预机制加以解决。还可将职业生涯规划、就业创业指导、心理健康教育、国防和安全教育等公共课程作为了解学生需求的渠道,通过课程讲授、课外辅导、第二课堂、社会实践、社团活动等多种途径发挥引领学生发展成长的作用。

第二节　服务育人理念的主要内容和特点

理念是实践活动哲学层面上的指导思想,综合反映实践活动的价值观、信念和行为准则,是一切实践活动的理论先导,决定着实践活动的思维活动方式及发展方向。高校学生事务管理首要的和根本性的问题在于确定什么样的理念,以及用什么样的理念来指导学校学生事务管理模式和具体运行。目前,美国等发达国家的一些大学都有成熟的高校学生事务管理理念,并能有效地指导实践。我国高校学生事务管理的研究起步较晚,许多理论工作者就机构设置、人员配备、政策待遇、经费投入、职能界定、手段方法等学生事务管理的诸多方面进行了深入细致的研究,有的还对美国等发达国家学生事务管理的成熟经验做了详尽的介绍和比较。但针对我国高校学生事务管理理念进行深入探讨和细致研究还较缺乏,尚未形成一种可以在我国较能普遍施行的管理理念,致使我国高校学生事务管理一直处于较低水平、较低效率的状态。由于学生事务管理与一个国家特有的政治体制、经济体制、文化背景等密切相关,国家的教育理念、方针有很大不同,甚至不同的大学人才培养的具体目标差异很大,因此,高校学生事务管理要想形成科学的管理理念,就必须立足于国际视野和中国国情,把握国际高等教育学生事务管理的普遍性与国内高校学生事务管理的特殊性,处理好独立自主与借鉴的关系,创立适合我国高校学生事务管理的理念,为高校学生事务管理的改革实践提供强有力的理论支撑。

一、以育人为核心的服务理念

所谓"育人理念",是教育主体在教育实践及教育思维活动中形成的对教育对象"应然状态"的理性认识和主观要求。大学的发展包括理念层面和制度层面。只有大学的育人理念与大学制度达到了相互匹配,一所大学才能获得根本性的发展和对现实的超越。党的十八大报告指出,要"坚持教育为社会主义现代化建设服务、为人民服务,把立德树人作为教育的根本任务,全面实施素质教育,培养德智体美全面发展的社会主义建设者和接班人,努力办好人民满意的教育","培养德智体美全面发展的社会主义建设者和接班人"是一所大学树立育人理念的基本遵循。

育人理念的内涵也是随着社会发展而不断丰富的。与以往相比,我国高等教育的最大变化就是高等教育的大众化和高等教育的国际化,这种变化使我国高校的育人目标、师生关系、育人手段、教育内容、教育时空、育人视野也随之发生了巨大变化。

(一)服务学生"社会价值与个人价值的统一"

在育人价值取向上,一直存在两种思想的争锋,即社会中心论和个人中心论。以西方教育为代表的个人中心价值观强调:高等教育的目的在于促进每个学生在人性或理性方面的发展,培养和谐发展的个人。以东方教育为代表的社会中心价值观强调:高等教育的目的在于培养为社会或国家服务的人才。

我国历史上长期以儒家思想为主导,在育人价值观上推崇社会中心论的价值观。从新中国成立初期到改革开放以前,我国实行高度统一的计划经济,特别是建设工业化国家的需要,更加强调国家的统一意志。在教育导向上重视专业教育,培养专业人才。在这种思想指导下,我国更加强调教育的社会功能,而忽视发展的个性功能,把培养的人视为生产斗争和阶级斗争的工具,致使人的个性发展受到压抑、聪明才智不能充分发挥。这种教育价值观往往只强调社会需要,而受教育者的个体生命与道德情感变得无足轻重,从而使道德教育陷入一个"无我"的境地。改革开放后,我国在教育的价值取向上,实现了两者的统一。从理论上讲,两者是辩证统一的,个人的发展需要与社会发展需要的满足是相互促进、互为因果的,个人发展需要在一定程度上的满足,将大大调动个人在社会主义建设中的积极性。促使个人创造才能的最大限度的发挥,反过来又促进社会的发展;而社会发展又可为个人发展提供丰富的物质基础和条件。

服务学生"社会价值与个人价值的统一",就是既要站在党和国家的高度做好育人工作,又要充分考虑学生的个性、特长、需要,为他们的成长提供物质条件和精神指导,纠正那种把个人发展需要和社会发展需要对立起来的倾向和行为,更要在学生事务发展规划、管理、执行、反馈中体现"社会价值与个人价值的统一"原则,精细设计学生事务的制度、程序、时间、空间、效果反馈等,真正服务于育人目标的实现。

成都学院学生事务服务中心,除开设业务办理、等候书吧等个性化的服务外,积极探索将党团支部建在事务服务小组上,积极体现学生党员的先进性和为同学服务的宗旨,探索出学生自我服务与自我成长同推进的新平台、新路径。

(二)服务"平等合作的师生关系"

长期以来,师道尊严在我国历来被视为不变的理念。教师一直处于绝对权威,学生处于绝对服从,师生关系实际上是一种命令服从型关系。教师是塑造者、是工匠,学生是被塑造的对象,是陶土,是知识的容器,学生要按老师规定的方向发展。在这种学生观支配下,我们的教育培养了一批又一批顺从听话的"好"学生,但这些学生却少有主见,缺乏独立的个性,这种强调学生服从,无视学生主体的教育,是一种对学生的个性进行扼杀、较少培养创新人才的教育。随着现代社会的发展以学生为本的教育理念逐渐形成,学生的主体地位逐步确立,特别在当今社会,教育平等,培养个性化、有创新精神、善于协作的学生已成为时代的要求。

学生事务事业的发展,必须顺应时代要求,服务"平等合作的师生关系"的构建。学生事务管理设计多种平台,就学生感兴趣的学术、人生等问题开展平等的讨论、沙龙式的沟通。在这种教育中,师生在人格上是平等关系,在教学中是授受关系,在社会道德上是互相促进的关系。在学习活动中,教师是学生学习的指导者、帮助者、合作者。教师不仅要关注学生知识的获得，同时还要关心学生在学习过程中的情感的投入、态度的形成、人格的培养。在这样民主平等的师生关系中，学生得到充分的关爱、理解和尊重，个性得到张扬，创造力得到挖掘。特别是致力于创造、创作、创新的课程与活动时更是如此。致力于促进学生发展的学生事务服务，就是要树立以学生为本的大学观，建立平等合作的师生关系，改善和营造尊重学生、关心学生、爱护学生、有利于学生健康成长的育人环境。大学工作虽然千头万绪，但核心工作还是育人。

成都学院学生事务服务中心，通过建立"名师沙龙""朋辈沙龙"、各种社团指导工作坊等，建立平等的师生沟通平台，深受师生好评，在育人上取得积极效果。

（三）服务"知识的传承与创新"

传统的高等教育主要是选择、传承、保存已有的知识经验，促使学生掌握已有的知识、经验，让学生能够运用这些知识经验解决生产问题和社会问题。有人在总结传统的高等教育时，认为存在五多五少的特点，即在学习方法上从师型多、自主型少，在思维方式上求同性多、求异性少，在学习状态上，盲从型多、问题型少，在学习层次上，继承型多、创造型少，在学习情感上，应试型多、兴趣型少。对教育的评价也主要是看学生掌握多少知识，充其量也是看运用知识解决问题的能力，而学生创造能力的培养并没有引起足够的重视。然而，在当今知识和信息剧增的时代，知识的半衰期越来越短，知识信息很快老化。一味地传授过去知识已难以适应巨变的时代。因此，大学教育的最重要目的便是教会学生学会学习。

学生事务服务要为学生"学会学习"提供平台、创造机会。在教学平台构建上，通过师生个性化辅导与交流发现学生特质，通过兴趣小组辅导启发学生创新，通过答疑解惑发现知识关联与不足，通过经验策略咨询丰富学生人生等；在朋辈学习平台构建上，通过兴趣发现组建兴趣小组，通过理想交流促成团队形成，通过各类研讨开阔视野，等等。总之，学生事务服务要成为学生课外成长的最重要内容，成为打破学科、打破专业、打破班级、打破年级界限的机制，成为培养学生兴趣、性格、思维、能力的平台。尤其在这个大众创业、万众创新的时代，学生事务服务更要为培养大学生强烈求知欲，培养大学生创造意识和创新激情，培养大学生发现问题分析解决问题的能力，培养大学生脚踏实地不怕困难的精神，培养大学生团队精神，培养大学生对社会对民族对国家的使命感和责任感的新时代高层次创造型人才服务。

成都学院积极响应国家"大众创业，万众创新"的号召，深入落实、推进成都市小微企业创业创新基地要求，于2015年3月成立了菁蓉学院，占地约为2000平方米，统筹全校学生创新创业工作。菁蓉学院以产教合作带动创业团队培育，以引入优质行业资源丰富创业教育内涵,为学生创新创业提供全过程、专业化的创业服务和指导,以便最大程度地释放创新创业团队的活力。

(四)服务"科学教育与人文教育的融合"

为适应人类社会的农业经济、工业经济和知识经济三个发展阶段,高等教育发展也经历了人文教育、科学教育、人文与科学融合的三个阶段。农业经济的核心要素是土地,与之相对应的特点是社会高度综合,反映在教育上是以人文教育为主;工业经济的核心要素是资本,与之对应的特点是科学的高度分化,反映在教育实践上是以科学教育为主;知识经济的核心要素是知识,与之相对应的是科学在高度分化基础上的高度综合,反映在教育上的是要求科学教育与人文教育两者的融合。近代以来,我国极端重视科学教育,主要是为了培养专家、工程技术人才,改变我国工业落后的面貌。但是,过于重视科学教育,培养专业人才,轻视或排挤人文教育,忽视思想灵魂的塑造,出不了真正的大科学家、大师级的人物。这些年,我国开始注重"素质教育",颁布了《中共中央、国务院关于深化教育改革、全面推动素质教育的决定》,力图改变重科学、轻人文的局面。

大学是实施素质教育的重要场所,学生事务服务必须为大学的素质教育提供支撑。通过开设科学讲堂、举办各类科学展览、组建科学协会等,提高学生的科学素养、求真精神;通过人文素质讲坛、各类交流、读书会等,提高学生的人文素养,陶冶学生情操,培养求善、求美精神。让大学生既能科学认识世界,又能人文关怀世界。只有这样,才能同他人、集体和谐,同社会、自然和谐。

成都学院近年来以"嘤鸣讲堂""成大讲坛"等载体云集众多院士、中外著名学者、艺术家的做法,为学生的发展提供了更多的可能性。

(五)服务人才培养"本土化与国际化的统一"

改革开放以前,我国把高等教育的视角主要锁定于本国,相对封闭,既不向国外输出本国的价值观念、文化传统,同时也担心、惧怕外国文化、价值观念的"入侵",影响学生的世界观、价值观。在办学形式上封闭国门,不敢与国外进行交流;在教育内容上,主要传播中国的传统文化和道德观、价值观,培养为无产阶级政治服务的人才。十一届三中全会以后,邓小平提出了教育的"三个面向",明确提出教育要"面向世界",江泽民、胡锦涛、习近平等党和国家领导人都提出要"建设世界一流大学""培养世界一流人才",加强高等教育在教学、科研和人才培养方面的国际交流与合作,其目的就是要培养本土化与国际化相统一的人才,使他们成为现代化的合格建设者和接班人。

学生事务服务可以凭借学校的各方平台,积极宣传各类留学政策,开展各类留学项目咨询,积极与来我国学习工作的留学生、外籍教师开展有利于促进国际化人才培养的活动,适应各方需要开展各类留学项目培训,办理留学项目手续,等等。集合学校分散的资源、分散的需求,构建对外交流平台,成为培养国家化人才的重要桥梁和纽带。

成都学院学生事务服务中心积极与海外教育学院合作,响应国家"一带一路"对外交流政策,大力实施学校国际化发展战略,培养具有国际视野,通晓国际规则,能参与国际竞争的新时代大学生,与40多个国家和地区的学校建立了合作项目,每年开展的"国际交流周"和各种中外交流项目,打开了学生的视野和眼界。

二、围绕核心的分项服务理念

成都学院学生事务服务的信息化、多平台、个性化、学生参与、同辈助长的服务育人新模式得到国内外同行和高校广泛认可。团队依托学校已建成的近500平方米的集教育、管理、服务于一身的一站式"学生事务服务中心",体现全新服务育人理念,围绕服务育人,推进服务学生学习、以生为本、服务学生发展、服务差异化发展等理念,努力推动学生服务管理工作由"统一供给"向"个性化服务"转变,实现高校治理理念由"管理"学生向更多地"服务"学生转变。把改革管理与学生事务中心建设有机结合,把线上与线下办理事务有机结合,同时为校园第三方系统提供接入服务,尽可能将学生管理和服务事项纳入"一站式"事务中心,精简审批和管理事项,实行"错时办公"或"延时办公"制度以方便学生。不断拓展服务内容,集中提供后勤服务、团学服务、教学服务、资助服务、就业创业服务、心理咨询服务等服务,还引入驾校培训、代购车票、保险理赔、移动电信、留学中介等社会服务项目。目前,学生事务中心集成60类项目,146个服务子项目服务学生。如此全面的事务服务,在省内高校还是第一家。中心建成后一年半的时间,国内外已有上百所高校来参观学习,"互联网+学生事务"的服务育人模式也在全国、全省相关会议上做经验交流。教育部思政司高校思想政治工作简报总第1276期以"成都学院发挥互联网思维创新服务平台探索育人新模式"为题,介绍学校针对网络时代学生思想行为新特点和新变化,发挥互联网思维,推动学生工作与网络新媒体深度融合,通过建设"迎新、离校"网络系统,延伸服务平台,拓展服务功能,把解决学生思想问题与解决实际问题相结合;思政工作全面进公寓,在公寓社区建立了党员服务站、团员服务站、辅导员工作站、朋辈知心小屋、就业指导站等思政工作空间,积极探索服务与育人有机结合的"互联网+学生事务"育人新模式。

(一)服务学生学习的理念

学生事务的不断丰富与复杂促成了学生事务管理的独立和发展,也容易造成学生事务和学术事务的割裂。服务学生学习理应成为高校学生事务管理和学术事务共同追求的核心价值和时代内涵。大众化高等教育阶段学生学习问题的复杂性,迫切需要各大学在学生事务管理中更加突出服务学生学习的理念。当前情况下,学生事务服务学生学习的理念包括更加关注学生学习、与学术事务高度融合和整体育人体系的构建三个方面。

第一,更加关注学生学习。一般说来,学生事务管理往往被认为是在教学过程之外的具体事务的管理过程,也被称之为"学生工作"。在这种观念和认知决定的思维框定下,学生事务管理常常被认为应该较多地关注学生的德育(思想政治教育)、日常教育、社团活动、学籍管理、招生就业、社区与日常事务等,而较少关注学生的学习和学业问题,这些则被认为是教师和学术事务的范围。然而,如同将德育从教育中划分出来,虽然强化了德育本身,但存在着将德育与教育割裂的危险一样,将学生事务管理作为相对独立的管理过程,同样存在着学生事务与学术事务割裂的危险。这一危险始终潜藏在高等教育系统内部,在今天大众化高等教育阶段,人们几乎共同感受到一个明显的事实:现在高校的大学生无论是学习意愿、学习投入,还是学习效果都远远不如从前的大学生了。且不说高校"六十分万岁"的流行以及挂科被取消学籍开除者大有人在,甚至出现了学习价值观的错位和混乱——不少学生认为学习不好"不是因为不用功而是因为不会考试作弊,而考试作弊被发现则是运气不好"。因此,不仅仅是教师和学术事务部门和学生事务管理者,所有关心高等教育的学者们都必须问一问:现在的学生、学习和教育到底怎么了? 从国际高等教育发展来看,从精英高等教育到大众化高等教育,意味着质量观的转变,大众化高等教育必须要有与之对应的高等教育质量观。无视、忽视和漠视高等教育质量的变化所带来的危险就是高等教育系统的崩溃,追求高质量并始终保持质量的动态改进,不仅是一个学科、一所大学、一个国家高等教育保持良好声誉的重要前提,也是一所有生态、负责任的高等教育系统的应有内涵。高校学生事务管理是高等教育的有机组成部分,关注学生学习理应成为高校学生事务管理和学术事务共同追求的核心价值和时代内涵。

第二,学生事务与学术事务高度融合。面对大学生学习问题,很多高校采用了不少探索性的管理措施。这些措施大体上体现了两种促进学生学习的路径:一是从学术管理的角度,从教师出发,强调提高教师课堂教学质量和教学效果,加强教师队伍建设,突出教学过程的人本特征,试图通过教师授课的高水平带动学生学习的高质量。然而,在实践中,教学工作质量的内隐特征与教师评价的量化要求始终成为一组矛盾,教师教学质量提高的难题始终伴随着教学和科研之间的矛盾而存在。二是从学生事务管理的角度,强调加强学生教育管理制度,突出学生事务管理的纪律性要求,突出学生学习动力的激发与调动,试图通过强化学生学习纪律和转变学习态度来推动学生学习质量的提高。然而,在实践中,学生学习的创造性与约束性始终存在矛盾,而且学生学习与成长不仅仅是单个部门的责任,学生学习质量也不仅仅与外在的纪律约束和内在的学习态度紧密相关,还与所学专业、学习条件、学习氛围以及社会环境紧密相关。因此,无论是从学术事务还是从学生事务出发,依靠现有的教育管理思路显然难以有效突破和解决学生学习质量问题。借鉴西方发达国家,特别是美国等高校的学生事务管理,解决学生学习问题主要通过两个方面来实现的。一方面通过大量的实证研究,以量化为手段,以数据为基础,将教育观点和理论变成量化方法,成为教育实践中可以操作的工具。如个体环境互动理论、学生投入理论、社会心理理论、认知理论等,均演变成了学生事务管理的具体标准和实践工具,成了美国学生事务管理的科学化标准和原则。二是实施因材施教的学生事务管理,一方面赋予学生更多的学习权,切实落实学生学习的保障权和自由权,不断引入和拓展丰富的教育资源,有的大学选择性课程达到 2000 门以上;另一方面,坚持人人成才观,利用信息技术,特别是大数据技术的发展,充分掌握和挖掘学生个性、学习、经验和发展的各类数据和信息,关注学生的原有经验,重视学生的就学经验,分析学生的学习成果,运用科学合理的方法进行综合分析,并在此基础上进行有针对性的教育管理对策。

第三,整体育人体系的构建。大学生的发展是综合而全面的,学生学习深受环境影响,除了课堂教学外,非正式的、偶然的交往和活动以及不确定的复杂情境等都可能引发学习。各种各样的课内、课外和校内、校外的经历,都有助于学习和个性发展。因此,必须充分利用校园的各种资源来促进学生的学习和发展,建立一种基于大学生体验的全校教育模式。我国高校学生工作强调多年的全方位、全过程和全员育人的工作模式(简称"三全模式"),在服务学生学习中具有突出重要的价值。学生事务管理者和教师一样,甚至学生自己,都是自身成长的教育者。学生学业成功依赖于其学生发展的支持系统——学术事务、学生事务以及校园支撑事务的无缝对接。学生发展是全方位的,包括认知、情感、行为以及意义建构等过程,最终完成知识的建构、意义的建构和社会自我的建构。学生发展是全过程的,是学生入学前经验、学习和生活经验,以及最终获得的大学和社会经验的有机统一。学生发展需要全员配合,整个校园都是教育学生的场所,学生的生活和学习环境必须与大学使命相匹配。

(二)以生为本的服务理念

以生为本是大学教育理念中原有的以国家、知识、教师、培养模式和方针等为本的各种理念的转变和延伸,是以人为本在高等教育领域的具体体现,是高校学生事务管理工作的出发点和落脚点,也是高校学生事务管理理念的重要组成部分。以生为本的学生事务管理理念,具体包含以下内容。

第一,强调学生的主体地位。以生为本就是要把学生看作管理的价值主体,既把学生作为义务主体,又把学生作为权利主体,认真倾听学生的心声,广泛调动学生的内在积极性,最充分地激发学生的创造力,改变迫使学生机械、被动地接受教育的做法。从关注单向度的教育管理转变为双向沟通、对话、辩解和代际交往,避免未经理解就对观念囫囵吞枣地传授与接受,避免教育管理只停留在理性结构和简单告诫的层面上。要把学生事务管理的过程展开,相互对话、辩解、认同、理解,关注代际合作,让学生在尊重、理解中读懂学生事务管理者所承载的人生理想和价值,营造一种学生事务管理的和谐氛围。

第二,注重学生的全面发展。高校学生事务管理要落实以生为本的理念,最根本的就是要坚持以学生为中心,突出学生的全面发展。不仅要关注学生生活、安全、健康等自然需求,更要关注学生素质提高、人格完善、价值实现等心理需求;不仅要致力于学生科学文化素质的提高,而且要致力于学生思想政治素质的提高和学生的可持续发展;不仅要提高学生的学习成绩,还要改革传统的学习、生活方式,注重学生的社会实践,鼓励学生跨学科、跨专业选修课程,广泛开辟第二课堂、第二学位等,培养学生的综合能力。

第三,关注学生的内在需求。科学把握学生的需求,是高校学生事务管理落实以生为本理念的内在要求。不仅要关注学生的实际需要、现实困难和身心疾苦,重视大学生的就业指导和心理健康,为大学生的发展创造有利的环境与条件,搭建更加广阔的平台和空间;更要激发大学生高层次的精神需求,丰富大学生的内心世界,提高他们的需求品位,丰富他们的需求内涵,培养他们的高级趣味,以现代视野和精神培养他们的健全人格和完备素养。

第四,促进学生的个性发展。现代人最根本、最核心的要求是享受真正的个性化生活。个性化的学生事务管理工作就是从大学生的生理、心理和思想实际出发,注重发掘个体潜在的闪光点,给每个大学生创造自主的空间,充分发挥其独特的个性优势,使每个大学生都能形成独立与坚强的品格。因此,在实际工作中,学生事务管理工作要由原来的"粗放型"教育管理变为针对不同个体的"精雕细琢式"的教育、管理、服务和指导。面对成千上万的学生要采取辩证的、全面的和发展的观点,既要看到整体情况,又要看到具体方面;既要培养大学生的共性,还要尊重大学生的兴趣爱好和独立选择,充分利用现代媒体、互联网、QQ、微信等帮助他们在自己擅长的领域,充分发展个性优势并完善其人格。

(三)服务学生发展理念

学生发展理念更多强调在高等教育过程以及教育活动中,对学生发展和成长的重视,强调学生在特定的条件下,积极接受高等教育环境熏陶,为个人进步和事业成功提供保障的内化能力,身心健康成长、成才达到社会要求。服务学生发展理念也就是以形成"完整的人"为主要目的的学生事务管理理念。

第一,以学生成长与发展作为基本价值取向。一方面,注重强调教育本身的导向作用,充分体现社会文明、社会需求、国家等对大学生的要求;另一方面,充分肯定大学生在个体发展中的主体地位,尤其强调学生对学习和自身的发展负有责任,强调把实现好、维护好、发展好学生的利益作为学生工作的出发点和落脚点,突出从学生内在发展需要出发,把学生的发展愿望放在教育的重要位置,最大限度地满足学生成长成才的需求。

第二,以直接促进学生学习和发展为主要目标。学生事务服务就是创设各种机会和环境,帮助学生就所学知识进行思考和掌握,对获得的基本能力进一步提升,对所掌握的技能进一步熟练。帮助学生在社会、体力、智力、职业、情感和精神等多方面实现自我发展。

第三,以统筹兼顾的方法促进学生发展。要用客观的方法正视过去的经验教训,正视学生过去的经验教训、正视学生事务管理过去的经验教训、正视一所大学本身过去的经验教训。要用实事求是的方法面对现实,大学生本身的现实性、复杂性,学生事务服务工作的艰巨性、时代性和复杂性都要求我们必须立足现实、认清现实。要用发展的眼光引领学生成长。大学生是可塑的、发展的,社会需求是变化发展的,用发展的眼光去真心对待每一位学生,用发展的眼光去认真完成每一件事情,为学生发展着想,切实解决问题。学生事务管理者能否用发展的眼光去为学生的全面发展服务,是一个高校能否立足的生命力所在。

第四,以学生发展成效检验服务水平。一个学生的思想状况、专业水平、适应社会的能力等无不体现出一所学校的特质。经过一所大学熏陶、感染、锻造过的大学生发展状况,是检验一所大学办学水平的直接标准,也是检验学生事务管理水平的重要标准。

(四)差异化服务理念

差异化服务理念是针对高校普遍存在"行政化""粗放型"的学生管理模式而言的。差异化服务理念要求寻找和培养学生的个体差异性,并整合这种"差异性"为共性,有针对性地进行工作的学生事务服务理念。处在社会转型时期,我国社会环境发生了巨大变化,大学生的知识结构、能力素质、价值观念、心理素质等方面存在很多的差异。粗放型的传统管理模式已不能适应学生的发展需求。学生事务管理须适应时代要求,转变管理观念,尊重学生个性和思想的差异,关注学生发展需求,充分发挥学生的主观能动性,激发学生的发展潜能。差异化服务理念包括以下含义。

第一,充分尊重学生个体差异。当前,我国社会正处于快速发展时期,各类新事物层出不穷,表现在完全体现新时代的"90后大学生"身上,他们思想活跃、富于变化、敢于尝试,他们知识多源、能力多样、价值多元、心理素质不稳。教育对象、服务对象的变化是教育服务的基点,漠视这种变化只是掩耳盗铃。传统的粗放型的"抓两头略中间"的管理模式,往往会忽略过多的中间地带,不仅成效不高,而且容易出现隐患区域的不断扩大,带来工作的被动。充分尊重每一个学生个体差异,关注他们的知识能力、性格情感、需求理想,是学生事务服务的重要内容。

第二,不断创新方法管理差异。首先,要通过有效方法了解学生,了解他们的性格、兴趣、特长,根据不同性格采取不同沟通方式,根据不同兴趣爱好和特长等,进行有针对性的培养。其次,要充分利用现代技术管理差异。加强服务平台的信息化建设,通过将学生办理事务的众多有数据库支持的交互式应用集成到一站式服务机构的网络平台上,使一站式服务在时间和空间上都实现了无限制地向学生延伸。在具体的个性化"私密"问题中,通过一对一的微信、QQ交流,即时解惑,用固定的时间、场所、不同的师生、同学开展各类问题研讨、交流,开展心理咨询、主题教育、团体辅导等,整合各种"差异"的共性,提高服务效率。

第三,积极构建机制发展差异。学分制从制度上为差异化学生管理提供了保障,要充分做实学分制,提高选修课、活动课程、创新课程比例,建设符合社会需要和学生兴趣的选修课程,系统规划学生活动类课程学分,开设创新、创造类课程,打通教师教授、学生自学、实验、实践的隔膜,发展学生兴趣和能力,鼓励学生综合素质的全面发展。构建多元化组合学生发展平台,鼓励学生广泛地参与到事务管理中来,为学生沟通搭建朋辈沙龙,为学生设计创意工作室,积极支持学生各类社团、协会,为他们发展提供相应支持,等等。构建学生参与各项规章制度制定的机制,充分发挥共青团、学生会、社团联合会等组织作用,做深做实运行机制,完善民主参与、民主管理、民主决策机制,让学生充分参与到学校学生管理事务中去,使学生在组织能力、沟通能力、实践能力等方面能够得到全面发展。

三、服务育人模式的主要特点

依托学生事务管理的科学性、规范性及优化性,我国学生事务管理中的服务育人表现出制度化、人性化、专业化和意识形态化等方面的特征。

（一）管理制度化

随着网络与信息技术的迅猛发展，随着高等教育大众化的不断深入，我国不少高校适应新趋势，学习借鉴西方发达国家高校管理经验，探索建立适应我国高校的学生事务管理，经过 20 来年的研究实践，我国高校学生事务管理不断走向成熟。表现在学校不断重视学生事务管理，给予学生事务必要的物质支持，建立和完善相关管理制度；引入流程优化中的工作流技术，建立高效的事务管理信息系统。这些制度和系统，将学生从入校到毕业离校整个过程作为研究和服务对象，以学生在校中的具体业务流程处理为主要线索，对学生在校间的各阶段的事务和学生工作人员在管理过程中所扮演的角色进行划分与匹配，简化工作程序、优化工作过程，减少传统流程中存在的反复审批、汇总、统计及大量的手工操作。同时，在提高工作效率的同时，还必须考虑学生事务管理的服务性，提高服务学生办事的质量，畅通信息的纵横传递，从而规范行为，提升服务育人的意识。

（二）服务人性化

在规范化的管理流程中，必须打破以管理为出发点的职能设置，而真正转向学生事务的服务性需要，以学生在校期间所涉及的事务工作为对象开展提炼和重组，在整个过程中体现"以学生为本"的人性化工作理念，才能从根本上提升服务质量。学生事务服务的人性化充分考虑教育者、教育环境对受教育者个体和团体行为的影响，对管理对象给予足够的人文关怀，充分尊重学生的个性、个体需要，在整体设计上建立高校学生事务管理与现实生活道德资源相结合的协同机制，在具体运行上，建立高校学生事务管理的自我教育、自我管理的内控机制，在服务系统开放性上，建立学校、家庭、社会相协调的纵向协同机制，创设良好的高校学生事务管理的内外部环境和模式，积极开展服务到教室、服务到宿舍、服务到图书馆、服务到社团组织、服务到学生各类团队、服务到每一个大学生个体，让信息、物质、能量在学生需求中流动，促进学生的成长成才。

（三）工作专业化

学生事务工作专业化的理念，不仅是保证学生事务管理工作科学发展的基础，也是加强和改进学生事务管理工作的迫切要求。随着我国国民社会生活方式、社会组织形式、就业方式、经济来源的日益多样化，特别是高等教育大众化和收费制度、就业制度的改革，高校学生教育和管理方面的问题日益增多。高校学生事务管理不仅仅包括思想政治教育和党团建设，其领域拓展至学生心理教育、贫困生资助、勤工助学、奖励与处分、职业生涯规划、就业指导、网络管理、健康服务、校园文化活动等一系列与大学生密切相关的非学术性事务内容。学生事务管理已经融教育、管理、服务为一体，这项工作需要很高的专业水平。因此，高校学生事务管理工作日渐体现出专业化的理念、专业化的队伍、专业化的机制、专业化的水平。高校学生事务管理具有专业的知识体系、专业化的理论研究、专业化的制度建设和专业化的队伍建设。学生事务管理人员具有明确的从业标准、准入机制、培训机制、晋升机制、考核机制,以此来规范和提升从业队伍的专业知识和专业技能,使他们的工作能够很好地促进大学生的学习和发展,帮助大学生发展智力、掌握技能,从而形成健康的心理、正确的价值观和优良的品质。

(四)意识形态化

高校学生事务管理的效果是有一定的利益根源的,按照马克思主义的观点,人们为之奋斗的一切都和他们的利益有关。对于特定的个体来讲,他的利益关系必然会在他的头脑中以思想意识的形式反映出来,从而影响到他的行为方式。人们的思想问题是从实际问题中引发的,并因实际问题的存在而存在。因此,高校学生事务管理不仅要解决大学生由于各种利益因素所引发的思想问题,还必须关注和解决大学生日常生活学习中遇到的实际问题。如果不从利益动因上去分析学生的思想问题,不去考虑解决大学生的实际问题,那么学生事务管理就不能有效地发挥它的教育管理功能。实际上,解决思想问题应通过解决实际问题来实现,即借助解决实际问题这一环节来升华思想,提高觉悟;在解决实际问题的过程中,要强化思想政治教育功能,凸显解决思想问题的人文内涵和精神支柱的作用。即使在美国高校的学生事务中,宣传美国核心价值观的意识形态无时不在、无处不在,而且效果显著。在日常校园中,通过到处飘扬的美国国旗、通过模拟美国政治制度进行美国式民主自由价值观的普及,传递着美国隐形和重要的价值观与意识形态。因此,在我国的学生事务服务中,要通过具体的教育、管理、服务行为和措施,达到意识形态教育的效果。

第三节 创新服务育人理念的发展新趋势

创新是学生事务服务不断发展的不竭动力。只有依据科技进步、社会发展、学生需求不断革新的学生事务服务,才是一个开放的系统,一个不断发展的事业。成都学院在不断创新学生事务服务育人理念的同时,密切高度以下趋势,以期在服务于人上取得更大的成绩。

一、高度重视信息化育人新模式

学生事务管理信息化是高等教育发展和网络技术发展的必然趋势,也是新媒体背景下学生事务管理精细化的技术前提。由于高校管理结构上事关学生事务的部门往往很多且条块分割,信息共享,尤其是动态信息的交互比较困难,严重滞后于教育发展对学生事务管理的要求。因此,充分利用信息技术手段,规范学生事务管理工作,对信息进行标准化处理和共享,加速学生事务管理中的信息传递,提高调控能力,是必然的趋势。一个比较完善的学生事务管理信息系统一般涵盖了数字管理系统、数字服务系统、数字教育系统等一级模块,其下又分别设置信息档案系统、自我管理系统、学习资源系统、事务服务系统、学业预警系统等二级系统。还有,针对学生个体可以开发适应具体需要的三级系统,如此等等。同时,积极探索依托云技术、互联网＋学生事务来实现学生事务服务的各项目标,已不是一个梦想。当前,信息化已经成为学生事务管理的内在组成部分,而不是仅仅具有工具属性,学生事务服务必须充分认识并体现这种属性,将育人活动通过信息化深入推进,形成信息化背景下的育人新模式。必须进一步加强与信息化部门的合作,构建更加科学、适应师生需要的数字化校园建设,减小直至消除信息障碍,推进信息化服务育人再上新台阶。

二、高度重视国际化育人新趋势

国际化是人类社会发展到一定历史阶段,其所呈现出以经济为主导,政治、经济、文化、教育、社会生活等诸方面超越国家、民族界限主动融入世界体系的历史过程和客观趋势。作为高等教育重要组成部分的学生事务管理也呈现出明显的国际化发展趋势,这既是经济全球化、信息网络化、教育国际化的客观要求,也是高校学生事务管理走向现代化发展的必然选择。国际交流的开放性、高等教育交流的开放性、人才竞争的开放性为学生事务发展与水平提升奠定了基础,提供了条件。国际化的发展为高校学生事务管理创造了一个系统、多维、开放的环境,使学生事务管理突破了传统的、地域的、民族的相对封闭、狭隘的界限,为实现其在更高、更广层面上的提升和发展创造了条件。但是,开放的国际化环境也使高校学生事务管理的可控性大为减弱,给高校学生事务管理工作增加了难度、带来了挑战,学生事务服务必须高度重视国际化所带来的机遇与挑战,高度重视国际化引起的教育环境的深刻变化,积极创新,提升学生事务管理服务水平。当前,西方发达国家在学生事务管理上已有成熟的理论、经验和创新,相对于发达国家,我国高校的学生事务管理发展还不到 20 年,无论从理论、实践还是成效,我们都必须高度关注、学习借鉴国际化学生事务管理的新成果,提升我国学生事务管理水平,走出一条符合我国高校实情的学生事务管理的特色之路。学校虽然把国际化作为重要战略来抓,但深入引进课程、教育模式及先进的国家化学生事务管理经验还需要很多研究,真正培养具有国际视野的时代大学生。

三、着力促进学生事务与学术事务深度融合

对于新时期大学生的学习问题,很多高校采用了探索性的管理措施以促进学生学习:一方面,从学术管理的角度,从教师出发,试图通过教师授课的高水平带动学生学习的高质量,突出教学过程的人本特征,但实践中,对教师职级界定中的轻教学评价,使教师的课堂教学质量大打折扣。另一方面,从学生事务管理的角度,强调加强学生教育管理制度,试图通过强化学生学习纪律和转变学习态度来推动学生学习质量的提高。但在实践中,学生学习的创造性与约束性的矛盾始终存在,且与其所学专业、学习条件、学习氛围以及社会环境紧密相关。因此,无论是从学术事务还是从学生事务出发,依靠现有的教育管理思路显然难以有效突破和解决学生学习质量问题。借鉴西方发达国家,特别是美国等高校的学生事务管理,解决学生学习问题可通过将教育观点和理论变成量化方法,成为教育实践中可以操作的工具。可赋予学生更多的学习权,不断引入和拓展丰富的教育资源。可坚持人人成才观,利用信息技术,特别是大数据技术的发展,充分掌握和挖掘学生个性、学习、经验和发展的各类数据和信息,关注学生的原有经验,重视学生的就学经验,分析学生的学习成果,运用科学合理的方法进行综合分析,并在此基础上进行有针对性的教育管理对策。因此,改变当前"只教书不育人""只管理不育人""只服务不育人"的局面,促进学生事务与学术事务深度融合才是真正的发展道路。这条路的探索、改革、克服现实困难、机制困难,还有相当多的工作需要去做。

四、高度重视学生事务管理专业化建设

高校学生事务管理的提出是近几十年的事,我国开展学生事务管理的研究和实践还不到 20 年。但是,学生事务管理是一门综合的学科、一门实践的学问,必须要有专业化的理论研究和工作队伍,还要有高校本身的专业化运行机制。学生事务管理从高校管理中分化出来是必然的趋势。因此,加强学生事务管理队伍建设、建设专业的学生事务管理团队是必然选择,高校要转变传统学生工作模式,适应新时期教育发展趋势,必须加强学生事务管理专业化队伍建设。同时,积极鼓励对学生事务管理的理论研究,结合我国高校的固有特征,在吸收、借鉴西方发达国家高校学生事务管理基础上,走出我国高校学生事务管理的新路子。另外,高校必须改革现有管理模式,加强学生事务制度建设和运行机制的构建,统筹协调人、财、物,系统规划教、学、实践等环节,构建具有中国特色的专业化的学生事务

管理模式,提升学生事务管理专业水平,体现出专业化的理念、专业化的队伍、专业化的机制、专业化的水平,是今后我国高校学生事务管理发展的必由之路。从管理队伍和辅导员队伍中选择一批人才,积极开展学生事务管理专业化建设,需要不断改革和完善现有制度、机制,才能真正实现服务育人常态化。

五、高度体现学生事务服务的人文关怀

学生事务管理者、服务对象都是人,必须高度体现人文精神。学生事务管理可以使用最新科学技术,但技术本身的内在设计需要体现人文关怀。实施学生事务的管理者,可能是教师,也可能是学生,但无论是谁,他与学生之间的关系是平等与互动的,不是简单的管理者与被管理者关系,他最终极的目标是"育人"。因此,学生事务管理平台的构建,学生事务从业人员的选择,必须具有明确的从业标准、准入机制、培训机制、晋升机制、考核机制,以此来规范和提升从业队伍的专业知识和专业技能,使他们的工作能够很好地促进大学生的学习和发展,帮助大学生发展智力、掌握技能,从而形成健康的心理、正确的价值观和优良的品质。学生事务管理必须体现出教育的人文关怀特征,才能具有不竭的动力,一个"只见物质不见人"的学生事务管理系统,最终将被淘汰。学生事务管理的创新灵魂是"以生为本"的人文关怀,也是大学存在的理由和灵魂。

第三章

创新驱动下的高校服务育人机制

　　研究高校服务育人机制,了解高校服务育人机制发展的趋势,为成都学院高校育人服务机制的发展提供了借鉴。成都学院服务育人机制充分结合学校育人理念和办学宗旨,在管理机制、资源配置机制等各方面机制的协同下呈现良好的发展趋势。但随着社会的发展,结合成都学院服务育人效果的反馈,成都学院服务育人机制仍存在改善的空间。

第一节　高校服务育人机制的基本探索

　　服务育人,即通过优质的服务从生活、思想各个方面感染他人,给大学生潜移默化的影响,使其在接受服务中受到良好的影响。这个过程贯穿于学生学校生活的各个方面,贯穿于教学、管理、科研等过程。如何在共同的以生为本的服务理念下使各方面服务体系化,需要与之配套的高校服务育人体制。

一、高校服务育人机制的必要性研究

(一)高校服务育人机制的内涵

1. 机制的内涵

　　机制的本意是指机器的构造和动作原理。延伸到社会体系当中,"机制"有了新的内涵,机制是用一定的运行方式联系事物的各个部分,使每个部分形成整体,并协调运行发挥作用。机制想要发挥作用,其前提有两个方面。首先,各个事物的相互存在是机制存在的前提。如果事物仅仅是简单的单独的个体,则不需要机制;其次,各个事物靠某种运行方式将其联系在一起。

　　机制的运行,主要靠制度和体制两个载体。体制方面的载体,主要是各部门职能的配置和协调;在制度方面,主要是指各种规章制度,宏观上可以是法律法规等,微观上可以是组织的内部规范章程。

2. 高校服务育人机制的内涵

高校服务育人是高校"三育人"(教书育人、管理育人和服务育人)的重要组成部分。高校服务育人工作的开展可以包含在科研、管理、后勤等各方面,各方面工作相互独立又富有联系性,所以需要一个机制贯穿于各项工作过程中。

高校服务育人机制就指以一种或者几种有效的运行方式,将以高校服务育人为目标的所有规则制度有机结合在一起,并形成整体合力,共同达到培养合格人才的目标。

(二)高校服务育人机制的特点

1. 系统性

高校服务育人工作涉及面广,包括科研、管理、后勤等各个领域,每一个领域都有其独立性,如何使其协调工作,则需要高校服务育人机制的系统协调。

第一,高校服务育人机制要统一各部门的出发点,使各部门在服务工作过程中坚持统一原则,即"服务育人究竟育什么样的人"。高校根据各学校的发展目标和各方面要求,形成各学校的人才培养目标,而这个目标就是服务育人的统一目标。各部门要按照学校的人才培养目标在服务育人的过程中,坚持向人才培养目标靠拢,最终形成整体的育人合力。

第二,高校服务育人机制要协调各部门的工作领域。各服务部门都有各自的服务领域,在工作过程中都是独立开展工作。但是,在整个学校的运作过程中,难免会存在交叉领域或合作领域。如何确保这些领域不会变成相互推诿的"三不管"领域,就需要机制进行协调。高校服务育人机制会根据各部门的情况,在整体运行的情况下,出台原则性方针和制度,以保证各项工作顺利进行。

2. 全程性

高校服务育人不是一朝一夕的过程,而是一个长期的过程。高校服务育人工作也不是哪一个部门的工作,而是一个系统性、连续性的工作。有些服务工作还是几个部门共同合作的产物。因此,需要机制对整个服务育人工作进行全程性干预,使其从开始到结束,都按照一定的方式进行运作。

首先,就高校服务育人的单独领域来讲,如果某项服务工作是在一个部门单独完成,那么整个工作从开始到结束的流程规范性、服务人员的素质的引领性、服务育人效果的反馈等都需要按照一定的机制来制定相关的规章制度,使其可以在一个领域的全过程都有参考。

其次,就高校服务育人的跨部门联合来讲,除了要系统协调各部门之间的先后顺序,在整个服务育人的过程监管和反馈也十分重要,不能丢失对其中某个过程的监管,更不允许"三不管"地带的产生,要用机制去规范每个部门的范围,使各项工作不会出现相互推诿的现象的产生,使学校的每项政策都能够落到实处,从而真正有利于学生的健康成长。

3. 育人性

育人是大学存在的目的所在,也是好大学与好教育的评价标准。高校服务育人是将服务理念与育人理念的充分结合,把教育管理对象转变成服务对象,根据人才培养目标,提供最优质的资源和最有效的服务;用引导教育模式为学生创新能力的培养和学生自主发展打下良好的条件;提升服务质量,为学生的成长成才提供良好的保障。

高校服务育人机制为保障育人性实现提供了最有效的支持。坚持以育人为核心是整个服务育人机制出发的前提和动力,只有坚持育人性才能保证整个服务育人机制运行的方向。在服务育人制度的设计过程中,充分体现育人目的,改变传统的管理机制,建立现代的服务机制。强调机制建设过程中的人文关怀,重视机制的系统性和周延性;通过机制建设,提升服务者工作的主动性和积极性,克服"等、靠、推"的被动工作现象;通过机制建设,扩展服务的时间和空间范围,使服务更加的贴心和便捷,使育人效果更加明显。

(三)高校服务育人机制重要性

1. 高校服务育人精细化的必然要求

《国家中长期教育改革和发展规划纲要》中明确提出要坚持以学生为本,坚持育人为本,坚持把每个学生当作教育对象,把学生成长作为学校工作的首要工作和根本工作。大学生育人工作更是要在过程、方法、制度、方式等各个方面强调精细化。如何能够做到精细化,机制就显得十分重要,必须有一套健全的机制,从发起到运行再到监督、保障等各方面,保证达到高校育人精细化的目的。

高校育人精细化可以实现资源的统筹利用。高校育人要统筹学校各项资源共同完成,服务育人也不例外,也是各种资源的整合。其中最重要的是发挥人的力量,也就是服务人员的力量。以精心、细致的管理思维模式来调配全校教职员工,挖掘每一个人的育人潜力,寻找每个人的育人所长,定能事半功倍,对形成"人人皆是育人者"的氛围有着不可低估的促进作用。

以共同认可的价值作为事业的基础是一个组织得以存续和发展的不竭动力。高校的服务员工不仅仅需要以完成日常工作作为价值导向,更需要以精细化育人服务作为具体工作的价值指向,不断精益求精,追求完美,当这些成为每个教育者的习惯,育人质量就会大大提高。

2. 高校教育提升的必然要求

"三育人"方式是一个全面协调的系统,而高校育人是其中的一个重要方面,在育人过程中,想要提高教育质量,就要努力解决好个性化教育、品牌教育和长期教育等方面的问题。

首先,就个性化教育而言,服务育人面对的群体一定是每个大学生,在这个群体里面就存在各种参差不齐的现象,如何在服务工作中达到育人的效果,需要对每个大学生有所了解,要充分认识到个性化教育的意义,要充分尊重大学生的主体地位,以培养其创新思维意识。高校服务育人的各个领域都与学生息息相关,除有规章制度外,在运行方式上,还应针对学生的个性化使其具有灵活性,这样才能使教育更加润物无声。

其次,就品牌教育而言,为了进一步提高教育质量,在教育过程中要根据大学生的特点将教育品牌化,使服务育人更有昭示性。在服务育人主体方面,每个服务部门可以有自己的品牌;在服务方式上,每个项目可以有自己的特色;在服务效果上,每种服务可以有不同的反馈渠道,等等。这一系列的方式方法都是创新的具体表现。但这些创新必须在一定的机制的协调下才能健康运行,必须围绕同一个目标共同努力,才能形成整体合力。

其三,就长期教育而言,教育是一个长期的过程。在服务育人的过程中,每次可能仅仅是处理一点事情,解决一个矛盾,需要教育者有系统思维,认真研究服务育人过程中遇到的问题,遵循教育规律,把以往的经验上升为制度。

3. 高校隐性教育的核心保障

广义的服务育人既具有显性特征,又具有其特殊性和隐性特征,而高校育人机制则是隐性教育的核心保障。高校服务育人机制的重要作用是有机结合各项服务育人领域,把各种教育资源统一起来,以潜在的、隐性的方式,将高校的育人理念有效地融入校园之中。例如:高校育人机制可以有效保障教学、生活等各方面的优良环境,使服务对象在享受优质服务和良好环境的同时受到思想引导。高素质的教职工在与学生服务对象的密切接触过程中可以给学生潜移默化的影响,高科技的管理水平和丰富的载体可以使学生更好地全面发展。

二、高校服务育人机制面临的挑战

随着社会的发展,高校在服务育人方面面临的挑战也在不断变化,从而对高校服务育人机制提出了新的要求。从内部环境上讲,高校服务育人目标、高校服务育人手段、高校服务育人的环境都在发生变化,要求高校服务育人机制也要跟着发生变化;从外部环境上讲,家庭环境、社会环境和国际环境的变化都会对高校服务育人机制产生影响。

(一)内部环境的挑战

从内部环境来讲,主要挑战集中在三个方面:首先是高校服务育人的目标,即育什么样的人。随着社会的发展,对于人才的需要有了进一步明确的要求,人才培养要符合时代的要求。其次,在高校服务育人手段上,在以往的高校服务育人过程中,人与人打交道是最重要的手段,许多服务的完成必须要当面对接才能够实现。但随着网络的普及和计算机、4G 手机的应用,服务也已经进入了计算机、APP 时代,所以在坚持传统的优良的服务方式的同时,对新的服务方式也要进一步开拓,这也需要机制的支撑。最后,就高校环境来讲,高校育人环境的变化也是日新月异。学生食宿等生活条件不断改善、学生自助服务渠道不断扩展、学生科研场所不断丰富等,这一系列条件的变化对于高校服务育人提出了进一步的要求,而这些要求同样也促使高校服务育人体制发生进一步的变革。

(二)外部环境的挑战

从外部环境来讲,主要挑战集中在几个方面:首先是社会环境方面:社会的发展、城市的建设和国家的发展对于人才需求是巨大的,也是具体的。社会需要什么样的人才,高校在培养人才方面就应该有所调整。随着社会的发展,国家对于人才要求有了进一步的发展。"大众创业,万众创新"成了社会发展的新背景,新时代的人才要与时俱进;善于创新,敢于超越。这些发展变化要求高校服务育人在育人目标上要与时俱进。其次是国际方面。随着国际化进程的不断发展,各种思潮也随着国家的交流影响着人们的三观,大学生往往站在时代的前沿,对于新鲜事物有着其特殊的敏感性,但其辨别是非的能力还尚未成熟,在一些大是大非问题上容易只看到表面现象,在服务环节容易与国外比较,没有结合本国的实际,这就使得服务育人机制受到国外机制的挑战和影响;最后是家庭方面:家庭因素对于学生的成长有着重要作用,在各种教育因素当中,家庭因素占据了重要一环。随着生活条件的不断改善,家庭教育的效果也更明显地体现出来。大学生由于来自不同的家庭条件,如何能够满足不同家庭背景学生的服务要求并达到育人的目的将会是一个值得深思和研究的课题。

三、高校服务育人机制建设的趋势

面对内外环境的挑战,高校服务育人机制也在不断发展,在发展过程中大体形成了四点趋势:以人为本,贴心服务。充分尊重服务对象,为良好的服务质量打下最坚实的基础;整合资源,提升效率。为了更有效直接地完成服务工作,将学校资源进行有效的整合配置,形成优良的配置机制;保障有力,运行有序。机制最基础的就是以一定的形式有序进行,这就需要强有力的保障机制;建立系统的反馈机制,逐级提升服务水平。事物总是运动变化发展的,机制也是一样。促进机制不断升级的有效手段就是建立良好的反馈机制,才能使机制不断升级更新。

(一)以人为本,贴心服务

"服务育人"理念的构建的基础是学生越来越有主体意识。随着经济的发展、社会的进步以及教育体制的改变,学生越来越有了维权意识,也逐步具有了市场意识,学生逐渐把自己以消费者自居(消费的是高等教育),他们对学校的软件服务和硬件服务都有了更高的期待。高校在服务育人机制的首要出发点便就是"以人为本,贴心服务",满足学生的合理需要。

以人为本就是要以学生为本,要坚持急学生之所急,想学生之所想,不仅做到"为了学生、尊重学生、理解学生",还要做到"依靠学生、满足学生、发展学生"。

要设计多渠道的沟通方式,深入学生之中,能够征集学生的意见和要求,真正使同学们意识到自己的主人翁地位和责任感。

贴心服务就是通过一系列的方式方法,探索学生喜闻乐见的管理方法,争取学生对学校各项工作的理解和支持;诚心诚意为学生排忧解难,为衣食冷暖服务,为成功成才搭台,增强学校的亲和力与归宿感,激发学生奋发有为、积极上进的动力,在意识深处唤起他们对新的生活方式和更高的精神世界的渴求,从而达到促进学生的全面发展和学校培养目标的实现。

高校服务育人机制在发展变化过程中,首要坚持的应该就是"以人为本,贴心服务"。做好服务工作,在此基础上达到育人效果。

(二)整合资源,提升效率

由于高校服务育人涉及许多领域,在各自工作领域中,内部可以协调整合,但牵涉各领域共同合作的情况下,往往会出现资源整合不利出现盲目性、效率低下的问题。随着高校大学生对高校服务质量期待的提升,急需一系列的机制来整合资源,提升工作效率。

为了有效地提升工作效率,高校将涉及学生服务的各项工作进行了集中整合,建立专门的平台,开设专门的空间,使大学生事务工作可以在某一个地方集中办理。但在这个过程中,涉及各部门资源共享、人员调配等问题,需要在管理机制、人事机制等方面给予配合,将各项资源充分整合成一个整体。

为了有效提升工作效率,高校建设了相关的服务系统。为了方便同学们反映自己的困难,高校充分利用现代化技术,建立网上服务体系和APP手机软件,同学们可以足不出户地反映问题,在拓宽反映渠道的同时,使问题的反映效率提升。但如何提升解决速度,这就需要加快建设解决问题的机制,要尽量优化资源,使同学们反映的问题能够尽快得到解决。

（三）保障有力，运行有序

机制的作用最直接的反映便是保障作用，可以保障各部门的有序进行。随着高校的发展，高校服务育人方面的保障也是愈加丰富和完善。主要通过规范服务、民主管理和后续提升来实现。

打铁还需自身硬，保障服务育人能够顺利进行，首要做到的就是规范服务。规范服务就是要使自己的服务质量能够尽可能按照社会标准来实施。出台相应的管理考核体系，保证教学、后勤服务、学生管理等各个方面的服务工作规范化、标准化、科学化，使管理有章可循，有据可依，同时定期对工作进行总结分析，查找管理漏洞，适时完善相应的标准。

科学民主的管理是各项服务育人机制有序运行的坚实基础。要建立自上到下的管理和监督机构，对各单位的工作进行检查、评估、监督和管理，实施科学管理，建立多渠道、全天候的信息传递与沟通机制。

高校服务育人归根结底做的是人的工作，更是要靠人来完成。只有不断提高工作人员的综合素质，才能达到提升服务育人效果的目标。作为高校服务育人服务机制，要建立一系列教职工培训制度。要完善培训体系，使整个培训有层次性、有计划性，形成一个长期的、规范的、科学的培训体系；要创新培训形式，通过各种形式多样的活动提升员工的工作技能；要提升培训积极性，教育引导处于教学一线的教师树立"师为先，生为本，课为媒"的教育教学理念，积极参与各类素质增强与能力提升的培训，自觉提升服务水平。

（四）系统反馈，逐级提升

事物总是不断变化发展的，高校服务育人机制也不例外。高校服务育人机制的升级更新的重要参考就是良好的反馈机制，以反馈的内容为参照，逐步改良各项机制。

在完善反馈机制方面，要形成系统化的反馈机制。要建立意见反馈系统，通过召开座谈会，开放微信、微博等方式，使同学们可以有更宽的渠道能够反映自己的意见；要完善意见反馈保障制度，例如全天候的投诉值班制度，设立服务热线等，可以使广大师生有正常的反馈渠道；建立服务质量监督制度，充分发挥学生的主体作用，组建以学生为主的服务质量监督员队伍，随时监督，并定期进行服务满意率问卷调查。同时发挥高校学生自我管理、自我教育的优势，鼓励学生参与学校管理，发挥学生的主体作用，不断改进服务质量。

第二节　成都学院服务育人机制探索

党的十八大报告提出,要把立德树人作为教育的根本任务,培养德智体美全面发展的社会主义建设者和接班人,要全面实施素质教育,培养学生社会责任感、创新精神和实践能力。习总书记在全国高校思想政治教育工作中的讲话也明确指出,要坚持把立德树人作为中心环节,把思想政治工作贯穿教育教学全过程,实现全程育人、全方位育人,努力开创我国高等教育事业发展新局面。思想政治工作从根本上说是做人的工作,必须围绕学生、关照学生、服务学生,不断提高学生思想水平、政治觉悟、道德品质、文化素养,让学生成为德才兼备、全面发展的人才,更好地为人民服务,为中国共产党治国理政服务,为巩固和发展中国特色社会主义制度服务,为改革开放和社会主义现代化建设服务。由此可见,高校在人才培养方面,加强服务育人机制体系构建和服务育人机制探索,强化服务育人各相关职能部门的联动,进一步实现"大思政"格局,在服务学生成长中实现价值引领,能够更好地提高学生人才培养质量。

一、成都学院服务育人机制体系构建

2013年以来,成都学院不断优化人才培养方案,加强师资队伍建设,深化《思想品德修养与法律基础》课程改革,扎实推进《成都学院二级学院学生工作指南》,紧密围绕教育学生、管理学生和服务学生,服务育人工作方面取得了突破性进展。2015年,成都学院党政工作要点明确将加强创新型学工建设同竞争力学院建设、服务型机关建设,确定为高水平办好成都学院的三大重要任务之一。为切实加强创新型学工建设,为学生的成长成才提供个性化、多样化的服务和帮助,学校进一步从转变教育思想、教育观念入手,不断创新工作方法,积极探索服务育人机制体系构建,致力于构建和实施多机制、多部门联动的服务育人新体系,具体的服务育人机制体系见下图1。

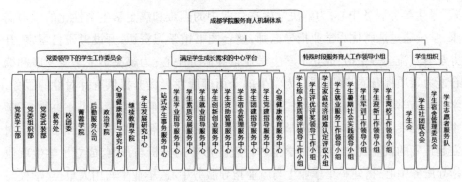

图1 成都学院服务育人机制体系图

在服务育人机制体系构建中,一是切实加强党委对学生服务育人工作的统一领导,紧密围绕教育教学中心工作,深化"以生为本、德育为先、成长第一"的学生工作理念,向创新要战斗力,以创新为动力推动阵地建设、平台建设和队伍建设,促进学生工作精细化、品质化、开放化,汇聚全校合力,致力于学生的学习和全面发展。为加强党委对服务育人工作的核心决策机制作用,成都学院成立了学校党委领导下的学生工作委员会,并不断完善学校学生工作委员会体制机制,逐步体现学生工作各成员单位的执行、保障等支持机制作用和学工系统本身的务实、创新、激励机制作用。学生工作委员会领导、统筹全校学生工作,各成员单位围绕着学生的服务育人工作,各司其职,树立大局意识、责任意识、合作意识,既各负其责、各尽其责,又主动协调、相互配合,形成齐抓共管的服务育人工作合力,汇聚力量构建系统育人体系,共同做好学生服务育人工作。学校通过学生工作例会等加强学生工作委员会各成员单位的协调,通过快捷的新媒体、成员单位与学生座谈会和每周学情等方式及时了解和解决学生需要,呈现"沟通更加顺畅,配合更加有力"的态势,真正实现全员育人、全过程育人、全方位育人,同时强化责任追究,对于在学生服务育人工作中出现的突出问题,在严肃追究当事人责任的同时,根据情况追究领导责任。党委领导下的学生工作委员会成为学生的情感依托人、利益代言人、成长引路人和成才奠基人,不断提高了学生、家长、社会满意度,促进学生在德智体美等方面得到全面发展,取得了明显的育人成效。

二是着眼于学生成长需求,有针对性地做好中心平台建设。在学生工作委员会的统一协调部署和领导下,根据学生成长需要和学生事务的特点,进一步细化服务育人功能,建立各类服务育人工作中心。为解决学生上课与教师上班同步,以及学生办事存在的时间冲突、部门难找、手续繁多等问题,学校整合资源,通过"互联网+"搭建学生事务服务体系,优化办事程序,提高办事效率,成立了"一站式"学生事务服务中心；为解决学生在学业中的困难和满足学生个性化的学习需求，学校通过选聘优秀学业指导老师，整合图书馆学习资源，开设考研自习室，开办学习交流会等举措，成立了学生学业指导服务中心；为解决学生学业发展和综合能力素质提升同步的问题，为学生的全面健康发展提升提供有针对性的服务，学校实施学生发展与素质提升工程，依托成大讲坛、嘤鸣讲堂精品讲座，成立了学生素质发展服务中心；为解决学生好就业、就好业、精准就业等问题，帮助学生树立起正确的就业观念，加强对学生进行就业形势的分析与预测，成立了学生就业指导服务中心，搭建一个毕业生与就业指导服务中心、毕业生与用人单位、学校与社会交流的平台，通过多渠道多形式向社会发布毕业生求职信息、资源信息，深入社会建立学校与用人单位的广泛联系，不断开拓就业市场，提供就业动态、就业政策、职业测评、职业指导、就业手续指南等服务内容；为对创新创业有想法、计划的学生提供优质的物理空间和专业化的创新创业服务，帮助创新创业者们不断孕育、成长与成熟，成立学生创新创业服务中心，构建"创新创业者、创新创业导师、创新创业活动、创新创业平台"四位一体的创新创业服务体系，通过整合校内外创新创业教育要素与资源，汇聚各级政府、行业企业、社会各界力量，为在校大学生提供系统的创业教育与培训，全面提升学生的创新创业意识和能力，为学生创新创业提供全过程、专业化的创业服务，以便最大程度地释放创新创业团队的活力；为解决家庭经济困难学生学习和生活上的困难，全面引导学生在逆境中成长成才，达到"不让一个学生因家庭经济困难而失学"的目标，深入落实国家助学贷款、励志奖学金、勤工助学、社会资助、特殊困难补助、学费减免等资助困难家庭学生工作，成立了学生资助管理服务中心；为给广大学生创造一个整洁、优美、舒适的宿舍生活环境，培养学生讲文明、守纪律、爱劳动的良好习惯，强化学生团结友爱、互相合作的集体主义精神，以优化育人环境为目标，努力改善了学生宿舍硬件设施，成立了学生宿舍管理服务中心；为不断提高学生骨干、团干部、青年知识分子等青年群体的思想政治素质、政策理论水平、创新能力、实践能力和组织协调能力，使他们进一步坚定跟党走中国特色社会主义道路的信念，并促使他们逐渐成长为中国特色社会主义事业的合格建设者和可靠接班人，成立学生团建指导服务中心；为有针对性地做好大学生入党程序条件、组织生活等有关党的知识咨询，开展对入党积极分子培养、考察，学生党支部书记、学生党员骨干培训、党员后续教育和做好困难党员关爱帮扶服务、新生党员入学适应服务等服务工作，成分发挥党员的先锋模范作用，进一步提高学生党员的综合素质，成立学生党建指导服务中心；为帮助学生排解心理困扰，更好地认识自我、适应大学学习和生活环境，为学生的心理发展提供支持，降低通往心理和谐与学业成功道路上的各种障碍，促进学生健康心理和行为,提高大学生的心理素质和心理健康水平,以便更好地处理个人成长中遇到的问题,从而更好地促进大学生健康成长和全面发展,成立了心理健康教育服务中心。各类中心平台的建设,在满足学生成长需求的同时,也给学生以无声的教育,起到了"润物细无声"的作用,激发了学生对各类中心平台老师的辛勤付出的感激和崇敬之情,学会了对别人劳动的尊重,进一步帮助他们提升自身文明礼仪素养,积极践行社会主义核心价值观。

三是根据学生服务育人工作需要,在学生工作委员会的领导下,建立各类领导工作小组。在每年的九月,为了引导广大学生自我评价、自我完善,激励广大学生向优秀同学学习,成为全面发展的应用型高素质人才,努力营造相互学习、努力进取、奋发向上的校园学习氛围,"公开、公平、公正"地开展学生的综合素质测评工作及各级评优评奖工作,成立了学生综合素质测评领导工作小组和评优评奖领导工作小组;为在生活上帮助家庭经济困难的学生,在学习上鼓励家庭经济困难的优秀学生,让家庭经济困难的学生能安心学习生活,解决家庭经济困难学生学习和生活中的困难,"公开、公平、公正"地开展家庭经济困难学生的困难认定工作及国家助学金的评定工作,成立了家庭经济困难认定评议工作小组、学生资助工作领导小组和学生资助工作监督小组;在就业季,为了给学生提供就业政策咨询、就业技巧指导、职业生涯设计、就业指导与服务工作,为毕业生与用人单位的双向选择提供中介服务,广泛收集和发布社会用人单位信息,接待用人单位来访,建立和完善就业信息服务体系,如建立毕业生信息查询,个人主页展示,企业资料查询和最新招聘信息发布等系统,为毕业生与用人单位构建信息高速公路,成立学生就业服务工作领导小组;为全面贯彻落实《中共中央国务院关于进一步加强和改进大学生思想政治教育的意见》和中宣部、中央文明办、团中央、教育部《关于进一步加强和改进大学生社会实践的意见》精神,服务学生认识社会、考察国情、服务群众、培养实践能力和创新精神,让学生课堂理论学习与社会实践相结合,在社会实践中"受教育、长才干、做贡献",成立了学生暑期社会实践领导工作小组;为帮助学生认真学习《中华人民共和国国防法》和《中华人民共和国国防教育法》,切实加强学生的国防教育,提高学生的国防观念,对学生进行爱国主义、革命英雄主义和励志的传统教育,激发他们的爱国主义热情和建设祖国、保家卫国的神圣责任感,成立了学生军训工作领导小组;在每年迎新季,为顺利做好学校本科生、研究生的迎接新生及新生入学教育工作,让新生感受到学校师生的温暖,使学生家长放心,帮助学生尽快办理新生入学报到和尽快适应大学的学习和生活,成立了学生迎新工作领导小组;在每年的毕业季,为帮助毕业生顺利完成毕业生就业及报到有关手续、图书馆借书的归还、毕业生档案派遣等相关事宜,依托毕业生离校系统,促进毕业生离校前各项工作稳定有序地开展,让每一位毕业生带着母校的祝福,文明、和谐、安全地离校,成立了学生离校工作领导小组。特殊时段根据育人工作的需要成立的各类工作领导小组,其团结协作的精神、专注务实的工作态度、紧跟时代步伐的创新举措,深入学生实际,更好地贴近学生,不断提高学生团队意识,培养学生良好的学习和工作态度,激发学生的创新创造能力,同时也在潜移默化中教会了学生要学会感恩。

　　四是不断深化学生的"自我教育、自我管理和自我服务"功能,建立了各类学生组织。在学校党委领导和学校校团委指导和帮助下,依照国家相关法律法规和学校规章制度,本着全心全意为同学服务为目的,充分调动和发挥广大学生骨干从学生中来到学生中去的优势,进一步促进同学德、智、体、美、劳全面发展,团结和引导广大同学成为热爱祖国、适应有中国特色社会主义现代化建设事业要求的合格人才,成为学校联系学生的桥梁和纽带,成立了学生自我管理自我服务的群众性组织学生会;为了满足学生个人兴趣爱好的需求,为广大学生搭建思想交流,技艺切磋,互通友谊的平台。丰富学生"第二课堂"内容和课余文化生活,活跃学校的学习空气,加强校园文化建设,提高学生自己管理自己的能力,在学校团委和各院系分团委的领导下,按照国家相关法律法规以及学校各项规章制度,由学生自愿组成、按照各自约定的章程开展活动的群众性学生组织学生社团联合会;为建立健全各宿舍楼学生组织,充分调动学生"自我教育、自我管理、自我服务"的积极性,使学生公寓成为学生素质拓展的重要渠道之一,在校党委的领导,共青团的关怀,党委学生工作部(学生处)及后勤处(后勤服务公司)的指导下,组织成立的以"自我管理、自我教育、自我服务、自我提高、自我完善"为指导思想,以"全心全意为全校同学服务"为宗旨,以"创建整洁、优美、安全、舒适、文明的宿舍环境"为目标,以"想同学着想,急同学之所急"为理念,成立了协助管理全校学生宿舍的校级学生组织,学生宿舍管理委员会;为帮助学生提供与社会接触锻炼的机会,帮助其在志愿者服务活动中成长成才,得到自我价值的实现,成立了学生志愿者服务队。在校外,利用地方综合性大学学科优势,发挥专业特长,为社会弱势群体提供志愿服务,涉及教育、医疗卫生、贫困、妇女儿童、环境、残障、文化、社会道德等多个方面,着力开展环保和科普宣传、医疗下乡、法律知识宣讲、义务支教等志愿服务活动,传递爱心,传播文明,构筑人与人之间、社会群体之间架起相互友爱和相互帮助的桥梁。在校内,利用重要时间节点,着力开展迎新工作、离校工作志愿者服务,学校承办大型活动志愿者服务等,在学生自我服务过程中传递青春正能量和社会主义核心价值观。各类学生组织,其构建来自学生,同时也服务于学生,充分发挥优秀学生对学生的引领和引导作用,不断深化"自我教育、自我管理和自我服务"功能,学生群体之间朋辈教育效果明显、优势互补、更具育人影响力,促进学生全面成长成才。

二、成都学院服务育人机制建设

前已叙及,为加强党委对服务育人工作的核心决策机制作用,逐步体现学生工作各成员单位的执行、保障等支持机制作用和学工系统本身的务实、创新、激励机制作用,切实加强组织保障和协同联动,促进"大思政"服务育人格局的实现,成都学院不断探索和实践以生为主的发动机制、系统化的管理机制、合理化的资源配置机制、全程化的监督机制、全方位的保障机制的服务育人机制建设,不断促进服务育人工作的实现。

(一)以生为主的发动机制

以生为主的发动机制,就是要着眼于学生成长成才的需要,以学生的学业发展、综合素质提升、兴趣爱好和后勤保障为主,立足于学校的人才培养,发动相关职能部门、育人机构协同服务育人机制。在人才培养定位上,学校培养的是应以知识为基础、以能力为重点、知识能力和素质协调发展的高素质应用型本科人才。学校以基础学科为依托,在教学观念、教学管理、教学制度等方面实现由基础原理向应用实践的转化,切实担负起应用型人才的培养任务。具体而言,就是要尊重学生主体地位,激发学生潜能,促进学生全面发展。在这个过程中,注重关爱学生、教育学生、服务学生、引导学生、提升服务、发展学生关心学生、服务学生、指导和发展学生,这就要求教育工作者要为学生提供真情服务、细致服务、特色服务。帮助学生进一步深刻认识自己,充分肯定自己,完美发展自己,在此过程中,还要维护学生合法权益,包括知情权、学校资源的使用权、学习权和申诉权等,虚心接受学生的意见,保护学生表现和发展自我的要求。

一是以学生的学业发展为主,发动党委学工部、教务处、二级学院和学生组织,着力进行学风建设,英语过级、学科竞赛、考研指导系统服务育人工程,构建学生学业、就业和职业发展贯通的学生培养机制。学风是一个大学的灵魂,是一种精神力量和育人资源,是提高人才培养质量的基础,学风的直观反映是学生对知识、能力的渴求和在学习中是否勤奋刻苦、学习纪律是否严明等。学风建设就是要高度重视学生学习,把学生基础课程的学习放在第一位,通过开展优秀学子宣讲会、学习经验分享会、通过朋辈的力量,形成学生互帮互助,同时加强相关部门联动和充分发挥学生组织力量,开展学风督导,对长期缺课学生进行一对一的帮扶指导和服务,逐步营造优良的学风;英语作为当今社会的主要国际语言,时下,对学生而言,学生的大多数学习资料都是使用的英语。所以,加强大学生英语能力的培养,对于学生国际化视野的培养,国外的先进经验与技术的学习等十分重要。曾经大学生英语四六级跟学生的学位证获取挂钩,按照国家的相关规定,成都学院早已取消了学生英语过级与相关学位证书获取挂钩这一措施,但学校仍然把大学生英语过级放在较为突出的位置。对于大一、大二的学生,由于其要上英语课程,形成了任课的英语老师主导,二级学院极力配合的服务育人格局,全方位为大学生英语四六级考试提供有针对性的帮助;在高年级班级,学校从设立专项经费,开办英语四六级讲座、英语四六级模拟考试等一系列活动,深化英语老师辅导,全方面提高学生的英语能力;在学科竞赛上,学校不断为学生提供参与各类学科竞赛锻炼机会,在政策上予以倾斜,还积极搭建竞赛平台,从校级学科竞赛申报,孵化到省级、国家级比赛承办。近年来,学校积极承办第三届"创青春四川青年创新创业"大赛等,鼓励学生根据自己学科特点,参加全国大学生英语竞赛,挑战杯全国大学生课外学术科技作品竞赛和创业计划大赛等,发动专业课指导老师,创业导师等,为学生参加学科竞赛提供精准指导和服务;在学生考研上,学校层面通过物理空间的改造,利用图书馆、宿舍、大型教室,打造考研自习室,同时设立成都学院考研奖学金,鼓励学生提升自我,勇于报考硕士研究生。学院层面,由专人负责考研工作,密切关注学院学生考研动态,考研信息,组织开展考研经验分享会等举措,全方面为考研学生提供帮助和服务。

二是以学生的综合素质提升为主,发动学工部、心理健康教育中心,体育学院,二级学院,着力提高学生的思想政治素质、心理品格素质、身体健康素质,科学文化素质。综合素质是指人们自身所具有各种生理的、心理的和外部形态方面以及内部涵养方面比较稳定的特点的总称,是人所具有的认识、分析、处理事物的潜能。在思想政治素质提升上,学校通过开展十佳大学生、十佳共青团员、励志成才学生评选,挖掘学生先进典型,每月开展思政系列主题教育活动,学生思想动态座谈会,开展"时事月月谈"精品团组织活动,在相关活动开展中传递青春正能量,让社会主义核心价值观深入人心;在心理品格素质提升上,学校依托心理健康教育中心,在二级学院的协助下,在新生入学时,切实做好学生心理建档工作,建立每一名大学生的心理档案,便于后续相关工作的顺利开展。平时做好对家庭经济困难、学业困难、身体残疾、网络成瘾等特殊群体学生的关爱与帮扶,帮助学生走出心理困扰,提高学生的认识能力、情绪和情感品质、意志品质、气质和性格等个性品质。在身体健康素质上,学校依托体育学院支持学生体育社团,开展学生体能测试,全面了解学生身体状况,开展运动会等丰富多彩的体育文化活动,丰富学生课余生活,提高学生身体素质。打造体育馆物理空间,免费开放体育设施供学生使用;在科学文化素质上,学校利用地方综合性大学优势,利用各学院学科差异性,通过开设选修课程、各类讲座,达到优势互补,全方面提高不同专业学生的科学文化素质。

三是以学生的需求为主,发动二级学院、学生处、校团委、菁蓉学院(创业学院)、宿舍管理中心、后勤服务公司、基建处,在服务于学生成长成才中实现价值引领,提高人才培养质量。学生处和二级学院作为学生的"代言人",定期召开学生座谈会,就学生需求展开调研;校团委根据学生需要,着力开设第二课堂,包括辩论赛、青春才艺展示、社团文化节等丰富多彩的校园文化活动,丰富学生学习和生活;菁蓉学院(创业学院)通过开设全校性《创业基础》必修课,为学生提供创意启蒙,通过"塔式教育"体系,切实做好学生创新创业孵育,全方位满足学生创新创业需求;宿舍管理中心通过物理空间的打造,开设学生生活区、自习室和活动室,让学生感受到"橙子之家"的温暖;后勤服务公司和基建处通过校园环境的改造和校园景观的打造,营造了浓厚的校园文化氛围,后其根据学生的需求开展的各项服务,具有的导向功能、凝聚功能和激励功能,为学生树立了正确行为的航标,潜移默化地影响着学生的思想品德、行为规范和生活方式,逐渐培养学生的使命感、自豪感和归属感。

(二)系统化的管理机制

管理机制是管理系统的内在联系、功能及运行原理,是决定管理功效的核心问题,其是一个具有保证其功能实现的结构与作用完整的有机系统。系统是指各个相互联系、相互作用的部分组成,在一定环境中具有特定功能的有机整体,任何管理都是对系统的管理,没有系统,就没有管理。服务育人工作的管理机制就是按照一定的规律、秩序,自发地、能动地诱导和决定服务育人工作系统的行为,将系统各部分各方面和各种因素联系起来,考察其中的共同性和规律性,结合管理的教育方法、法律方法、技术方法、行政方法、经济方法,来达到服务育人工作的科学化管理水平。

一是要切实加强党委对学生服务育人工作的统一领导,完善服务育人的领导机制和决策机制。习近平总书记在全国高校思想政治教育工作中讲话强调,我们的高校是党领导下的高校,是中国特色社会主义高校。必须围绕学生、关照学生、服务学生,不断提高学生思想水平、政治觉悟、道德品质、文化素养,让学生成为德才兼备、全面发展的人才。切实加强学校党委对服务育人工作的全面领导,这是做好高校服务育人工作的关键。成都学院在党委领导下设立的学生工作委员会是学院服务育人工作的领头羊,把握学校学生教育方向,提出服务育人工作的指导思想和目标要求,制定服务育人工作总体规划,同时建立党政联席会议制度,协调解决问题,推动工作落实,对构建服务育人工作起指向和决断作用,要准确定位自己的工作职能,协调和激励各二级学院的学生工作办公室,引导各成员单位围绕着学生的服务育人工作,各司其职,团结协作地落实并完成各自的服务育人工作。学校党委从宏观层面落实对服务育人工作的领导和决策作用,进一步梳理并完善服务育人工作的指挥、服务、协调、激励、保障。

二是实行目标管理,落实责任制,强化服务育人工作管理约束机制和动力机制。美国管理大师彼特·德鲁克于1954年在其出版的《管理实践》中最先提出了"目标管理"的概念,其后相继提出了"目标管理和自我控制"的主张。目标管理是以目标为导向,以人为中心,以成果为标准,从而使组织和个人取得最佳业绩的现代管理方法。成都学院在服务育人工作中强化各服务育人工作单位和个人的目标管理,在每个自然年度的3月,根据各服务育人工作单位实际情况,下达服务育人工作核心指标,实行项目管理制,同时与相关责任单位均签订了服务育人工作责任书,落实服务育人工作责任制,即谁主管谁担责,建立服务育人工作管理约束机制。另外,服务育人工作能否取得实效,除了有效的约束机制外,很大程度上在于解决好动力机制问题。学校制定了完善的服务育人激励制度,建立科学的激励体系,根据评价的标准,重视定量与定性评价结果,运用精神和物质的奖励手段,鼓励和调动服务育人工作开展的积极性。

三是坚持刚性管理和柔性管理相结合,更加注重柔性管理,增强服务育人工作的针对性和实效性。刚性管理又称硬性管理,其是以规章制度为条件,是指以工作为中心,利用约束、监督、惩罚、处分等手段来创设一种环境,高效完成组织既定目标的一种管理。柔性管理则是一种"以人为中心"的"人性化管理",是在研究人的心理和行为规律的基础上,采用非强制性方式,在被管理者心目中产生一种潜在说服力,从而把组织意志变为个人的自觉行动。成都学院在服务育人工作中既注重制度化管理,又注重人性化管理,坚持刚性管理和柔性管理相结合,做到以制度管人、以情感留人。在刚性管理上,根据服务育人目标的要求,制定出服务育人工作各个环节的具体明确的标准,建立了一系列管理办法,并通过文件的形式使之制度化,由相关部门负责落实监督,严格规范执行。在柔性管理中,学校在制定相关管理办法前,对服务育人工作管理者展开调查,了解服务育人工作实际情况和开展工作存在的困难,与教职工协商、讨论,充分听取可行性意见,加强教职员工自我管理。根据马斯洛的需求层次理论,柔性管理主要满足被管理者的高层次的尊重需求及自我实现需求,据此,成都学院加强了对服务育人单位和个人的关心、鼓励和帮助,让服务育人单位和个人放下思想包袱,轻装上阵,在取得成功之时,给予充分的肯定、尊重,让其心理得到一定的满足,产生一种无形的内在的工作动力,并转化为有形的工作行动。真正做到"在琐细中积累伟大,在前行中温暖相依,在坚守中成就理想"。

(三)合理化的资源配置机制

在经济体制上,资源配置机制是调节资源使用的数量、规模、结构、布局等方面的经济机制。广义资源包括经济资源和生产要素,融自然资源、劳动力和资本为一体,覆盖社会经济活动中人力、物力和财力方面,是社会经济发展的基本物质条件。高校服务育人工作的资源配置机制可以理解为高校为了服务育人工作的需要,通过一定的方式把学校的资源,包括硬件资源和软件资源,合理分配到服务育人工作的各个领域,以实现资源的最佳利用,即用最少的资源耗费,获取最佳的育人效果,不断提高人才培养质量。

一是稳步实施调整学校硬件资源,不断提升育人环境质量。学校的硬件资源主要包括教学大楼、行政办公楼、图书馆、食堂、学生活动中心、校医院等基础设施,同时也包括与基础设施相关的各二级学院、相关职能部门、研究所,这些硬件资源被全校学生所共享,需要被合理利用和优化。成都学院通过教务处的统一协调,制订合理的教室使用计划,减少教室空置率,保证教室能够最大限度满足学生上课、早晚自习、考研、讲座及其学生活动的正常使用。同时,学校通过对整个校园环境和空间的不断整合,完善相关基础设施的功能,明晰相关部门的工作职责,更好地为学生服务。成都学院为充分体现二级学院发展定位和办学特色,进一步明晰学科专业属性,适应"改革创新、转型升级、高水平办好成都学院"的需要,遵照普通高等院校二级学院设置规律,避免重复配置资源,结合学校实际,经学校党委常委会研究决定,对部分二级学院进行了整合,科学规划,多措并举,相关部门各科室进行了调整和组合,避免资源浪费,提高了资源合理化利用水平,有助于学生服务育人工作的更好地开展和管理经验的分享。

二是确保学校软件资源供应,不断优化人力资源配置。人力资源的优化配置不断调整人力资源存量和增量。所谓存量是指高校现有的人力资源数量,增量则是指新进入高校的人力资源数量。调整存量是通过对现存人力资源进行培训、合理配置和充分利用,形成人力资源的最大合力。调整增量是在现存人力资源配置的基础上,通过需求引进人才,改变人力资源增量的素质结构,达到优化人力资源配置的目的。成都学院在人力资源优化配置上,根据服务育人工作的需要,深化实施"人才强校"战略,实施特聘研究员/特聘副研究员招聘制度,通过在海内外知名高校招聘优秀博士,或在海内外著名大学、科研机构或著名企业招聘优秀专家学者,建设了一支优秀的青年科研队伍,对学生的成长实行"导师制",不断充实服务育人工作人力资源。同时,学校高度重视学生思想政治教育师资队伍建设,在数量、结构、素质和队伍的可持续发展上严格按照中共中央、国务院《关于进一步加强和改进大学生思想政治教育的意见》(中共中央〔2004〕16 号)、教育部《普通高等学校辅导员队伍建设规定》(教育部第 24 号令)、高等学校辅导员职业能力标准(暂行)、教育部办公厅关于对《普通高等学校辅导员队伍建设规定》修改意见的通知、省教育厅、成都学院等文件的相关规定,按照 1：200 逐步配齐专职辅导员,保证每个年级都有一定数量的专职辅导员,同时每个班级要配备一名兼职班导师,实施专兼结合和年级辅导员制度,建设了一支政治强、业务精、纪律严、作风正的高素质的学生思想政治教育工作队伍,同时建立了学生思想政治教育工作队伍轮岗制度,根据岗位配置和学生思想政治教育工作队伍个体分析对岗位及其人员进行分类,做到人尽其才,才尽其用,不断提高学校的人力资源的实际使用状况和使用效果。

三是利用互联网等信息资源,加强服务育人工作的信息化管理。随着科技的发展和进步,大数据,互联网 + 蓬勃兴起,互联网已经渗透到学生的日常学习和生活中方方面面,如何有效利用互联网资源,发挥互联网资源的优势,不断优化学生教学工作和日常事务,为学生创造良好的资源环境和平台成为服务育人工作资源配置一个新的课题。成都学院充分利用微博、微信和 QQ 等信息化手段,根据学生的学习和生活需求,及时发布和搜集与学生日常事务相关的各类信息资源,包括就业、创业、资助政策,就业、创业、资助信息等,不仅直观高效,而且节省了中间环节的诸多校园资源。同时,学校利用互联网 + 思维,采用教务管理系统,提高了学生学习课程相关的选课,成绩管理的办事效率;学校利用易班网,极大地提高了学生思想政治教育的时效性;学校打造的新生迎新系统和毕业生离校系统,极大地节约了迎新工作和离校工作的各类硬件资源,同时更好地方便学生办理相关手续,实现了资源的合理化利用。

(四)全程化的监督机制

高校服务育人工作作为学校各项工作的重要组成部分,是学校人才培养的重要环节,高校服务育人工作能否有效开展,影响着高校人才培养的质量。随着用人单位对大学生的要求越来越高,服务育人工作的广度、深度和难度也在不断拓展,如何建立高校服务育人工作全程化的监督机制,加强对服务育人工作各环节的检查、监督和考核,确保高校服务育人工作科学合理地运行。

一是加强对育人工作部门监督,完善监督体系建设。服务育人工作的监督是对全校范围内与学生成长成才密切相关的职能部门、二级学院、辅导员(班主任)开展的监督,不断完善服务育人工作监督体系建设。成都学院在对全校相关职能部门的监督过程中,通过学校的专设机构学生工作委员会加强监督,主动掌握学校服务育人工作职能部门在学校服务育人工作的精神贯彻是否与上级要求落实、各职能部门服务育人工作职权使用是否得当等情况,确保服务育人工作不缺位,不违规;在对二级学院服务育人工作的监督,高校学生都分布在学校不同的院系不同的专业,二级学院是服务育人工作落实的第一责任单位,在学生和相关职能部门之间具有承上启下的重要作用。通过相关职能部门对对应的二级学院各职能科室进行监督,学院层面也实行院领导分管各职能科室制度加强对学院层面服务育人工作的监督。值得注意的是,在对二级学院的监督上,要加强对辅导员班主任工作的监督,辅导员和班主任处于学生服务育人工作的第一线,与学生接触最多,是学生日常思想政治教育和管理工作的组织者、实施者和指导者,其一言一行都将影响学生。成都学院学生工作相关职能部门和院系要通过例会、材料抽查、走访学院和学生访谈等形式,掌握辅导员班主任在奖助学金评定、学生活动经费使用等相关工作开展的规范性。

二是尊重学生的主体地位,发挥学生的监督作用。学生是服务育人工作的最终受益者,高校服务育人工作开展的效果如何,学生具有极大的发言权。成都学院在服务育人工作中,充分尊重大学生的主体地位,引导大学生以适当方式参与学校的服务育人工作,对服务育人工作享有监督权。学校建立和完善了学生参与服务育人工作的组织形式,通过线上公布校长信箱、书记信箱、师生服务在线、微博、微信等新媒体投诉,线下对服务育人有关部门进行满意度测评等方式,支持和保障学生依法参与学校的民主管理,同时,学校建立健全了学生代表大会制度,认真倾听学生对学校服务育人工作的意见和建议,保障学生的地位、权利和义务,让其真正享受到民主、平等、自由的权利,为学生会、研究生会等开展活动提供必要的条件,不断唤起学生的责任感、使命感和义务感,支持其在学生管理中发挥作用,不断提高学校服务育人工作水平。

三是制定监督考核办法,调动育人工作积极性。如何更好地监督考核服务育人工作,迫切需要建立一套完整的、可操作性强的、多层次的、可以量化的服务育人工作监督考核指标体系,并按照这套体系量化指标,在每年年终来衡量和测定各相关部门服务育人的实际效果。成都学院在服务育人工作监督考核上,对于各类服务育人工作,均一一制定了相关考核办法,并报学校党委常委会审议通过后严格执行。在每年年终具体考核评价各服务育人工作单位和个人时,按照制定的相关考核办法,紧紧地依靠服务对象学生,全面深入地进行考核。以学校辅导员的考评为例,学校按照学生满意度测评、二级学院考核、相关职能部门考核、核心指标考评等环节逐一量化,对于十佳辅导员的评选,还增设校级评审会环节,来自学校学生工作委员会成员单位、各学院(所)负责学生工作的领导担任评委,辅导员一一做服务育人工作特色展示。同时学校还不断完善服务育人工作制度改革,将老师带学生参加学科竞赛获奖与晋级、晋职评优等挂钩,加大优秀教师奖励力度,对服务育人先进工作单位和工作个人给予评选表彰,切实调动服务育人部门从事服务育人工作的积极性。

（五）全方位的保障机制

为了使服务育人工作能够更好地适应当前高校思想政治教育工作发展的新形势,确保学校服务育人工作得以顺利开展,必须建立和完善一套科学合理的服务育人工作保障机制,为服务育人工作提供物质和精神条件等。成都学院在服务育人工作中,对涉及的物力、人力、财力等因素,加大支持力度,同时建立育人思想保障机制,不断激发服务育人工作的活力,为服务育人工作打下了坚实的基础,为育人工作的顺利实施服务,使其顺利有效开展,并取得了预想效果、效益。

一是建立物质条件保障机制。物质条件保障是开展大学生服务育人工作的基础。高校要着眼于大学生成才需求,切实解决广大大学生的实际问题和困难,不断优化和改善大学生服务育人工作的物质条件。具体而言,学校要为开展服务育人工作提供必要的场地和设备。如大学生事务服务的场所,大学生创新创业活动场所,学生开展相关文体活动的场所、必要的计算机和多媒体设备、必要的图书、交通工具及其校园环境,甚至学生的餐饮、医疗、住宿、生活设施餐饮等都需要不断得到改善和优化,才能取得更好的育人工作效果。成都学院不断整合资源,全面了解学生成长需要,建立了成都学院学生事务服务大厅,为学生提供了"一站式"的事务服务;学校积极响应创业天府计划,成立了为大学生创新创业服务的菁蓉(创业)学院,其创业园区占地面积达到2500平方米,设有孵化区、创意区、培训区三区,配套独立项目空间、公共项目空间、创业讨论室、创业培训室。并含有双创服务中心、菁蓉创工坊,充分体现"为创业青年服务"的工作理念,统领双创工作;学校建立了新的学生活动中心大楼,增设学生活动多功能演播厅,为相关学生活动顺利开展提供场地保障;学校现有的10栋教学楼全部教室全部配备多媒体设备,目前的图书馆进行了物理空间的打造和空间的整合,馆舍面积达20297平方米,共有大型阅览室15个,学院资料室5个,书库3个,阅览座位2637席,为学生的学习提供了保障;为解决学生上课时间成本问题,学校通过与校外公司合作,开设了"小白龙"摆渡校园公交车;学校通过学生食堂的改造,给学生营造了温馨舒适的就餐环境,同时不断引进地方特色小吃,满足学生多方面的就餐需求;学校通过对宿舍空间的打造,实现"一院一风景,一楼一品牌",给大学生营造家的温馨;此外,学校还对校园环境逐步进行美化,通过嘤鸣湖、鹤鸣湖湖区的改造,校园景观设计,给广大学生提供一个舒适宜人的物质生活环境,从而促进学校内部的良好育人环境的形成。物质条件的充分保障,在满足学生成才需求的同时,也让这种服务沁入每一个学生的内心,使其得到教化,最终转化为学生自我管理、自我教育和自我服务的精神动力。

二是建立师资队伍保障机制。师资队伍包括专业课老师、辅导员(班主任)、学校各类管理人员、后勤服务人员、企业导师等,其是学校提高服务育人工作水平和能力的关键,这就需要一方面加强师资队伍师德师风建设,确保教师在服务育人过程中的神圣性和严肃性,起到潜移默化的效果。另一方面要合理引进人才,做好管理人员的职业生涯规划,加强师资队伍的业务和素质培训,不断提高他们的政治素质、业务素质和服务水平。近年来,成都学院着力打造一支政治强、业务精、纪律严、作风正,综合素质精良的学习型、创新型、实干型的辅导员队伍,学校从政策、经费等多方面为辅导员队伍建设提供保障,通过校内辅导员沙龙、专家讲座、名师讲堂、辅导员职业能力大赛,十佳辅导员的评选,校外选派优秀辅导员做访问学者、和其他兄弟高校交流学习等途径,为辅导员提供学习进修机会,不断促进辅导员队伍的成长;学校以"激发教师潜能,推动教学发展,增进国际合作交流,扩展区域服务"为目标,以提升我校教师业务水平和教学能力为重点,下大力气建设高水平专、兼职教师队伍,不断扩大双师型教师比例,完善教师教学发展机制,推进教师培训、教学咨询、科研探讨等工作的常态化、制度化,建设高素质的教师队伍,通过特聘研究员/副研究员的引进,着力打造一批具备良好的道德素养和职业修养、掌握扎实的专业知识与较强的创新能力、有卓越的社会活动能力和出色的示范引导能力,关心爱护学生,宽容理解学生,尊重欣赏学生,鼓励帮助学生的师资队伍,不断提高服务育人水平。

三是建立财政经费保障机制。财政经费是影响高校服务育人工作的重要因素,极大地影响了学校服务育人工作的正常运转,进一步影响高校人才培养的质量。成都学院以提高大学生综合素质能力为目标,规范学校服务育人工作的经费保障,充分实现学校服务育人工作经费的充足和充分利用。首先,学校每年均会从财政经费中设立服务育人工作专项经费,以学校2017年为例,成都学院设立易班建设经费、迎新宣传经费和校友开元公司捐赠发放学生免息借贷款30万元,成都学院大学生创业苗圃、创业补助专项60万元,2017年学校学生各类奖助学金521万元,教师素质提升专项12万元,2017年学生资助中央省补助资金980万元,2017年市属高校毕业生求职创业补贴30万元,学生就业工作专项(项目学生发展专项)120万元,学生工作专项(项目学生发展专项)120万元,学生奖贷助困专项经费(项目学生奖助学金专项)1000万元,学生处学生宿舍专项(项目学生发展专项)80万元,学生资助工作专项(项目学生发展专项)5万元。学校还主动挖掘企业、校友等社会资源,通过开展校企合作、设立社会奖助学金的形式,来拓展和补充服务育人工作经费,为广大学生,特别是贫困学生的健康成长创造有利条件。另外,值得一提的是,成都学院作为成都市人民政府举办的唯一一所本科类院校,成都市人民政府对于学校的服务育人工作给予了大力的财政支持。同时,学校还注重提高资金使用效率,充分发挥主观能动性,在广泛、深入论证的基础上,不断完善和调整项目经费,实现经费的合理使用,确保服务育人工作顺利开展。

四是建立育人思想保障机制。习近平在全国高校思想政治教育工作中的讲话强调,教师是人类灵魂的工程师,承担着神圣使命。传道者自己首先要明道、信道。高校教师要坚持教育者先受教育,努力成为先进思想文化的传播者、党执政的坚定支持者,更好担起学生健康成长指导者和引路人的责任。要加强师德师风建设,坚持教书和育人相统一,坚持言传和身教相统一,坚持潜心问道和关注社会相统一,坚持学术自由和学术规范相统一,引导广大教师以德立身、以德立学、以德施教。马斯洛的需求层次理论中也告诉我们,当人的生理、安全和社会需求得到满足后,尊重和自我实现需求将占有主导地位。成都学院在服务育人工作中,尊重教师员工的主体地位,不断为教师员工服务育人工作排忧解难,使教师员工在服务育人工作中产生担起责任的使命感,在服务育人工作中创造出更好的成绩。不管是教师、行政人员、管理干部还是后勤员工,上下一心,形成"大思政"服务育人格局,全员育人的理念深入人心,将服务育人工作的神圣性和使命感,将对学校人才培养重要工作贯穿到工作中的始末点滴中来,思想上都统一到服务育人工作中来,用自己的专业技能、工作态度和敬业精神去影响学生,在服务育人中实现自己的人生价值。

第三节　成都学院服务育人机制反馈

成都学院服务育人机制对于成都学院服务育人工程有着重要的作用,在育人的过程中得到了明显的反馈。在服务育人过程中坚持以生为本同时充分依靠学生,使得学生的主观能动性得到充分发挥;在各系统之间实现协调运行,整体把控,争取资源的优化配置;建立完整的保障和监督机制,使得各项工作可以量化反映。但是在服务育人机制过程中还是存在不足,需要在以后发展过程中优化。

一、成都学院服务育人机制的优势
（一）以生为本同时以生为主
成都学院服务育人机制明确了服务育人的对象:学生。服务的对象是学生,培育的对象也是学生。在这个过程中学生既是服务对象又是教育对象,要充分发挥学生的主观能动性,使其在锻炼过程中、体验过程中得到启发和教育。

服务是育人的前提,只有使学生在接受服务的过程中得到他们满意的服务才能使其更好体验服务过程中的感染力。成都学院服务育人机制坚持以生为本,在服务过程中充分体现人性化。要求各服务部门坚持"服务学生""想学生之所想、急学生之所急""一切为了学生,为了学生的一切"。在实践中,各服务部门精简工作流程,提升工作效率,使学生体验最便捷的服务。例如,学校一站式服务大厅的投入使用,使得大量学生事务集中处理,节省了同学们处理事务的时间,方便了同学们的学习生活;学校积极适应"互联网+",结合学生服务理念,创新开发迎新系统、毕业生离校系统、网课系统等,使同学们可以足不出户完成工作。与此同时,学校为学生提供了大量的实践机会,成立学生事务服务中心,由学生切实体验工作过程,从而得到启发和教育。

(二)系统运行,相互协调

服务育人机制的最大特征便是系统性。成都学院的服务育人机制也不例外。成都学院各服务部门隶属不同的部门,这就需要服务育人机制从中协调配置,而成都学院服务育人机制就是争取将学校的资源更好地配置起来。

建立多部门联动载体。成立学生事务大厅,通过该大厅,实现各部门的联动。将教务、户籍、后勤、资助、评优评奖等各部门的相关职能进行整合,实现各部门在同一个载体下的共同运作。

建立多部门合作模式。服务工作的推进,需要各部门联动完成,这就需要部门协调一致。通过服务育人机制,各部门可以在同一个目标下形成紧密无间的合作。例如:在迎新工作中,需要宿舍管理中心(学生处)、教务处、学院等各部门联动。为了保证各项工作顺利进行,各部门在服务育人机制的协调下,成立领导小组,提前召开协调会,各部门明确分工,保证各项工作顺利进行。

(三)保障与监督并存促进服务育人

服务育人机制的顺利运行,离不开保障机制和监督机制的支撑。只有完善的保障体系,才能保证各项政策和措施可以落到实处。只有明确的监督机制,才能保证各项工作能够如期完成相应的目标和效果。

在保障机制方面,在人、财、物等各方面保障服务育人工作的顺利开展。人员方面,设立专门服务岗,使服务工作逐渐专业化、精细化,从而进一步提升服务质量。加强服务人员轮训工作,进一步提升服务人员的素质,保证服务工作能够精益求精;财力保障方面,设立专项资金,美化学校环境,打造"网红"食堂和规范化寝室,使服务硬件得到进一步提升;物质保障在学校环境上指的是空间的保障,专门建设学生事务大厅和学生活动中心,为学生活动和学生业务办理提供广阔区域,这些保障机制大大促进了服务育人工作的实现。

在监督机制方面,做好服务育人的监督工作,凸显实效性。建立服务育人考核评价机制,对服务人员进行考核,以服务对象作为考核的重要依据。制定明确的育人目标,将育人效果显性体现。

（四）理念新颖,与时俱进

成都学院服务育人机制紧紧围绕学生人才培养目标,结合地方综合类高校学生发展规律,紧扣社会发展趋势,在先进的理念的指导下形成了一套日趋完善的机制。

坚持育人的根本理念,把育人放在机制建设的首位。各项机制发展和建设始终坚持"育人"理念不放松。与此同时,结合社会发展趋势对育人的目标进行发展,要坚持国家对于高校的整体要求,同时兼顾高校大学生的个性发展;要建立和谐平等的师生关系,培养大学生主体性;要为学生提供更多的学习平台,注重育人方式的创新;要注重软件和硬件方面的保障。

围绕服务育人,成都学院在运行机制上进行了创新,使服务育人的范围更加扩展。服务育人重视服务学习,把学习和育人充分结合起来;服务育人和教书育人、管理育人有机结合,形成你中有我,我中有你的局面;强调学生主体地位,注重学生全面发展和个性发展。

二、成都学院服务育人机制的持续发展研究

（一）成都学院服务育人机制存在的问题

1. 服务工作有待完善,育人效果有待提升

在服务育人的过程中存在服务人员素质参差不齐的现象,部分部门服务满意度不高。部分部门响应速度慢,工作周期时间长,服务及时性不够,使得服务效果大打折扣,从而无法达到育人的目的。在实践过程中,由于学生培训不到位,容易使服务方和需求方产生不必要的矛盾,从而影响服务质量和育人效果。

2. 协调机制反应缓慢,资源分配有待进一步优化

在各部门协调实践中,容易出现双套领导现象,工作中使工作人员无所适从。在各部门协调工作中,还容易出现相互推诿的情况,使一些工作无法真正落实。

3. 规章制度更新速度较慢

随着社会的发展,学校的各项制度不能适应学生的需求。由于学校规章制度的制定和修改,流程慢,时间长,更改难度大,无法实时更新,在满足学生个性化诉

求方面的反应性就差了一些。学校的监督和考评机制会参考学生的意见,但在考评过程中的监督有待进一步完善,容易使反馈和考评成为一种"流程化"的过程,不能达到真正促进服务育人实效性的目标。

(二)成都学院服务育人机制持续发展探索

1. 理顺服务育人关系,使育人效果更加落地

为了使服务育人机制可以可持续发展,在这个过程中要理清几组关系,只有明确了育人和营利的关系、服务和育人的关系,育人效果才能真正落到实处。

新时期高校许多服务部门已经独立出来,开始支付盈亏。成都学院也不例外,成立了资产经营公司。他们和社会的企业没有多大区别,需要在服务好师生的基础上自谋生存,所以必然要追逐经济利益。但也不能把它与社会企业完全等同起来,它是以服务学校教育教学为导向的,它更应遵循教育规律,如果离开了这个宗旨,那它就不再是高校资产经营公司,服务育人就是它"姓教"的体现。在服务的过程中,不应该以盈利为主要目的,要坚持"一切为了学生"、一视同仁的原则,做好服务工作。

关于服务和育人的关系,在前文也有所提到,但还是要彻底理清两者的关系才能使服务育人更好地贯彻。服务是育人的前提,只有做好服务工作,育人工作才有的谈。不能因为育人的目的,就降低对服务的质量的要求,必须坚持高服务标准,使受众能够得到满足,才能够达成育人的前提。育人是服务的目的,在服务精细化的同时,要坚持服务育人化。既要站在党和国家的高度做好育人工作,又要充分考虑学生的个性、特长、需要,为他们的成长提供物质条件和精神指导;为学生"学会学习"提供平台、创造机会,培养大学生强烈求知欲,培养大学生创造意识和创新激情,培养大学生发现问题、分析解决问题的能力,培养大学生脚踏实地不怕困难的精神,培养大学生团队精神,培养大学生对社会对民族对国家的使命感和责任感。

2. 优化资源分配机制,促进各部门协调发展

如何有效利用现在有效的资源,进一步提升成都学院服务育人的效果,这就需要进一步优化资源分配机制,在人力、财力等方面进一步合理配置,使各服务部门可以协调、健康、可持续发展。

在人力资源配置方面。由于各服务部门隶属不同的机构,现在基础的学生事务项目在学生事务大厅可以进行处理,但尚不能完全整合各部门有效运行。为了使各部门运转更有效率,建议进一步深化学生事务大厅工作内涵,以更好地协调各部门的人员。

在人才配置方面。由于各服务部门工作范围不同,对人才的需求也不一样,

在人才配置方面也要具体情况具体分析。对于人才储备,可以通过社会招聘,对口招聘需要的人才;对于人才培养,可以通过系统化的培训来完成。要强化对服务部门的职业道德教育,建立长期系统的培训机制,使之符合学校服务育人的要求。

在资源分配方面。进一步优化资源配置,建立宏观调配机构,对于重点项目和重点部门给予适当的倾斜,保证育人效果得到充分体现;建立预算决算制度,在年初上报服务部门预算,学校根据本年度工作实际情况对各项工作进行审核和批准。

3. 完善反馈渠道,提升管理效果

服务育人工作归根结底做的是人的工作,大学生服务育人工作做的是大学生的工作。只有大学生积极参与其中,才能使大学生与各服务育人机构建立密切的联系,才能更好地反映服务育人的效果。与此同时,要积极引入先进的管理理念,促进服务部门内部的不断提升和发展。

在完善反馈渠道方面。服务育人工作涉及每个学生,面广量大,众口难调,往往是矛盾的集中点,如果不处理好,有时甚至会引发群体事件。因此,建立完善和多样化的沟通渠道,保持沟通的长效化非常重要。为此,各服务部门除了自身渠道的宣传、解释,还应主动与学生管理部门、教学管理部门、科研管理部门保持密切联系,定期召开工作研讨会、交流会,倾听师生的意见、研究解决出现的问题;此外各部门可以定期在学生中进行满意度评测,以不断改进管理和服务;可以针对宿舍、食堂、维修、环境等工作设立意见箱,听取学生意见等;还可以设立领导接待日,直接面对学生处理问题等。总之,通过各种形式与学生进行沟通,加强与学生的交流,让同学们感受到学校的关心,可以较好地化解矛盾,提升后勤形象,维护学校的稳定。各服务部门对于学生反映的一些突出问题,应尽快加以解决,暂时不能解决的要和相关部门和学生做好沟通,最终应该列入计划尽早解决。

高校服务育人工作因为其对象特殊,对于服务的期待比较高等特点导致这些工作变成了高校工作中的难点和热点。因为众口难调,所以很难拿出一套固定的标准来衡量服务育人工作。为此,可尝试引入国际通用的质量管理标准,这些标准可以使服务工作不断系统化和规范化,真正实现一切为了学生的服务理念。但是,当前的质量管理体系与高校实际状况还存在一定的差距,急需发掘一套与高校服务育人体系相适应的评价机制,将那些原先用于企业或其他机构的标准逐步"高校化",以真正地使其发挥作用,提升各服务部门的服务质量和水平。

第四章

创新驱动下的高校服务育人载体

第一节 高校服务育人载体的基本特点

2016 年 12 月,习近平总书记在全国高校思政会议上发表讲话中提出:"加强和改进高校思想政治工作,要坚持全员全过程全方位育人。把思想价值引领贯穿教育教学全过程和各环节,形成教书育人、科研育人、实践育人、管理育人、服务育人、文化育人、组织育人长效机制。"而学生事务管理体制则从多个角度出发,本着为学生服务为原则,很好地将实践育人、管理育人、文化育人和组织育人有机结合在一起形成合力,实现对学生的全方位服务育人模式,与课堂教学、科研育人一起共同促进学生的成长。

一、高校服务育人载体的含义

载体一词最早是作为技术术语出现于化学领域,主要是指工业上用作传热媒介的物质。后被广泛应用于生物、IT 等科学技术等领域,被引申为能够传递能量或能运载其他物质的物体。直到 20 世纪 90 年代,载体这一概念才首次进入到思想政治教育领域中。根据陈万柏在《思想政治教育学原理》中对思想政治教育载体进行了如下定义:"思想政治教育载体是指承载、传导思想政治教育因素,能为思想政治教育主体所运用且主客体可借此相互作用的一种思想政治教育活动形式。"①而服务育人模式作为高校思想政治教育的一种重要模式之一,高校服务育人载体的选择就显得至关重要。高校服务育人载体主要是指在高校服务学生生活、学习和全面发展过程中承载并且传递服务内容和信息,能够为学校及教职员工所运用,使服务主客体相互作用的一种存在方式或活动方式。

---

① 陈万柏:《思想政治教育载体论》,湖北人民出版社 2003 年版。

服务育人载体是连接教育者与被教育者的桥梁,承载着服务育人的目的、内容和方式。服务育人总要通过一定的载体才能实现,随着社会不断进步和发展,尤其是互联网等新媒体的广泛应用,高校传统的育人模式已经无法再适用于当下的教育需求,尤其对于现在 90 后大学生思想多元化,追求标新立异的时代特点,创新高校服务育人载体形式迫在眉睫。因此,科学地把握服务育人载体,根据不同的教育内容,选择合适的载体,才能进一步加强对高校大学生思想政治教育的成效。

二、高校服务育人载体的基本形式和特点

（一）服务育人的管理载体及其特点

管理载体是指高校将管理手段和管理方式寓于服务育人的过程中,运用管理手段在无形之中达到服务学生、规范学生、教育学生的目的。管理本身普遍存在在社会生活的各个领域,与每个人的学习生活工作都息息相关。不论是在学校还是企业、公司,管理都是作为保证这些组织能够有序进行的重要手段,因此,作为高校,通过管理的方式,能够更好地协调人与人之间的关系,从而调动人的积极性,而这也恰恰与高校服务育人中"以人为本"的目标相契合,从而使管理活动达到服务育人的最终目的。在高校的管理过程中,也离不开服务育人的理念。如果一所高校实践服务育人的理念做得深入细致,那么不论是老师还是学生都会对这所高校的管理模式产生认同感,便会自觉地去遵守该校的校规校纪、管理规定、规章制度等,从而使整个学校井然有序地运行。

作为服务育人的管理载体,除了管理本身所具有的一般特征之外,还具有普遍性和制度化两个重要特征。管理载体作为高校正常有序运行的一种重要手段,是普遍存在于各个高校的。俗话说:"没有规矩,不成方圆。"每所高校都需要通过制定相应的管理措施、规则制度,以规范人们的行为。否则,这所学校的一切事务便会变得杂乱无章。因此,在高校中的各个领域,不论是教学领域、行政领域还是学生工作领域,都离不开法律、规章、纪律等所构成的制度来调适人与人之间的关系。例如,在高校宿舍管理的过程中,规定大学生要保持与室友之间良好的人际关系、保持宿舍整洁以及禁止使用大功率电器等,通过对这些宿舍管理规定的执行,引导大学生正确地处理人与人之间的关系,锻炼大学生独立生活的能力,培养大学生的规范意识和安全意识。这种对宿舍的管理模式,从客观上达到了对大学生养成教育的目的。通过这些规章制度来约束和规范大学生在宿舍中的行为,并通过鼓励和批评等手段进一步强化大学生的行为,从而养成良好的行为习惯,以达到服务育人的目的。

（二）服务育人的文化载体及其特点

文化载体是以文化作为高校服务育人的一种承载方式，即高校通过文化建设，借助文化产品中的教育因素，开展思想政治教育活动，通过文化建设过程来教育人、感染人，从而达到育人的目的。① 例如，高校会通过校史文化的宣传，来增强大学生的爱校意识和认同感。通过组织大学生参观抗日战争博物馆，对大学生进行爱国主义教育。

正是由于文化载体本身所具体表现出来的形式是多种多样的，因此，我们认为作为高校服务育人的文化载体，其必然具有形式多样性的特征。这里包括参观各类博物馆、校史馆、图书馆，引导学生观看电影、戏剧，欣赏书法、绘画等文艺作品，除此之外，校园内的令人赏心悦目的景观、具有纪念意义的雕塑也是在潜移默化中影响着大学生的思想和行为。因此，文化载体本身这种无形的、润物细无声的渗透性，也是区别于其他载体的重要特征。

（三）服务育人的活动载体及其特点

活动载体是指高校通过有意识地开展各类活动，将思想政治教育寓于活动之中，使大学生在活动的过程中受教育，从而达到育人的目的。大学生在校园生活中，除了日常的学习之外，还会参加各类丰富多样的社会活动，以满足自身精神世界的需求。例如，参与各种志愿者服务活动，暑期社会实践活动，篮球赛、运动会等体育活动，以及各类社团活动、文艺活动，等等。而教育者通过这一系列活动的开展将思想政治教育融入其中，从而运用活动载体中的教育因素以达到活动育人的目的。

与服务育人的其他载体相比，活动载体的社会实践性特征尤为突出。因为在活动中，本身就是一个践行教育的过程，因此大学生在参与活动的过程当中，既是在接受活动中的教育内容，同时也是在践行教育内容。高校通过活动载体实现服务育人，真正地实现了"寓教于乐"的教育目的，使大学生能够在丰富多彩的校园文化活动中接受教育，践行教育。

（四）服务育人的大众传播载体及其特点

高校中的大众传播载体主要是指高校通过各种大众传播媒体向大学生传导教育内容，利用大众传播载体的时效性、快捷性，增大教育受众的覆盖面，提高服务育人的效率。近些年来，随着社会经济的不断发展，尤其是互联网的普及，我国的大众传播载体的形式也呈现出日新月异的变化。几乎所有的生活和思想都会受到大众传播载体广泛而深刻的影响。尤其对于思想活跃，接受能力极强的 90

---

① 陈万柏：《思想政治教育载体论》，湖北人民出版社 2003 年版。

后大学生来说,大众传播载体无时无刻不渗透到大学生的学习和生活中。近几年来,除了报纸杂志、电影电视、广播书籍等传统的大众传播载体之外,随着 QQ、微信、微博等网络社交媒体的推广和普及,进一步扩大了大众传播载体的覆盖面,并被广泛应用于人们的日常生活中。高校通过大众传播的手段,传播各类弘扬社会主义"主旋律"教育,对大学生进行思想政治教育,真正实现教育的全民性。

大众传播载体除了上述提到的时效性和广泛的覆盖面之外,还具有增值力强的显著特点。也就是说信息一经传播,其影响会呈现出加倍扩散之势。[①] 例如,一个见义勇为的大学生的感人事迹,如果仅仅通过开会的形式进行宣传,其影响面可能只能局限于本校之中,但是一经网络等大众媒体的传播,其影响覆盖面则可能会不断扩大到全市、全省,乃至全国,而正是因为大众传播载体的这种增值力,大大地增强高校教育的影响力。

三、高校服务育人载体的发展变迁

在过去,传统的服务育人载体主要是指后勤系统通过为大学生提供优质的服务,在服务的过程中从生活上对大学生产生潜移默化的影响,使大学生能够在接受这种优质服务的过程中受到良好的教育。试想一位宿舍楼栋的宿管老师,如果能够在管理宿舍学生的过程中随时做到耐心周到、热情友好,这样的服务态度自然会在无形之中对学生产生积极的影响,从而引导学生在待人接物上去学习和效仿。而现代意义上的服务育人载体不再仅仅局限于高校的后勤系统,而是融入了学生事务服务、创新发展服务、身心保障服务等全方位、多角度的服务模式。例如,近两年来全国高校在大力推广和普及的易班网络平台建设,高校大学生不仅可以通过这个平台进行网络课程的学习,还可以利用其接受信息通知、管理班级事务、申请各类奖助学金、申请校内场地使用等功能,旨在通过网络的便捷性和时效性,提高学生事务管理的效率。现代高校服务育人模式与一般的社会服务相比,其最大的特点就在于高校在"以生为本""以服务为本"的理念的指导下,尊重学生的主体作用,为大学生提供优质的服务,其主要目的在于培养和强化大学生的服务意识,因此,其服务的过程也是育人的过程。[②] 只有这样,才能将服务育人与教书育人、管理育人有机结合,真正实现全程育人和全方位育人的最终目的。

---

① 陈万柏:《论思想政治教育载体的内涵和特征》,载《江汉论坛》,2003 年。
② 李亚杰:《高校服务育人的实践与探索》,载《河南师范大学学报(哲学社会科学版)》,2012年。

传统的服务育人载体是现代服务育人载体的前提和基础,我们现在大力推广服务育人载体的现代化并不是要抛弃传统的载体模式,而是要在传统模式的基础上取其精华,去其糟粕,使现代的服务育人载体与传统载体相互作用,互为补充,产生合力,共同促进其服务育人目的的实现。

四、成都学院服务育人载体的创新发展

高校服务育人载体反映了高校思想政治教育的内容和方向,通过服务育人这种"润物细无声"的方式,潜移默化地影响着大学生的思想和行为。随着社会的不断发展,互联网技术的不断更新,以及 95 后大学生思维活跃、自主意识鲜明等特点,高校传统的服务育人载体已不再适用,这就要求高校在继承和发扬传统服务育人载体的基础上,不断地进行发展和创新。为此,成都学院近几年来,在服务育人载体的创新方面经过不断地探索与尝试,形成了一套行之有效的服务育人体系。

(一)推进学生发展与素质提升工程,全面开展大学生素质教育

成都学院作为一所城市型综合大学,秉持着城市型综合大学"综合"与"人才"的理念,针对当代大学生素质教育中存在的问题,从学生可持续发展的角度,以大学生素质教育活动为载体,开展实施了"学生发展与素质提升工程"。该工程是以学校学生工作委员会和学生发展研究中心为支撑,以思想政治教育工作队伍和教师队伍为保障,旨在培养道德修养高、专业能力强、身心健康、具有创新能力、科学知识丰富的高素质应用型人才。成都学院近几年来充分围绕城市型综合大学的人才培养目标,以"学生发展与素质提升工程"为依托,通过对大学生素质教育活动的开展,极大地丰富了成都学院服务育人的载体模式,以实现对学生全方位、多层次的素质教育。例如,在人文素质提升体系的建设方面,成都学院出台了《成都学院关于实施素质拓展卡积分的暂行规定》,根据不同年级学生的特点和需求,实行学生素质拓展卡,逐步构建多样化、模块化、动态化的素质拓展体系,并与学生的各级各类评优评奖挂钩,使学生在活动中拓展学习知识的范围,提升学生的学业知识和综合素质,营造良好的学习氛围。①

(二)制订并实施学生工作人才培养方案,促进学生德智体全面发展

2014 年 7 月,为了进一步落实成都学院学生发展与素质提升工程,成都学院学生处制定并实施了《成都学院人才培养方案之学生工作指南》,旨在将学校学生

① 柯玲、刘吕高:《城市型综合大学学生发展与素质提升的实践探索——以成都学院为例》,载《教育导刊》,2012 年。

发展与素质提升工程变成每一个专业学生的菜单式选项。方案从思想道德、遵纪守法、科学文化、创新能力、实践技能以及身心和谐等六方面素质的培养出发,结合各学院专业特色,制订出适合本专业学生发展的人才培养方案,实现对学生标准化和个性化相结合的培养目标。除此之外,该方案的制订也将学校第一课堂和第二课堂有机结合、协同发展,共同促进应用型人才综合素质的全面提升,旨在将学生培养成为德智体美全面发展的高素质应用型人才。

(三)推进创新型学工建设,切实服务学生成长成才

2015 年 7 月,时任成都市市长助理、成都学院党委书记毛志雄在创新型学工建设交流暨辅导员队伍建设会上指出:创新是做好学生工作的重要手段,要在思想政治工作上进一步创新。要在立德树人的举措上进一步创新。重灌输,加强思想教化;重养成,加强素质提升;重实践,加强能力培养。要在育人环境上进一步创新。创新育人硬件环境建设,抓好"两心多点"建设工程;创新软件环境建设,抓好综合环境治理和建设。为此,成都学院在此基础上,不断推进创新型学工建设,从各方面、多角度出发,不断创新育人硬件和软件环境建设,全方位实践服务育人理念,促进大学生成长成才。2015 年 10 月,成都学院为解决学生上课与教师上班同步,以及学生办事存在的时间冲突、部门难找、手续繁多等问题,学校整合资源,通过"互联网 +"搭建学生事务服务体系,优化办事程序,提高办事效率,为广大学生提供"一站式"事务服务的平台。例如,提供公寓事务服务,优化学生生活环境;提供学生事务服务,提高学生办事效率;提供社团事务服务,丰富学生文化生活;提供勤工助学服务,扩大学生受助范围;提供就业事务服务,增强学生就业竞争力;提供身心保障服务,促进学生身心健康发展。通过这种在线和现场相结合的服务体系,打破了传统的学生管理思维定式,从学生的需要和发展出发,深入贯彻落实"服务育人"理念,促进大学生成长成才。

第二节　成都学院服务育人载体体系

一、构建"发展 + 事务"双核多元服务育人载体体系

经历了近年来学生工作的变迁发展,成都学院逐渐形成了"发展 + 事务"双核多元服务育人载体体系。

"发展 + 事务"指在学生工作的服务育人载体建设中,始终以促进学生发展、以育人为根本目标,同时对日益复杂、日益分类化和事务化的学生工作进行科学

化整理,使之更有利于服务学生发展。"双核多元"指在现阶段,促进学生发展和事务优化整理被视为学生工作服务育人载体功能实现的两个目标、两组牵动全局的动力源、两个改革创新的重要领域和两条并行的学生工作改革发展道路;在此基础上,各项学生工作服务育人载体按照自身体系的规律性科学发展、展现出各自不同的特色和功能,分别作用于大学生发展的不同方面,满足大学生发展的不同类别需求,并在满足需求、促进成长的过程中实现价值引导。

(一)基于促进发展的服务育人载体体系构建

学生发展与素质提升工程牵总服务育人载体体系。成都学院从 2009 年开始倡导的学生发展与素质提升工程以"促进学生发展、促进学生全面素质提升"为核心要义,整合大学工、大思政的工作资源,从思想政治素质、身心健康素质、人文科学素质、职业素养、创新力素质等五个方面的需求结构着手,形成服务学生发展和全面素质提升的工作载体体系。比如在促进人文科学素质方面,建立了"成大讲坛""嘤鸣讲坛""名师沙龙"等讲座载体。在促进大学生创新力素质方面,建立了"菁蓉学院"业务机构和工作体系,建立了创新创业专项运行和激励体系。

各项载体建设均具有促进发展功能。从 2009 年学生发展与素质提升工程实施以来,学校在多个方面的服务育人载体建设方面都取得了长足的进步,包括环境场地载体、事务服务载体、大众传播载体、自我服务载体,等等。这些载体建设,从出发点、设计思路、管理运行办法到效果判断,都无一例外地贯彻了促进学生发展与全面素质提升的理念和思路。

载体体系建设促进学生全面发展。立德树人是高等教育的根本使命。在强化服务育人载体体系建设的过程中,成都学院始终坚持育人的全面性,即坚持从身心发展、知识能力提升到思想政治素质的提升等全素质无一遗漏,坚持以价值引导,以思想政治教育引领为龙头,坚持立德、崇德的价值标准,培养德才兼备的社会主义建设者和接班人。

(二)基于事务整理的服务育人载体体系整合

校内学生事务服务机构载体和载体服务项目走向分化和专业化。学生工作从之前的偏重管理和教育到如今更加重视服务和引导,最突出的标志是学校各项学生事务的分化和专业化。从以往没有"资助中心""就业中心""创业服务中心(菁蓉学院)"到现如今这些服务部门纷纷成立、独立或相对独立,经费专门拨付,人员编制和干部队伍齐全,服务青年大学生的业务也丰富多彩,自成体系。传统的后勤服务工作也成立了"餐饮服务中心""宿管中心""维修服务中心"等以服务为宗旨的多个专门化机构。每一项服务从理论到实践,从举措到反馈等都越来越专业。

学生事务服务大厅载体建设促进学生事务服务走向集聚化。在各项学生事务越来越走向分化和专业化的同时,我校借鉴国内外先进高校学生事务和政府集中建设事务大厅的经验,建成400平方米的学生事务大厅,突破学生事务分散在各个部门的传统机制,吸纳大量的学生事务服务项目,减少审批流程和办理时间,年办理量很快突破6万人次。依托该场地载体,学工部门建立了网上网下一站式学生事务办理体系,从"一站式"不断走向"零进站"。这种服务学生的事务大厅服务育人载体,体现了"事务集聚"的方向和特点,符合现代扁平式机构改革和事务改革方向,成为服务学生、保障大学生成长发展的重要载体。

服务学生的事务载体机构的分化、专业化和集聚化发展趋势三化并存。集聚化本身可以节约大量的人力、物力,给学生(被服务对象)很好的体验。分化和专业化是各项事务载体系统不断走向深度发展、不断提高服务质量的保障。在各项学生事务和学生服务并未高度发达的我国高校,事务分化、专业化和集聚办理的情况并没有特别的矛盾。

(三)分类分层的服务育人载体体系多元系统

大学生需求的多样性促进服务载体的多元发展。需求是多样的,服务也是多样的。大学生在大学生活中有多少类别和层面的需求,他(她)所在的大学和社会即可在多大程度上满足他(她)。经过多年的探索集聚和创新发展,学校在满足大学生生活、学习、素质提升等方面形成了分层分类的多元服务载体,包括管理载体、文化载体、活动载体和大众传播载体。[1] 在此基础上分化为环境场地载体、事务服务载体、文化活动载体、创新发展载体、身心保障载体、大众传播载体、自我服务载体等多种形式。各种服务载体形式特点鲜明,功能互补,共同服务和作用于大学生的成长发展。

服务载体的自为性和先导性引领大学生全面成长。需求促进供给的同时,供给也产生需求。高校不是被动地迎合和满足学生的各类需求,而是在把握规律性的基础上建设各类服务载体,通过这类服务载体建设激发学生的成长成才需求和成长成才行动。[2] 比如创新发展载体,通过创新竞赛和创业宣传,激发大学生创新创业激情和潜力。如文化活动载体,通过隐性显性的文化载体和寓教于乐的活动,主动传递教育信息,主动服务学生成长成才和全面发展。

---

① 陈万柏:《思想政治教育载体论》,湖北人民出版社2003年。

② 刘军、国佳、莫梓峰:《高校"服务育人"的实践与探索——以广东外语外贸大学一站式服务大厅为例》,载《内蒙古师范大学学报(教育科学版)》,2016年。

二、成都学院服务育人特色载体建设

（一）环境场地载体

高校校园环境既是师生生活的自然空间，更是蕴含教育意义的文化空间。各类场地和空间建设也都遵循大学师生们的需求，承载文化信息，传输教育能量。成都学院近年来注重校园环境建设和美化，以"服务师生需求、促进师生发展"为目标大力建设和优化各类场地，着力打造学习空间、活动空间和生活空间。

1. 优化学习工作空间。规划建设各二级学院"三室一厅"（阅览室、会议室、教授工作室、学院大厅），让学院师生交流、学术交流和文化传播有了更丰富的空间，同时大力倡导"清洁、清新、清爽"的办公空间，发挥环境育人效益；扩大教室开放面，所有教室在白天和晚上自习时间均开放，将三个合计800座的阶梯教室改造成带空调的考研自习室；维修改造图书馆，高标准建设9层楼的新图书馆，扩宽学生阅读空间；整合优化教学实验用房，努力满足学生学习需要；在各栋学生宿舍普遍建设舒适美观的学习室，让学生足不出宿舍即可就近学习。引进新华文轩建成全国首家校园轩客汇，优雅的阅读环境形成亮丽的校园风景，氤氲校园良好的学风。

2. 优化学生活动空间。高标准建设好近万平方米学生活动中心和400平方米一站式"学生事务服务大厅"，搭建集学生事务服务、学生活动、成长指导"三位一体"的线上线下结合、功能完善的活动空间，其中包括大型演播厅、名师工作坊暨朋辈沙龙室、排练厅、社团活动室、创业孵化室、就业双选厅暨创业路演室。利用教学楼顶建设露天剧场。引进台商建成台湾文创科技中心。

3. 优化学生生活空间。优化全部校园道路和校园绿化，整理规范校内机动车和非机动车停放区域，对校园建筑外墙进行修缮重建，形成红（花）绿（草、树）搭配、生态怡人、线条清晰、通畅开阔、色调协调、大气现代的校园环境；建好学生服务中心和校园生活服务点，引入大型超市、建好校园橙子便利店，方便师生购物；规范银行、邮政、通信网络等服务网点，大力建设优雅而富有情调、适于交流的咖啡馆十余处，建成200余平方米安纳西西餐厅；对所有师生食堂进行装修翻新，给师生舒适的就餐环境；引进企业资金建设装修新颖别致的学生食堂，受到学生热捧成为"网红"；引入资金大力修缮翻新年成较久的学生公寓楼，建设学生宿舍"三室一厅"（学习室、活动室、自助服务室、门厅），成功创建省教育厅示范性标准化学生公寓；建设校内电影院，丰富师生课余生活。

通过学习、活动、生活三大空间建设，校园环境焕然一新，各类空间载体的丰富性、多功能性、使用方便性、舒适性和文化承载性大大提升，为师生的学习、工

作、生活及共同发展提供了更为丰富的环境基础载体。

(二)事务服务载体

在近十年来学生工作事务和学生服务分工愈来愈细、各项事务系统愈来愈专业化、科学化的背景下,成都学院把学生事务作为服务学生、服务育人的改革重点,着力集聚打造了网上网下一站式学生事务服务大厅,并按照事务改革的思路对其他窗口单位和窗口事务进行亮化(简化),形成了"以生为本、服务为先"的大小型事务中心(平台)集群。

1. 高标准建设"网上网下一站式学生事务服务大厅"。2015年10月,成都学院学生一站式事务大厅正式挂牌运行。该大厅的建立背景旨在解决学生办理事务时间和教职工工作时间冲突、手续复杂、事务办理机构复杂难找、学生事务办理程序复杂等问题。在建设中以"互联网+一站式"思路,搭建学生事务服务体系,优化办事程序,提高办事效率,为广大学生提供"一站式"事务服务的平台。该中心以信息服务和集中办理为主体,支持在线和现场服务体系,同时为校园第三方系统提供接入服务,打破了传统管理思维定式,从学生的需要和发展出发,树立"方便学生"优于"方便管理"的立足点,面向学生线上线下集中办理各类事务。从2015年10月至2017年6月,该大厅就为学生办理了近10万人次事务。

2. 各窗口单位亮化服务探索建设一批小型事务服务大厅。在集中的学生事务服务大厅之外,为完整解决师生服务问题,学校依托重要的窗口单位建设师生服务大厅,作为学生一站式服务的补充和支撑。建成财务服务大厅和教务服务大厅,均实行一站式柜台化服务。尚未完全进入学生事务大厅的学生事务部门也建成单独、专业的事务服务中心,实行一站式服务,如学校就业服务中心、创业服务中心(菁蓉学院)都在学生活动中心的合适位置建设了单独的事务办理厅。在校级层面建设一站式服务大厅的基础上,各二级学院也纷纷进行事务大厅建设,如师范学院将学院办公室、教务办、学工办合并,建成学院事务大厅,面向师生提供学院特色的一站式事务服务。

3. 各类信息化事务办理载体兴起和发展。随着互联网、新媒体的升级换代,智能手机的日益普及、各类高校学生事务管理服务软件(APP)的发展成熟,成都学院也建成了一系列学生事务服务网上系统和手机服务端。信息网络中心建成师生统一信息门户,学生可在其中查看自己各类信息。教务、就业、创业、资助等多个学生事务机构建成了学生事务服务软件系统。宣传部和各个面向学生的业务部门都建立了微博微信,收集和受理学生网上咨询,发布学生事务信息,组织宣传各类学生活动,办理学生事务。多个部门建设了学生事务服务APP手机服务软件。学校建设的跨部门的迎新系统和离校系统,实现了新生60秒一站式报到和毕业生网上轻松离校。由网站、微博微信、专业软件系统、APP服务端构成的基于互联网和移动通信技术的学生事务服务系统在服务学生事务办理中发挥了重要的载体作用。

独具特色的网上网下一站式事务大厅集群在服务学生办理各类事务方面发挥了重要的作用,较之以往大大提高了效率。这样的现代化的事务办理载体蕴含了丰富的教育引导方向信息,比如效率、集约、信息化、换位思考、专业化、精细化、改革创新,等等。这些教育信息蕴含在事务办理环境和事务办理环节中,成为对大学生柔性教育、隐性教育的优质载体。

(三)文化活动载体

高校是文化传承和文化创新的高地,文化载体和活动载体建设是高校服务学生成长成才和全面发展的主要特色,是第二课堂育人的主要手段。成都学院在近年发展中氤氲形成了鲜明浓厚的文化特色,构建了丰富系统的学生活动体系。

1. 建设传承以"美丽大气、青春活力、自强进取、温暖关怀"为底色的校园物质文化和精神文化。学校通过全面的环境建设和美化,大大提升了校园的"颜值",每一个环境角落都给大学生以丰富的美感。在教学楼、办公楼、宿舍楼、图书馆、食堂等空间,都有精美的画框、学校学院的历史展示、校园雕塑、西式钟、精致的保安亭、校车站牌等都精心制作,让大学生在校园穿行中获得美的熏陶。校园道路、桥梁、湖泊的命名,均出自传统典籍,朗朗上口,给人教益。事务大厅、轩客会、图书馆、咖啡厅、宿舍大厅甚至小卖部,都有可供学生交流的场所空间,充分体现学校对"人"及"人与人之间交流"的高度重视。近年来因环境建设、校园人物等,学校屡屡被"网红","网红"为学校积攒了知名度和美誉度,也充分体现学校在文化建设中的青春活力,顺势而为。随着"带着奶奶上大学"的张泽英、刘琳、热心公益的全国自强之星岑倩、向上向善好青年严柳等优秀学生被媒体发掘和社会广泛关注,成大学子自强不息、努力进取、德行醇厚的精神品质愈加定性传承。成大校长"连站三天和每一位毕业生合影授位""开学迎新60秒一站式办理""宿管阿姨致毕业生的一封信""保安蜀黍深夜开巡逻车送学生"等新闻事件层出不穷,充分展示了这所学校以人为本、温暖关怀的人文底色。

2. 实施"学生发展与素质提升"活动支持计划全面服务学生素质提升。从2009年起,学校提出学生发展与素质提升工程建设思路,通过各种资源平台和活动体系建设,着力服务提高大学生的思想政治素质、人文科学素质、身心素质、职业素养、创新创业素质。在该思路和工程规划下,学校从2012年起每年拨款200万元用于学生发展与素质提升工程各项活动,包括学科竞赛活动、创业活动、文体活动、外语提升活动、社团活动、讲座等,每年支持的活动项目达400余项,每年这些活动的参与人次近5万。学生发展与素质提升专项资金支持的"成大讲堂·嘤鸣讲坛·名师沙龙"计划对接国内外资源,举办高层次讲座、论坛,做到月月有精品,周周有讲座,打造高端讲座品牌,让大学生与名家零距离接触,平等交流,提高知识的厚度和宽度,激励其站在前沿的勇气。在学生发展与素质提升的思路基础上,学校2013年提出各专业人才培养学生工作方案的工作思路举措,在学校总体设计要求的基础上,各学院制订各专业人才培养学生工作方案,将丰富多彩的学生活动规范设计于方案之中,通过学生活动必修和选修搭配实施,规范系统地提高各专业大学生的综合素质。

3. 加强"两团建设"。重点加强了大学生艺术团、学生社团"两团"建设。创新"两团"管理机制;推行"两团"选修课学分体系建设;加大公共艺术活动专项经费投入,举办"成都学院文化艺术节""成都学院社团文化节",扩大覆盖面和学生参与面;精心组织"两团"参加各级各类比赛,让更多的成大学子成才出彩,提升学校知名度和美誉度。以学校艺术团成员为主力的表演团队,先后两次获得全国大学生艺术展演群舞一等奖。学校社团目前已经建成100余个,拥有社团会员近两万人,社团活动成为大学生个性发展和素质提升的重要载体。

(四)创新发展载体

为进一步贯彻落实中央、省委创新驱动发展战略部署,积极响应成都"创业天府"行动计划,学校于2015年3月成立了菁蓉学院。力求整合校内外资源,以政策机制创新构建"创新创业者、创新创业导师、创新创业活动、创新创业平台"四位一体的创新创业服务体系,实施百名大学生创业引领计划、千名大学生创新创业项目培育计划、万名学生塔式创业教育计划。

1. 平台经费活动政策完善支持大学生创新。为鼓励学生知识应用和创新,学校大力建设国家级省级实验室,实行实验室开放计划。多个二级学院建设学生科创工作室,吸引选拔学生进入科创工作室进行科创训练。多个学院实行导师制,如药学与生物工程学院启动全部本科生(含一年级新生)进入教师科创团队(实验室),师范学院专业教师指导学生科创作为必须工作量。学校在职称评审、岗位聘任文件中将指导学生活动、科创竞赛等作为教师必备条件中的选项。学校开展校级层面的"科创杯"大学生科技活动月,各二级学院牵头组织并大力鼓励学生参与学科专业相关的全国、省级学科竞赛,还积极承办多项全国、省级学科竞赛活动,举办学院特色的科创竞赛活动。近年来,学校每年划拨创新创业专项工作经费250万,用于大学生创新创业项目立项。共有创新性试验计划立项225项,学科竞赛活动立项47项,创业活动立项6项,科创活动立项26项,立项项目涵盖全校12个学院,参与学生近两万人次。近5年学校学生获得省部级以上奖励668余项,其中国家级 236 项。其中在 2015 年四川省"挑战杯"大学生课外学术科技作品竞赛获得一、二等奖共计 17 项,成绩排名全省高校(含 985、211 院校)第四。

2. 高水平建设国家级众创空间"菁蓉学院"。落实成都市"创业天府"行动计划(2015 – 2025 年),2015 年即成立成都学院下属独立正处级直属业务部门"菁蓉(创业)学院"。构建"产业发展指导创业教育,以创业教育拉动创新孵化"的学生创业工作体系。构建"创业基础教育塔基—创业实战培训—创业实践指导"三级"塔式"创业教育体系;构建"创业者、创业导师、创业活动、创业平台"四位一体的创业服务体系,打造"大学生创业孵化园""创客空间""大学生创新创业示范俱乐部""创新创业导师团"等创新创业载体,实施百名大学生创业引领计划、千名大学生创新创业项目培育计划、千门创新创业课程建设计划、万名学生塔式创新创业教育计划等具体举措。精心组织学生参加"创青春""互联网 +"等各级各类创业比赛,承办成都市青年创业大赛和"创青春"四川省赛,积极参与"创业天府·菁蓉汇"系列活动,承办成都市菁蓉汇集文创专场,举办"中国文创发展"高端讲座交流活动。成功创建国家级众创空间,获批四川省第二批深化创新创业教育改革示范性高校、四川省科技厅新型孵化器,获授"中关村人才特区创业就业实践基地"完成成都学院与龙泉驿区共建"成龙谷"孵化器建设任务。2014 年,"创青春"四川省创新创业大赛我校大学生创业项目获金奖 1 个、银奖 1 个、铜奖 5 个;其中"老友网·中老年网络社区"项目在省赛中获金奖,国赛上获铜奖。2016 年,第三届创青春四川青年创新创业大赛暨第七届高校毕业生创业大赛获金奖 4 项、银奖 5 项、铜奖 11 项。学校创业竞争力从 2015 年的全国大学第 469 位提升到 2016 年的全国大学第 163 位,上升 306 位。成都学院 2016 届学生自主创业比例达到 2.4%(2015 届为 1.9%)。

(五)身心保障载体

"文明其精神,野蛮其体魄"。健康成长、健康生活是大学生成长的基本保障和必备条件,也是大学生幸福一生的重要源泉。成都学院高度重视学生身心健康,建立了全民体育锻炼载体体系和全程化心理关怀载体体系。

1. 构建全民体育锻炼载体体系。成立校体委,每学期举行会议研究决定学校体育工作。从原有体育教学部发展扩建成拥有 70 名体育专业教师(其中副高以上 25 人)、3 个体育本科专业、每年招收近 300 名本科生的体育学院。成立各类体育类社团 25 个,每年吸收新会员 6000 余名,体育类社团每年举办特色体育活动 30 项。每年开展大型田径运动会,各种院际球类竞赛。举办体育舞蹈大赛,健美操大赛、环校越野、青龙湖微型马拉松等特色全民健身活动。在大一学生中开设太极拳公共课程,以及多门体育类公选课。每年评比体育工作先进单位予以表彰,推动二级单位参与和组织体育运动。与市体委合作,成立成都学院足球学院。成立武术、跳绳、健美操等若干支高水平运动队,成立女子健身健美训练基地。近年来,成都学院运动健儿(包括非体育专业学生)夺得体育类(含非专业类)国际比赛奖励 25 项,国家级比赛奖励 130 项,省级奖励若干。建成包括标准草坪足球场、五人制足球场、塑胶篮球场、体育馆、健身房、风雨操场等在内的运动场馆系列和运动设施。每年开展学生体能测试。

2. 构建全程化心理关怀载体体系。为加强学生心理健康教育,服务学生全面发展,学校较早建立了独立的正处级单位心理健康教育中心,配备 9 名专业技术人员,专职开展全校大学生心理咨询工作和心理健康公选课的教学工作。建有包括"生物反馈实验室""心理咨询室""心理沙盘训练室"在内的 300 平方米心理健康教育中心工作场地。围绕学生心理特点建立了"心理关怀全程化"的工作模式,包括提前预防——心理健康课程革新化、实时监控——心理健康管理档案化、即时干预——师生心理咨询及危机干预即时化、长远发展——线上线下心理健康宣传活动丰富化等"四化"。实现心理健康提前预防与即时干预相结合、朋辈互助与学生自助相结合、线上辅导与线下活动相结合。构建"学校—中心—学院—宿舍—学生"的五级心理健康防护网络,实现横纵向的快速联系与互动通道。对学生心理危机事件做到"人人过关,一个不漏",有效避免了多起恶性事件的发生。

(六)大众传播载体

大学生的日常生活和人际交往、课程学习、参加各类活动、接触社会等都紧密地依靠互联网及社交媒体。成都学院建立了以官方网站为基础,官方"两微"为重要创新领域,易班为特色载体、各类 QQ、微信交流群为延伸手段的服务育人大众传播载体。

1. 网站建设注重服务和引领。成都学院官网在设计上突出思想引领、新闻资讯和文化传承功能。通过主页"嘤鸣视界"大型图文栏目,凸显学校精华和价值追求;开设"习近平总书记系列重要讲话""培育和践行社会主义核心价值观"等多个专栏,凝神聚力,引领师生;主页设立学术动态、文化活动等栏目,展现高校学术文化主体功能;通过链接"师生服务热线""校长信箱""书记信箱",服务师生交流沟通,响应群众呼声。各二级单位均建立有工作网站,宣传部对二级单位网站进行统一指导,在全校范围内进行考核和评优,推进优秀校园网站建设。校网新闻报道多次获得全国和省市新闻类奖励。

2. "两微"建设异军突起领潮头。跟随时代潮流和青年实际,学校建成以微信公众平台、微博平台为主力军的"两微"社交网站平台。秉承"大策划、小视角、精制作、严管理、广传播"的原则,坚持正确新闻宣传方向,用新平台、新形式讲好成大故事,传播成大好声音。学校官方微博微信影响力多次排列全国高校前列。在学校官方微博微信建设基础上,学院(部门)、学生组织账号协同形成新媒体"集团军",校、院、学生组织的"两微"互动连接,成立学校新媒体联盟,共同培训提升,互动有无,共同发声。成为学校思想政治工作的重要阵地、师生校友的网络精神家园、文化传承的有效载体、权威发布的重要渠道、舆情管控应对和引导的主要阵地。

3. "易班"社区凸显大学生专属。学校成立了易班建设领导小组、易班发展中心和易班学生工作站,积极创建易班大学生社区,开展易班骨干培训,丰富易班网上社区,开展网薪换购、易淘集市、易秀展、易班新生校园体验营、易 photo 等 10 项活动,吸引万余学生加入易班。在易班开展新生入学教育、让新生"未进校,先进班";开展"易青春"五四青年榜样评选活动;搭建易课堂平台,学生自主上传分享课程内容,与各科老师进行课程互动。"易班特色公共号(CDU 学生事务服务中心)"和易班特色活动(易活动,一起来)获得四川省教育厅表彰奖励。

(七)自我服务载体

自我教育、自我管理、自我服务是高校学生组织的根本特点和职责使命。在学校发展过程中,各类学生组织不断发展壮大,在参与学校管理和建设、服务广大同学过程中发挥了重要的主人翁作用。

1. 学生干部组织撑起学生服务半边天。学校的学生干部组织包括校团委学生机构、校学生会、社团联合会以及各机关单位指导下的学生组织,如学生处学生助理团队、新闻中心学生团队、学生宿管会、安全教育中心等,各二级学院分团委、学生会和各学生党支部、团支部学生干部(党团干部)、班主任助理。各类学生干部组织的学生人数占到学校学生人数的 30% 以上。各个学生干部组织在多年发展中形成各自的团队文化和精神传承,参与学校和学院学生事务决策,积极承担学校学工部门和其他相关部门、学院的各类事务,承办或自主举办各类学生活动,在其中锻炼组织领导能力和事务处理能力,成为大学生提高综合素质的重要载体平台。

2. 学生志愿者组织传播爱心彰显正能量。学校设立了校级青年志愿者协会、院级青年志愿者协会,并积极开展青年志愿者注册工作。积极落实教育部颁布的《学生志愿服务管理暂行办法》,实施"大学生志愿者培养计划",评比优秀志愿者。志愿者一方面积极参与公益服务,助老扶残,另一方面通过良好的专业素质广泛服务于省市校各级各类会议、活动,形成校地合作、开放互动的成大大学生志愿者服务品牌。

3. 学生社团组织让个性飞扬校园和谐。学校大力鼓励社团发展,设立了社团联合会,对社团进行统筹管理;将社团分为学术型社团、公益类社团、文体类社团和综合型社团等类别,鼓励社团分类发展;实行社团星级评定制度,激发社团活力;依托社团实施素质学分计划,引导社团成员综合提升;依托社团开展课程化建设,提升社团活动地位;每年专项资金支持社团活动,仅2016年就支持45项活动;开展社团活动月等集中展示活动。校内社团发展到108个,社团会员近两万人。多个社团组织获得全国、省市奖励。

第三节　服务育人载体的特点、成效及持续发展

一、成都学院服务育人载体的基本特点

(一)执着的创新性和发展的"急性子"

创新是当下时代和中国发展进步的大势和显著特点。西部的地方高校更是需要负重自强,不断超越自我。成都学院在发展过程中,不断以"学习者"的姿态、"创业者"的心态,提出"十年跨越三步走"战略规划,在原有基础上将"创新型学工"作为学校顶层设计,推进各项服务育人载体创新发展。[①] 无论是学生事务机构的创新设计(如设置建设服务青年创新创业的正处级"菁蓉学院")、服务学生全面发展的学生事务思路创新(创新提出和实施学生发展与素质提升工程和人才培养学生工作方案),还是具体到顶住压力抢抓机遇整合资源创新建设学生活动中心(特别是学生事务服务大厅)、改变思路全新打造校园环境和各类场地,再到各项服务载体的细节创新(如各类服务岗位的服装创新设计、办公服务门牌的人性化创新、心理服务进宿舍"知心小屋"等),无一不体现了成大人在服务育人载体建设的执着创新精神。创新成了成都学院学生工作者在服务育人载体建设的追赶压力、使命召唤和强大动力。创新也充分保障和展现了成都学院在服务育人载体建设上的局部领先和后续发展能量。

同时,在高校竞争日趋激烈的背景下,同时本着以人为本、尽快让学生获得更好服务的思路,学校学工队伍在推进各类服务育人载体建设方面都充分体现出只争朝夕的精神状态,学校各类服务育人载体的创建和发展始终在一个快速发展的轨道。如学生事务大厅的建设,从完全没有基础到服务项目达100项,只用了三个多月的时间;菁蓉学院从建成到成功申报国家级众创空间,只用了一年半的时

---

① 江洪明:《构建高校服务育人新体系的思考》,载《经济与社会发展》,2016年。

间。迎新工作中学生床上用品、军训服装提前进入学生寝室的若干细节创新,是2016年7月中旬才从东部地区先进高校学习得来,当年8月底就在学校变为现实,赢得新生、家长及各界广泛称赞。在尊重客观情况和客观规律的基础上快速推进育人工作,加快服务学生成长,是成大人"急性子"的体现,更是敬业精神和责任感的体现。

(二)全面性和系统性

成都学院在学生事务改革促进服务育人模式创建的过程中,始终注重全面性原则,即坚持服务全体学生、提升学生全面素质,坚持全员育人、全方位育人和全过程育人。在坚持服务全体学生方面,分专业的人才培养学生工作方案及学生必选和自选的制度设定,就是保证全体同学都能参与到第二课堂的素质提升。在提升学生全面素质方面,学生发展与素质提升工程中包含了学生素质提升的方方面面,学生综合素质测评体系更是从评价和评优评奖的角度引导学生提升全面素质。学校坚持全面的心理健康筛查,面向全部学生开设太极拳课程、创业基础课程等,都是强调学生素质的全面性。学校通过加强领导干部联系学生班级制度、师德建设、职称评审制度改革、导师制、辅导员考核制度、后勤服务机关建设等强调各支队伍的育人责任,加强全员育人;通过加强教书育人、管理育人、服务育人、文化育人等强化全方位育人;通过年级辅导员制、分年级的人才培养学生工作方案,强化入学教育、专业教育、职业规划教育、求职就业教育、毕业教育等各个环节和制度来推动全过程育人。服务育人载体的全面性充分体现。

除了全面性,在保障服务育人载体的系统性方面,除了建设有形的、可感的、直接的育人载体(如环境场地载体、文化活动载体、事务服务载体等)之外,学校还有效开展管理载体建设,一是通过各种管理制度的制定和实施来规范学生行为、提升学生的法纪素质;二是通过各类评价制度、协调沟通制度等来引导、规范和协调监督相关部门和教职员工开展服务育人工作;三是通过各类评价、奖励制度来激励学生参与载体服务,与各类直接的载体建设同频共振。另外,学校加强各类服务育人的队伍建设,特别是辅导员班主任队伍、教师队伍、后勤员工队伍、学生干部队伍等的建设,提高各支队伍的素质能力,加强各支队伍的协同配合,使之在意识上、能力上适应并主导各类服务育人载体的建设。再者,为增强服务育人载体的系统性,学校建立了学生发展研究中心,策划申报高校学生事务研究中心,开展学生事务与服务育人相关方面的课题研究,准确把握和引导学生事务与服务育人的方向,提高学生事务和服务育人的工作质量。服务育人载体建设具有内容和时空的全面性,具有人力物力财力的保障,具有运行和提高质量的机制设计,因而具有鲜明的系统性。

(三)学校主导和学生主体性的结合

学校在开展事务服务改革和服务育人载体建设过程中,始终坚持以学生为本。一方面广大学生在各种载体建设过程中发挥重要的主体作用,参与和承担各类事务,如各学生干部组织对学生事务的承担,特别学生事务服务大厅的事务服务主力本身是经过培训上岗的学生,班主任助理从优秀学生中选拔后服务新生班级,他们在服务他人的过程中获得自身的全面发展;另一方面学校充分尊重学生在学校事务管理中的主体性,响应学生的实际需要和迫切呼声,特别是通过学生座谈会、师生热线、其他各种意见收集反馈等获得改进工作的动力源泉、着力点和评判标准。

同时,学校各级始终坚持服务育人载体建设的主导性和先导性。一方面,按照党的教育方针和学生素质发展的方方面面,通过长期积累形成完善的载体体系。另一方面,学校通过"供给侧"改革,坚持提高载体建设质量和水平,努力追求一流,以引导学生素质提升的内在需求。如学校在自习时间段开放所有教室,将食堂、宿舍、事务大厅、教学楼的闲置空间、咖啡馆等都建成多功能的学习空间,逐步引导越来越多的学生在良好的环境中勤奋求学。学校通过资金支持立项、建设各类学生创新工作坊为学生提供工位、专项资金支持学生假期海外游学、开展大量高端讲座拓宽学生视野等,尽管有时预备的资源和载体不能得到学生完全的利用和响应,但是这些资源和载体在实际过程中起到积极的培育和牵引的作用。这种先导性、主导性和主动性或应是西部地方高校主动积极有为的应有状态。

二、成都学院服务育人载体的实效

(一)各类事务服务改革创新引导学生事务格局优化

学校在学生事务方面持续系统全面的改革创新从较为根本的角度优化了学校学生事务服务载体格局。一方面,学生事务服务大厅通过自身建设集聚学生事务,减轻各相关二级单位和教职工的事务服务压力,学生获得更多的集成化高效率一站式事务服务,扁平化的学生事务服务格局不断形成。事务服务大厅通过不到两年的建设,集聚了 60 个大项、158 个小项的事务服务项目。这些服务项目均来自校内各机关单位。同时事务服务大厅的服务改革省去了大多数二级学院在事务服务环节上的投入,直接面对和服务学生。各机关单位和二级学院减少了服务项目和一些服务环节,可以有更多的时间精力用于其他工作或精细化、专业化的育人工作上。学生事务服务大厅的集聚功能使学生事务格局变得更加简洁、简单,同时还潜在地具有激发推动学校开展进一步综合改革的力量。另一方面,各个面向学生的事务服务机构不断走向专业化的"精深"发展道路,如学生资助服务推进精准化,学生公寓服务推进标准化,学生餐饮服务不断美食化,心理健康教育服务推进全程化,就业指导服务推进品质化,创新创业服务平台化,各二级学院学生事务服务团队服务学生的"个性化""情感化",等等。这些专业化机构和专业人员的"精深"服务与事务大厅事务服务的"宽度和广度"形成协同配合之势,共同推动学生服务从面到点、从简单的事务办理服务到复杂精深的育人服务、从物质层面服务到精神层面乃至全面发展服务引导的深化发展。学校学生事务服务格局优化得到国内外高校和教育主管部门广泛关注,一年多来,约70家国内外高校同行和教育部、省市教育主管部门来校参观指导,充分肯定我校的学生事务服务改革创新。

(二)各类服务育人载体引领学生素质全面提升和学风校风进一步好转

各类服务育人载体的建设,直接间接地促进学生素质全面提升,培育学风校风的进一步好转。首先,大学生通过各类活动载体,参加各类知识、技能和创新创业竞赛,拓展专业知识的广度深度,提高知识应用创新能力。2016年学校学生参加各类竞赛获得省级以上奖励数量比2013年增长了150%。其次,在各类学习激励制度载体和学习环境载体的引导下,图书馆和各类学习场地的上座率、考研报考率、考取研究生人数均比以往有较大提高。其中2017届考取研究生人数比2014届考取研究生人数增加了140%。暑假期间图书馆开放的馆室都坐满了学习的学生。其三,各类环境载体和文化载体建设不断美化,对大学生美育教育的资源不断丰富,置身校园,大学生获得更多的美育教育,美育素质更加提升。并因为环境的美化和整洁,间接地促进了大学生文明素质的提升。宿舍大厅美化装修后的调查表明,95%以上被调查学生表示"经过大厅的时候更注意自己的行为,怕把美观整洁的大厅弄脏了"。2017届不少毕业生主动打扫寝室,为学弟学妹留下清洁的寝室和可用的学习生活用品,被人民网报道,引发百万人次观看,获得上万点赞。其四,各类事务服务载体的简化、集聚和专业化变革,对广大学生的社会事务处理能力产生了积极的引导作用,"以服务对象为尊、以人为本、注重效率、优化形象"等现代公民社会所需要的优秀素养潜移默化地沉淀滋生。服务学生学习发展的各类载体建设为大学生的成长发展提供了条件、输送了养料、给予了保障,正如中医治疗的"扶正"功能一样,顺应了学生发展的需求和教育发展规律,学校学风校风进一步好转。

(三)学生的生活幸福指数及对学校的美誉度和自豪感不断提升

通过各类环境场地载体和生活服务载体建设,大大方便了学生生活。近两年校内道路、广场全面美化,各类生活服务设施进一步健全,食堂、公寓等主要服务项目服务质量不断提升,学生对学校的满意度不断提升。"网红食堂""最美校园""最美学生公寓""留校学生吃西瓜大赛""校长为每一位毕业生授位并合影"
"拥有 20 多个咖啡店的高校""宿管阿姨给毕业生深情告别""保安叔叔为保护流
浪猫给车主留下纸条""60 秒一站式迎新"等,这些事件通过新媒体放大,学校在
各类新媒体中的报道次数和获得点赞的次数大大增加,很多次被网友评价为"别
人家的学校"。本校学生身处其中,更是感觉到学校的变化,并为学校感到骄傲和
自豪。麦可思报告数据表明,2016 届学生对食堂服务的满意度比 2015 届学生提
高了 10 余个百分点。很多往届毕业生对于学校环境和各类服务育人载体升级给
予点赞,惊呼"母校总是在自己离开后才变得更美"。广大学生对于学校的美誉度
和自豪感成为学校凝聚力、向心力的重要来源,也成为广大学生珍惜大学生活、奋
发努力的动力源泉。

三、成都学院服务育人载体的持续发展

(一)进一步提升服务育人载体建设鲜明的政治导向性

习近平总书记在全国高校思政工作会议上强调指出,我国高等教育肩负着培
养德智体美全面发展的社会主义事业建设者和接班人的重大任务,必须坚持正确
政治方向。高校立身之本在于立德树人。高校服务育人的各类载体也应具有鲜
明的思想政治教育功能,要在培育和弘扬社会主义核心价值观、提高学生思想水
平和政治觉悟方面蕴含能量、发挥作用,而不是背道而驰,或者失去导向型。学校
在建设各类服务育人载体的过程中,要进一步有意识地选择和设置。比如在文化
载体、网络载体、活动载体等的建设中,要进一步强化和凸显政治方向教育相关内
容,大力弘扬正能量;在辅导员队伍建设大学生自我发展载体建设中,要加强对师
生队伍的政治教育和纪律管理。在强化政治导向性的过程中,要坚持生动性、亲
和力、针对性和实效性原则,把道理讲透,而不是一味地灌输和强制。要坚持育人
的可接受性原则,却又扎扎实实坚持正确的政治导向原则。在衡量服务育人载体
建设的评价体系方面,要把是否产生了良好的政治导向性、广大学生的政治觉悟
和政治素质是否合格作为评判各类服务育人载体建设的首要标准。

(二)提高教育工作者对服务育人载体的掌握了解和设计运用能力

服务育人载体大多是多年积淀发展,具有稳定性、客观性、不易更改性。辅导
员、班主任及其他教育工作者对于服务育人载体的掌握了解、设计应用或更改有
一定困难和难度。一般来说,知识丰富、能力全面、责任心强、富于创造力的教育
者更善于综合运用各类载体服务学生的个性发展,责任心不强的老师可能连载体
的相关信息都懒得发送给学生。事实上,各类服务育人载体的被关注、被使用和
有效性程度不一样,甚至很多载体未发挥足够作用,或者一些载体在实际运行过

程中出现问题而未得到纠正或改进。这取决于教育工作者和信息平台,而教育工作者的作用应为主导和主要。① 高校应进一步要求和指导教育工作者认识、利用、宣传各类育人载体,并促其提升设计、创造育人载体的知识能力,善于结合大学生的个性特点、发展全貌推荐合适的育人载体,实现很好的匹配,更善于敏锐地认识到各类载体的优劣长短,并予以改进和创新。

(三)根据学校学生实际统合调适各类育人载体形成良性结构

各个高校的学科专业和学生基本特点不一样,各校多年来形成的载体结构也不一样。就像"缺什么,补什么"的中医治疗原则一样,学生全面发展需要全面合理的载体结构。比如,工科为主的学校自然较多实验和创新竞赛,学生注重实际,关注"物"较多,但应更多增加人文艺术类活动载体,加大培养其关注"人"的能力素质;文科艺术类的学校,有较多文化表演活动,学生浪漫多姿,情商较高,但应更多增加科学教育载体,增益其理性思维和动手能力。对研究生较多的群体,应不只强调强化科研活动载体,也要通过交流载体促进其提升交流沟通能力,通过一些实务工作锻炼载体,巩固和提高研究生的"做事"能力,从而保障和提高其社会适应能力。"心有多大,舞台就有多宽","舞台有多宽,人生就有多出彩"。服务学生成长发展的育人载体有多全面、有多大的针对性和实效性,大学生们的大学生生活才会有多全面和生动,他们的人生才会更多出彩。

---

① 高斌、类延旭、方仲奇:《新时期高校服务育人路径思考》,载《学校党建与思想教育》,2009年。

下篇

实践与创新

　　本篇分别展示了学校近年来在服务育人总体思路下进行的多领域事务改革实践和育人创新探索,包括:智能化校园公共事务服务大厅建设、"互联网+"迎新和毕业事务探索、"关联型"就业事务服务、"美丽公寓"建设、社团育人创新探索、城市性应用型大学"双创"工作、"服务型"学生党组织建设、精准资助育人实践、心理关怀全程化模式、主渠道和主阵地协同的实践育人、网络育人及服务育人队伍建设。

第五章

服务育人模式下智能化校园公共事务服务大厅的探索与创新

第一节　事务大厅建设由来

学生事务服务是高校通过行政、教学、科研的投入，为学生提供学习、生活等活动开展需要的条件、信息等基础性服务，如信息服务、生活服务、学术支持等。事务服务的本质旨在以优质规范的服务协助和支持学生，丰富学生校园生活，促进学生成长成才的组织活动。

一、事务大厅的建设由来与比较

"学生事务服务"是西方学界惯以称谓的范畴，与国内"学生工作"相比较而言，除了具有教育、管理、服务的共性特征外，"学生事务服务"更侧重表现为其协助与支持功能。我国高等教育肩负着培养德智体美全面发展的社会主义事业建设者和接班人，其高校立身之本决定了国内"学生工作"更强调其思想政治教育功能。我国高校学生工作大都采用党委领导下的行政管理体制，以校院（系）两级党政齐抓共管的工作模式。学校设有专门从事学生管理与服务的职能工作部门，如学生工作部（处）、校团委；学院（系）常设有学生工作办公室，由若干专兼职辅导员、班主任承担各项具体的学生事务工作，如思想政治教育、课外活动、奖勤助学、心理咨询、违纪处分、就业指导等。

在学生服务与管理工作的实践中，因学生工作职能的不断细化使得思想政治教育的个体价值凸显。基于对校园公共资源的合理分配与促进院（系）思想政治教育更具成效的思考，近几年来，我国高校尝试将具有校园公共服务属性的服务与管理工作剥离于学生工作，以组建事务大厅、事务中心的方式，为学生提供学习生活中所需的校园公共服务。主要体现在：

（一）建设目标

事务大厅（学生事务服务中心）以服务学生学习，服务育人工作为目标，切实发挥其统筹协调能力，促进学校各部门学生事务的横向互动和流程再造，提高学校的管理水平，提升各部门服务学生的效率，推动学生服务与管理工作由"统一供给"向"个性化服务"转变，建设集教育、管理、服务于一身的线上、线下服务阵地。

（二）组织结构

事务大厅作为校园公共服务的新型平台，在高校组织架构上主要有一级管理结构、二级管理结构两种。我国大部分高校事务大厅是由学生工作部（处）领导承担校级行政机构职能的二级管理组织，如南京邮电大学、电子科技大学。国外高校（以美国为例）把学生的全面发展作为所有工作的核心思想，构建出由副校长下分设学生事务处（学生事务服务中心），专门对学生事务服务进行管理的一级管理组织。相较于二级管理组织而言，国外学生事务服务的整体结构简单、层级较少，有助于缩短或减少不必要的工作程序，从而提高效率。

（三）运行方式

事务大厅的运行需要借助适宜的环境开展各项具体的服务与管理工作。目前，就国内外事务服务工作环境建设来看，主要分为线下、线上以及线上线下融合的三种类型：

线下事务大厅。多见于高校事务大厅建设雏形阶段，即将具有学生事务服务性质的工作从学校的各职能部门中拆分出来，利用实体空间整合校内公共服务资源，面向学生提供临时性、集中性的支持与服务，该模式适用于校园信息化建设程度较低、有固定服务场所以及传统办学的院校。

线上事务大厅。随着高校信息化建设的不断完善，线上事务大厅孕育而生，通过数字化校园的信息整合，实现事务服务流程再造，面向学生提供线上事务服务的模式，该模式适用于多校区办学、无固定服务场所以及校园信息化建设程度较高的院校。

线上线下融合的事务大厅。融合上述两种模式的优势，以数字化校园建设为基础，提供线上便捷服务与线下窗口服务相融合的新模式，该模式不仅有利于完善校园各类公共服务，同时也有利于引入校企合作服务项目，使校园公共服务更加专业化、个性化。

二、成都学院学生事务服务大厅建设思路

成都学院学生事务服务大厅是学校在新的形势下，为解决学生上课与教师上班同步，以及学生办事存在的时间冲突、部门难找、手续繁多等问题，学校整合资源,通过"互联网+"搭建学生事务服务体系,优化办事程序,提高办事效率,为广大学生提供"一站式"事务服务的平台。该中心以信息服务和集中办理为主体,支持在线和现场服务体系,同时为校园第三方系统提供接入服务,打破了传统管理思维定式,从学生的需要和发展出发,树立"方便学生"优于"方便管理"的立足点,面向学生线上线下集中办理各类事务。

(一)理念与目标

成都学院学生事务服务大厅以便捷高效的工作理念,实行"错时办公"或"延时办公"制度,尽可能把学生管理和服务事项纳入"一站式"事务服务中心,同时不断拓展学生服务内容,让学生"少跑一趟路、少进一扇门、少找一个人"。学生事务服务大厅从学生的需要和发展出发,以"方便学生"优于"方便管理"为立足点,通过互联网平台,改善传统高校学生事务处理流程,提升服务质量与水平。同时,事务服务中心强调"学生参与服务、参与管理"的服务理念,将事务管理延伸至成长服务。

(二)运行机制

学生事务服务事关学生切身利益,事关学校服务与管理工作的改革,更关系到高校服务型机关建设。成都学院学生事务服务大厅以健全职能整合、业务协同、规范管理、网络服务等四方面机制,确保和推动学生事务服务工作取得更显著的成效。

1. 整合部门职能,实现服务流程再造

成都学院学生事务服务中心成立前,梳理学校各部门学生事务服务流程,理清各类事务相关用表,对流程界定为学生基础信息确认、学生事务申请事由、事务部门审批、事务处理结果四个环节。一是确定了学生事务服务入驻事务大厅标准的事务用表和处理规范。标准用表与规范的确定与设立,使得多种关联密切的学生事务交由事务大厅统一管理,避免了因学校职能过细而引起的协调困难,有效解决了二级学院、职能部门日常管理差异化带来的管理规范化问题,促进了服务资源的最优化配置。二是确立了相对灵活的事务审批权。借助互联网平台运行的线上事务申请与审批模块,将多个部门以"按需审批"的原则集中到事务管理模块,通过逐级、联合审批的方式,提高事务办结效率。三是确定了事务申请标准用语词典。针对学生事务申请事由特定描述用语(词)以及信息上报格式,事务中心线上运行平台创建了标准用语词典,改变了以往传统用表中缺失填写规范说明,使得申请人因填报信息模糊不清而导致无法通过审批的状况。同时,也避免了一个部门内无法把控信息而导致的多重审批。四是加大减权放权力度。按照"能放则放,能减则减"的原则,成都学院学生事务服务大厅对每一项入驻大厅运行平台的事务项目,做到该"放"权的彻底放开、该"减"少冗余流程的彻底减掉,最大限度减少行政审批事项。

2. 健全协同处理,确保运行稳定有效

党委学生工作部成员单位在不突破各自职能工作边界的前提下,相互配合、协调合作,共同破解多部门信息整合力度较弱、信息传递渠道不畅而带来的问题,为学生提供便捷、规范、高效的校园公共服务。一是加强部门横向协作。进一步完善联合办理、并联审批、绿色通道等行之有效的工作机制,增强工作合力,着力解决行政审批过程中不同职能部门之间的配合问题。二是强化多平台纵向联动。有些事务审批或服务项目需要不同平台之间的数据协作,应理顺事务信息反馈逻辑关系,通过互联网技术,形成"校企服务合作平台－校内部门业务平台－大厅事务处理平台"的多平台联动机制,实现校内多平台与事务大厅平台之间的无缝对接。三是推进数据共建共享。学校信息中心以建设单点登陆的信息门户平台为基础,逐步汇集全校业务平台数据,进一步推动各部门业务平台与事务大厅平台数据互联通。完善共建共用的数据共享机制,将离散或串行的审批流程优化为并行业务流程,形成扁平化网络化的事务服务格局,提升事务服务的整体性、协同性。

3. 完善管理机制,确保运行规范有序

规范化是社会所有服务行业行为规范最基础,也是最重要的内在要求,是推进审批环节无缝衔接的重要前提,更是向公众提供无差别优质服务的有力工具。一是推进服务流程标准化。建立学生事务大厅信息、数据和统计的标准体系,推进共性关键标准的制定和实施。研究制定事务服务标准整体框架,包括机构名称、硬件设施、窗口设计、服务项目、规章制度、办理流程、信息公开、服务行为、监督评议等方面内容,逐步实现服务质量标准化、服务方式规范化、服务过程程序化。二是严格工作人员服务管理。事务大厅运行平台的所有人员,包括终端审批部门人员都应当严格按照规范进行操作,受聘学生助理应通过前期的培训、考核、评估等综合考察方式,授权平台相应操作权限。

4. 优化网络环境,增强服务体验

利用互联网思维和信息技术,实现事务服务网上运行。一是加强事务服务信息化平台建设。整合现有学校服务资源,优化服务流程,加快构建与学校门户网站前端相融合的一体化线上事务服务平台。通过统一身份认证、按需共享数据、请求响应服务等手段,解决校内业务平台之间的信息共享与协同协作问题,实现事务服务"单点登录、全网通办",减少"线下到处跑、线上到处找"的困扰。二是推进线上线下融合发展。以数据有效对接为抓手,推进线下学生事务服务大厅各项服务向网上延伸,做到"窗口＋线上＋后台集中处理"的事务处理框架,实现线上线下无缝衔接、合一通办。以事务信息化倒逼事务服务规范化标准化,不仅申请人可一站完成办理,审批人也能远程并一站办结。三是加快事务服务平台迭代更新。事务服务网络建设往往采用立项方式,通过招投标采购服务。其次,较其他成熟的信息管理平台,学生事务服务管理系统有其自身的特点,因此对系统开发人员的技术和经验依赖性较高,难以在一次设计中考虑周全,做到面面俱到。必须坚持以应用需求为导向,在需求与开发的多次迭代中,不断完善审批流程,优化事务服务模式,提升服务体验。

第二节 成都学院学生事务服务大厅建设情况

成都学院学生事务服务中心是学校在新的形势下,为解决学生上课与教师上班同步,以及学生办事存在的时间冲突、部门难找、手续繁多等问题,通过"互联网＋"搭建学生事务服务体系,优化办事程序,提高办事效率,为广大学生提供校园公共服务的平台。中心以信息服务和集中办理为主体,线上与线下办理事务相结合,打破了传统管理思维定式,从学生的需要和发展出发,打造智能连接、智能平台、智能应用三者深度融合的校园公共服务生态,为学生带来更加智能的服务与体验。

一、创建"以生为本"的高效服务信息平台

(一)"信息处理——协同运行——数据集成"线上平台

1. 面向事务申请的信息处理平台

成都学院学生事务服务中心平台系统主要服务于学生,针对学校各种行政管理流程,加强管理和服务,方便学生的生活学习,提高学校的管理工作水平。对传统校园管理模式的资源整合与优化,依托互联网发展学生事务服务新形态。通过利用信息通信技术以及互联网平台,让互联网与校园学生事务进行深度融合,创造新型学生事务服务模式。以信息服务和集中办理为主体,支持在线和现场服务体系,同时为校园第三方系统提供接入服务,打破了传统管理思维定式,从学生的需要和发展出发,树立"方便学生"优于"方便管理"的立足点,面向学生线上线下集中办理各类事务。

学生事务服务平台面向全校学生开放使用,根据学生事务管理变化调整服务模块,实时对接校内业务系统、第三方支付系统,为事务处理提供精确、稳定的数据支持,逐步建成具有开放性、灵活性、安全性的多功能信息综合平台。

首先,实用与可行性是学生事务服务平台的基本要求也是最高要求,要使规划设计的系统实用可行,除了要全面了解技术上的动态之外,更要了解学生事务的实际需求以及事务审批部门的流程规范,要做到一切面向应用,根据实际需求确定系统的规模、功能与采用的技术。此外,一定要考虑管理的发展,考虑技术的进步,考虑需求的膨胀,事务流程变化的客观需要以及校内外数据平台的对接可能,从而确保平台的持续稳定。成都学院学生事务服务中心成立之初,梳理校内各项涉及学生事务服务与管理的种类以及处理流程,并在学生工作者、学生群体中做了广泛调研。从反馈的信息以及梳理的结果中,发现进入审批流程的事务,其信息特征可归纳为共性与差异性信息,所谓共性信息是指所有事务处理流程均包含的基础信息,如学生基本信息、审批部门意见;差异性信息是指不同学生事务服务项目所需的审批依据信息。理清事务处理特征是事务服务平台设计的前提,在此基础上,成都学院学生事务服务平台简化了审批流程,学生基本信息从申请人提供过渡到教务权威数据匹配,省去传统流程中班主任、辅导员的介入环节。

其次,系统的开放性是学生事务服务平台的功能延伸前提,所谓开放性就是指系统结构的开放性、连接的开放性、协议的标准性以及应用的开放性。开放性的考虑要贯穿于系统的整个规划设计全过程。标准化包括格式统一规范,统一标准和统一接口。成都学院学生事务服务平台在拟定平台需求设计书时,注重国际标准、国家标准以及省级标准的采纳与使用,确保系统建立在标准化基础上。事务服务平台的设计要明确标准代码和标准信息分类编码,规定各系统间数据交换的统一接口,例如,事务服务平台对接信息中心权威数据库,实时同步在校学生基本信息,从审批角度来看,省去学院、部门对学生基本信息的审核环节,从而实现简化审批流程。

再次,可扩展性是系统设计基于适应高校事务灵活多变考虑的重要因素之一。学生事务服务平台需要根据高校管理的实际需求,可被方便地裁减与灵活地扩展,使系统能适应变化和应对新情况。可扩展性强调可扩展性的结构与产品支持,事务服务平台建设是一个需要不断深入发展的过程。设计之初即可预见服务项目不断增加、审批环节不定期调整,站点访问的人数和范围不断地发生变化等情况。因此,在系统的设计中应充分考虑系统的可扩展性和可维护性。对高校管理方式的变化,系统节点的增减,软硬件的升级都不应对系统的运行造成太大影响。在当前的信息技术条件下,网络和硬件对系统基本可以实现透明,系统可伸缩性的重点在于软件系统的设计上,需达到可以进行多业务管理系统集成而快速开发。成都学院学生事务服务平台事务管理分为基础信息、审批信息、缴费信息、配送信息、附属协议等五个基础模块,模块间的灵活组合以及模块内的字段自定义搭建,能较好适应不同类型的校内外各种学生事务服务信息管理。

最后,安全性与保密性是事务服务平台的重要保障。事务服务平台对主机设备和敏感数据存储介质要有良好的安全保护措施。信息处理的保密性和信息存取的分级性要用存取控制方法来实现,对通过网络访问的用户权限设置必须有完善的策略与内部管理机制,对用户的操作进行全面的流程跟踪,系统的安全策略在系统的规划设计时,必须加以认真考虑。

2. 面向运维管理的参与协同平台

学生事务服务大厅的日常运行,除了建立实用性优、灵活性高、安全性强的基础信息平台外,对于运维团队的管理平台也尤其重要。用于成都学院学生事务服务大厅运维团队的协同平台旨在通过互联网信息平台的使用,确保信息的准确与交接工作的延续,实现各项工作过程化管理,其功能包括团队日常管理、工作计划安排、事务信息交接、服务对象资源管理等。

团队日常管理主要解决服务团队中组长、成员与任务之间的工作关系,结合实际工作需要,对不同角色分配平台基础权限,例如请假情况与审批的信息化管理,有利于组长调整每一轮值班成员的工作任务;团队成员的工作日志记录模块,清晰记录每一位成员在处理事务申请中的失误或不规范信息,有利于管理并清晰地了解到全体成员的工作动态,确保成员业务培训有明确的针对性。

工作计划安排与事务信息交接主要解决班组交替期间,学生事务申请的延续进行,相对于学生事务传统交接方式,其优势为信息准确及时,上一班次未处理完毕的事务能顺利过渡到下一班次成员组工作计划安排中。交接事务的重要程度与完成情况设定,确保任务承接者能按照轻重缓急的要求有序处理后续工作。

对服务对象的信息管理,于学生事务服务大厅而言,尤其重要。学生事务服务大厅工作人员实时记录需进一步跟进的事务处理信息,通过邮件、电话等方式主动推送、告知事务申请人事务处理结果或后续配套服务。信息的准确与规范,使事务服务大厅的工作做到有理有据,同时让服务对象体验事务服务的个性化。

相对于事务服务平台处理事务信息,形成事务需求数据而言,参与协同平台更关注运维团队工作行为的过程化记录。从事务处理行为的规范性与事务需求数据对比中,管理者能够更直观、清晰地了解到团队每一位成员的工作效率,为进一步培养和提升团队成员的事务处理技能提供了有依据的数据分析支持,通过有针对性的培训,确保整个运维团队能够高效地运转。

3. 数据共享中心

学生事务服务大厅为全校学生提供便捷的校园公共服务同时,不断积淀学生管理与服务多项数据。学生事务服务大厅定期对汇集数据进行处理,为学校相关工作提供学工数据支撑。数据协同中心的创建主要解决学生事务及各项数据的查询,采用免登录方式,便捷提供服务。数据共享中心其特点体现在:信息同步、便捷查询、信息安全。

学生事务服务大厅根据校内学生基础数据进行后台数据模块配置与管理。根据数据来源与管理不同,采用同步平台数据、校级部门导入、学院数据录入员录入三种方式。目前,对每一项数据主题设计了支持 50 个自定义字段,单个字段信息的数据录入方式分为文本、附件、时间、下拉选择等四种,并支持数据管理人员批量导入、导出数据功能,同时可针对不同数据管理员的任务需要,分配数据主题的管理权限。

数据共享中心关注过程化实时同步、记录学生基本信息,如违纪处分、奖勤助贷、学科竞赛成果、专利(发明)情况、学生论文发表统计等。因此,平台在实际的运行中,大大降低了学院学生工作管理者的工作量。尤其是在集中上报学生各类数据时,由学生事务服务大厅统一提供数据信息,无须其他部门或工作者多头提交繁杂的各项数据,同时,因每一条数据均来源于数据形成后的及时同步、更新,确保了即使经过长时间后,各项数据的准确、有效。

再者,数据共享中心提倡公共数据全面公开与个人信息数据验证查询。针对于面向所有访问者的可查数据,通过分组分类字段即可进行精确与模糊查询,而对个人信息数据,设计了验证字段即可方便查询。信息的公开有利于访问者有选择性地了解校内各项数据,实现管理部门与服务个体之间的信息对称,同时,信息反馈机制的建立,也有利于数据管理部门因误登、漏登数据的进一步完善。

(二)线下平台

基于互联网信息技术下学生事务服务平台的创建,能有效地整合校内各部门涉及学生事务的管理资源,实现"信息化、程序化"学生事务管理流程。而部门事务处理所需的凭证以及数据处理结束后形成的有形材料,是高校学生事务管理的特点之一,线下平台也正是为了适应高校校园公共服务特点而创建。

成都学院学生事务服务中心下设的学生事务服务大厅于 2015 年 10 月落成并启用,面积约 400 平方米,大厅秉承事务办理、成长服务、沙龙交流、休闲娱乐——"四位一体"的理念,高效运行。学生事务服务大厅不定期在全校招募学生干部团队参与运维,引导学生参与校园公共服务,提升学生自我服务、自我管理、自我教育水平。学生事务服务大厅作为学校集中处理全校学生事务的集中点,按照学校学生事务服务工作的实际需要,设置了 3 个服务区、12 个灵活性窗口的事务服务区,即个人信息服务区、预约申报服务区、综合管理服务区。线下平台的建设,有利于整合校内资源,在不断优化已有服务项目、拓宽服务领域工作中,增强服务成效,"一站式,规范化"的大厅服务阵地成为学生解决个人公共事务的最佳途径。同时,线下阵地的创建,也有助于校内空间优化,打造事务服务集中点。截至目前,成都学院学生事务服务大厅已先后作为公安办证中心居住证办理(2016.03)、成都市政府政务服务中心毕业生就业咨询(2016.06)、2016级新生入学手续办理(2016.09)、2017届毕业生离校手续办理(2017.06)等数次集中咨询与办理点以及多次校内外重要活动接待点,"集中化、长效化"的多功能大厅成为集中处理校内学生公共事务服务的最佳场所。

为提高服务效率,提升服务体验,学生事务服务大厅规划并设计了自助服务区,自助服务区采用校企合作方式,引入服务终端设备,通过数据与校内业务平台对接,如教学管理系统、一卡通收费系统、就业管理系统等,将校内业务平台数据处理结果通过自助设备规范输出有形材料,实现"即打即取"快捷服务,而远程信息验证方式的提供,确保了出具材料的权威性。

此外,学生事务服务大厅还提供了多种用于学生申请各类学生事务的硬件设备与远程服务终端,如扫描仪、高拍仪、缴费平台、证件快印机等,申请人通过设备的操作提示即可"一站式"完成所有事务的申报办理。

二、构建个性化服务体系

3+X服务体系,即以窗口服务、自助服务、线上服务三类服务为基础,构建其服务项目的相互支持关系,形成多维综合服务体系。3+X服务体系强调各事务服务项目的非孤立性,通过流程再造、服务匹配、个性化引导等方式,重塑学生事务关系网,从而增强个体服务体验,其构建基础主要表现为:

(一)前提:提升服务满意度,实现服务流程再造

学生事务服务大厅的建立,并非简单、机械地将学生事务管理与服务从各学校职能部门中剥离出来,进行空间上的重组。而是需要对各项学生事务的共性与个性特征有较为深入的分析诊断,依照不同事务的现有流程,以提升服务对象满意度为目标,建立新流程的原型和设计方案并实施。此外,定期对新流程的运行绩效进行评估,做出必要的连续改善也尤为重要。

成都学院学生事务服务大厅建立之初,梳理了学校近90项与学生日常管理相关的各类服务流程,不同流程的共性特征为均包含基本信息核实、扩充描述审查、审批部门意见三部分流程框架,其个性特征主要体现在扩充描述审查。基于对原有学生事务流程充分了解的基础上,制订了新流程的原型与线上事务管理平台设计方案。事务管理模块由学生基本信息、事务申请扩充填报区域、审批流程信息、缴费信息、事务补充说明组成,灵活的数据字段组合可根据不同事务的流程

需要进行单独设计。数据的同步对接、字典库信息扩充填报、远程审批与授权处理的结合,均不同程度提升事务处理效率,增强服务对象的满意度。

（二）内容:重组项目支撑关系,形成服务关系网

学生事务服务项目在设计之初,需要进行全盘规划,寻求项目与项目之间的内在支持关系。为了满足服务对象多元化、多样化的服务需求,则需要运维主体通过整合服务能力,提供支持性、配套性、多样性的"一条龙"式的事务服务解决方案,使服务对象尽可能在同一服务平台中得到尽可能多的服务体验与价值。

成都学院学生事务服务大厅除了在服务项目流程再造过程中,搭建相互支持关系外,也增加了部分学生事务的配套需求项目,如学生填报证件遗失补办事务申请,事务大厅增加遗失证件的委托登报挂失配套服务,这意味着申请人无须等待登报信息出刊即可一次完成证件遗失补办的所有后续手续。此外,针对此项服务,还增加了证件照快印服务、多类终端缴费服务、事务资料校园快递服务,供服务对象自由选择。

（三）保障:适应个性化服务需求,打造优越软硬件环境

3 + X 个性化服务体系的高效运转,需要依托适宜的软硬件服务环境。成都学院学生事务服务大厅在网络环境中分别提供了面向业务工作人员与公共群体的专网。业务窗口的设备与信息,通过网络共享的搭建,不仅提升各窗口的相互协作关系,避免上网人数较多出现的网络拥堵,同时对转存数据带来的信息安全也起到了防范作用。此外,公共区域提供的计算机、馈纸式扫描仪、高拍仪、证明证书自助打印机、云打印机、证件照快印机、充值机等设备,也为各项学生事务申请与办理提供了良好的硬件支撑。

三、营造现代文明氛围

（一）建设"最美驿站",让服务更有内涵

成都学院学生事务服务大厅以创建"服务型机关、创新型学工"为契机,坚持"以生为本"的建设宗旨,努力创建深受成大学生好评的服务驿站,全力打造独具特色的服务环境和服务文化。

1. 积极改善服务环境

为提高学生事务服务大厅空间使用效率,营造良好的服务环境,学校先后投入 100 余万元进行基础设施建设和改造。除用于事务办理的事务服务区、自助服务区外,规划并设计了多个公共服务区,如沙龙交流区、图书阅览区、橙乐分享区、户外休闲区等,同时对大厅内及周边环境进行了绿化、美化。在服务台、填写桌以及室内走道放置学生设备使用说明卡牌、事务说明宣传资料,使大厅服务环境更

加温馨舒适。为方便学生及时了解近期学生事务服务情况，大厅通过电子屏幕、自助设备广告屏、广播等途径播放校内通知、社会新闻、专题纪录片等音视频信息，让学生在办理事务或使用大厅公共设施设备时了解到多方面信息，为学生提供清洁、舒适、温馨的环境。

2. 完善便民服务设施

学生事务服务大厅为学生免费提供饮用水、移动便携设备有线无线充电器、户外雨伞、自助扫描（拍摄）仪等公用设备，为引导学生文明使用，大厅设计并放置了设备使用提示说明；公共区域内，大厅为行动不便的学生提供移动书桌、无线鼠键套件；为方便在外实习学生办理事务，提供远程委托办理、事务资料快递至寝服务等，受到了学生的一致好评。

3. 推行标准化服务方式

学生事务服务大厅严格要求服务人员，借鉴现代服务行业的标准，将亲情式的服务引入到学生事务服务中来。服务人员的言语、肢体等表达方式都需经过严格的培训，从而树立好服务人员的准职业形象，让前来处理事务的同学在校园中即可体会到规范的社会服务。服务人员主动为学生提供咨询服务，为前来处理事务的同学提供最佳的解决方案，同时还需主动维护室内及周边环境的整洁，使爱护环境、保护环境的行为在驿站中树立榜样。一方面，舒适整洁的环境有助于杜绝不文明行为的发生，另一方面，同辈榜样的影响使更多的同学深刻地认识到"身教胜于言教"的正确真谛，起到了潜移默化的教育作用。

（二）提倡"体验式服务"，让服务更有温度

成都学院学生事务服务大厅依托"互联网＋"，积极推行学生事务线上、自助办理业务，申请人通过线上、自助服务设备即可办理事务申请、证明材料出具等各类业务。而在线上申请、自助办理的过程中，存在学生因怕麻烦、不懂页面操作等原因而不太愿意尝试的情况。为引导学生适应信息化环境下高效便捷的服务环境和设施设备，学生事务服务大厅不断优化事务处理流程，改善智能化服务引导方式，将"体验式服务"在学生群体中得以亲身实践，排除不必要的繁杂操作步骤，尽可能最大程度地缩短熟悉过程，极大提升事务处理效率，从而使得良性的互动式体验服务在学生群体中留下了"便捷、人性化"的标签。

大厅以官网作为体验式服务的重要引领以及传播主渠道，学生通过网站各类服务的说明即可了解到某类服务的详细处理流程。为尽可能避免多文字描述给阅读者带来的潜在疑惑性，信息页面采用图文并茂的方式呈现信息，同时，服务项目属性标签化提示，如处理周期、处理方式、是否支持远程办理、是否支持校园快递服务、配套服务等信息，让学生能够"一网一页面"获取所有资讯，让办理事务的

学生从被动式服务转变为主动式服务,培养学生通过信息资源的合理配置从而主动解决自身遇到的问题。

大厅以事务服务信息系统作为集中处理线上事务申请的主平台,申请人选择某项事务申请后,仅需填写简要的信息即可提交后台进行后续处理。学生事务服务平台建成了有效的监督机制,申请人在领取窗口出具的事务申请凭证时,除事务申请的基本信息外,还包括明确的责权信息。针对校园公共物资、场地的预约使用服务,设备或场地管理员将在申请人使用结束后及时给出监督评价,对违规使用的学生,系统将锁定该账户下所有事务申请权限,待完成一定时间的义工服务后才可解除,若是同一个学院有 5 人均有不良记录且未解除,系统将锁定整个学院学生事务申请权限。监督机制的确立以及事先明确告知,让学生认识到自己的不良行为可能给他人利益带来影响。共同规范的遵守借助于互联网信息方式得以实现,是培养大学生契约精神的途径之一,有助于加强学生的行为规范的养成。

四、引领推动学习型团队建设

为锻炼在校大学生管理、服务以及解决问题等能力,提升学生职前综合素质,促进大学生向职场人的转变,成都学院学生事务服务大厅为全校在校学生提供实践锻炼培养平台。

学生事务服务大厅运维团队为在校大学生,为提高团队工作效率,大厅实施业务部门操作能力纵向培养、轮班值班横向管理的模式,上岗学生助理通过中心业务系统、内部 OA 协同工作平台交互进行工作,全方位提升学生干部学习能力、执行能力、协同能力、管理与规划能力、统筹与创新能力。在实际工作中,制定了《成都学院学生事务服务大厅学生干部岗位职级划分及工作量计算方法》《成都学院学生事务服务大厅部门负责人岗位竞聘条件》具体实施办法,解决不同职位、职级学生助理,在大厅工作期间拥有不同业务操作权限的问题,实现内部分工明确、管理制衡的目的。

(一)明确职责,分配权限

成都学院学生事务服务平台在设计之初,结合窗口工作轮班的特点,制定了不同角色不同权限的监控机制。对于刚进入大厅工作的实习生,从事务处理的最基础技能开始参与培训,通过考核后获取事务处理的窗口处理规定权限。若在处理的过程中,超过已授权处理范围的事务申请,窗口业务人员无法继续执行操作,需由值班组长确认后通过后台授权方可继续。平台内部的监控机制有效地提升了事务处理的准确性,培养了学生责任担当与科学管理意识。

（二）相互协作，团队培养

学生事务服务大厅学生助理团队的工作行为记录，通过 OA 平台在线完成。OA 平台实现了"学生助理用户、平台角色、分配权限、信息数据"的四维管控，在实际运用中，需要团队管理者能够明确地传达工作具体目标是什么、执行步骤应当如何操作、执行过程中所需要的资源如何获取，等等。参与其间的成员，需要有较高的团队意识和协作精神，要求每一位成员的工作都尽可能做到有计划、有组织，形成科学的内部成员管理机制，从而培养学生的团队合作与协同工作能力。

（三）个性成长，平台锻炼

学生助理的业务处理能力与问题解决能力是学生事务服务大厅正常运行的基础，但绝不是唯一，学生事务服务大厅作为育人的新阵地，更多关注对学生助理成长需要的个性培养。学生助理在熟练掌握事务处理规范和技巧后，结合自己的能力优势，自由选择投入到事务服务大厅的各项建设中去，如新媒体运维、团队管理与激励、软硬件环境维护等，期间充分发挥学生主动性、创造力，积极推进校园公共服务工作，培养学生的管理与规划、统筹与创新能力。

（四）服务延伸，同辈成长

学生事务服务大厅选拔学生助理参与管理，不仅以培养学生助理综合能力为目标，更重要的是能使他们在同辈中发挥影响力，因此采用学生干部参与事务大厅管理的模式就不能仅局限于学生日常事务申请与管理。成都学院学生事务服务大厅增设的微服务吧，即针对学生事务管理方式方法以及学生助理获得的技能，为全校学生提供面对面指导服务，让更多学生在轻松的环境中，从面临的亟待解决的基础性事务工作入手，提升更多学生解决实际问题的综合能力。通过微服务吧等形式，让学生技能资源共享，让更多人获得职场所需的必备基础技能。

第三节　成都学院学生事务服务大厅建设成效与方向

一、成都学院学生事务服务大厅建设成效

（一）学生事务服务改善

回顾以往我校学生事务服务工作，办理点分散、流程烦琐、环节多、办事时限长，一直是学生反映较为强烈的问题。传统的学生日常管理与服务无论在人力、物力，还是时间上，都会消耗大量的成本。学生事务服务大厅的建立，改变高校传统管理模式下"多点办"的服务方式，将校内的公共服务资源进行重组，从事务处

理时间、成本、效率上看,都有显著的改进与提升。

1. 改变服务方式,高效利用碎片时间

"学生上课,管理人员上班;学生实习回校,管理人员下班",高校学生上课时间与部门工作时间的吻合性,加上管理人员外出不在岗等多种原因,在很大程度上影响学生事务申请与办理。成都学院学生事务服务大厅施行工作日12小时不间断服务以及周末半天开放的作息时间,很大程度上解决了上述问题。学生通过碎片时间的利用,即可快速、便捷完成各项事务的申请与办理。在服务方式上,借助互联网信息技术,成都学院学生事务服务大厅提供了自助服务设备,较以往学生获取一份成绩单需要打印、签章的长时间办理,现在仅需半分钟即可获取通过校方认证的证明材料;配套服务的科学搭建,也为某项事务处理中需要的其他材料,提供了快捷处理方式。

2. 推进流程再造,实现集中服务

学生事务审批环节的烦琐,一项事务可能会涉及多个部门的审批签章,如教务处、学生处、团委、后勤处、保卫处等,不同部门的办公地点不集中,学生需要跑多个部门逐一办理手续,尤其对于首次办理或新进校学生而言,往往会耽误大量的时间处理个人事务。集中化的事务处理平台,无论线上或是线下,都有助于事务申请人"一站式"处理完事务申请。以我校学生证补办为例,在事务服务大厅创建前,学生需要持申请表到学院辅导员处签字、学院院办印章、学校教务处领证,最后到学校办公室印章,期间需要到四个不同的地点逐一进行处理;大厅创建后,学生仅需到大厅即可一次性办理完新证件的申请,若学生采用网上办理,甚至无须到大厅即可在宿舍取件。

3. 优化资源配置,控制成本支出

学生事务服务大厅的创建,不仅仅在人力、时间成本问题上得到了很好的改进,通过互联网搭建的线上申请平台使得学校物力成本也得到了有效控制。事务申请人无须下载打印传统表格,通过事务管理平台线上选择申请项目、填写事由,即使信息填写错误,也能随时修改信息再次提交;学校无须为多个涉及学生事务服务的部门重复投入硬件设备和软件环境建设费用,集中优化学生事务服务大厅,聚力提升服务质量与水平。

(二)事务大厅运维数据

成都学院学生事务服务大厅建立以来不断拓宽服务领域,目前可提供60项服务类型,148个服务子项,现已为近3万学生提供10万余次服务(窗口服务总次数26000余次,自助服务总次数44000余次,自助查询服务总次数28000余次),服务时长达到6000余小时。

1. 以服务需求为导向,增加事务服务项目

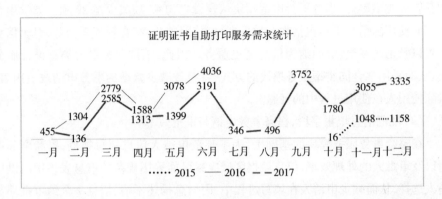

学生事务服务大厅事务服务需求的稳步增长,需要以不断改进服务方式,更新服务理念为前提,以证明证书自助打印服务需求量数据为例,可以看出同期比较需求量均有明显上升,分析其原因主要体现在:

(1)根据学生需求,完善服务内容

学生事务服务大厅创建之初,能提供的自助打印服务类型仅为成绩单、在读证明两项。随着事务大厅的各项功能不断完善,逐步受到在校学生的认可,通过信息平台获知学生的其他服务需求,随后经过数据的对接,现已集成英语等级考试证明、考生身份确认单、出入境管理局专用证明、校内多种荣誉证书等自助打印服务。

(2)根据学生使用习惯,改善操作方式

事务大厅证明证书自助打印机从开始的学号与密码单一认证登录的方式,到逐渐增加了身份证识别登录方式;校园一卡通的启用,使得自助打印机增加了校园卡识别登录方式。证明证书材料打印费用缴纳从支付宝在线支付,到增加了微信扫码、校园卡刷卡等多种支付方式,极大提升了自助设备的使用体验。

2. 以用户体验为导向,优化事务服务平台功能

成都学院学生事务服务大厅经过近一年时间的运行,逐步调整事务服务平台事务处理功能模块,力争做到线上事务"能简则简、能优则优"。从数据统计中可以看出,事务处理增长量呈聚集态势。分析其原因主要体现在:

(1)整合同类事务项目,明晰事务项目说明

高校学生事务服务涵盖教学管理、后勤服务、日常管理、党团关系等诸多方面,事务种类较多、类型复杂。若简单地将传统事务管理方式牵入至互联网信息平台,未从事务处理差异上进行思考和融合,对于学生用户而言,看到的将是繁杂

的申请服务模块。成都学院学生事务服务大厅在近一年的运行实践中,逐步调整和整合同类型事务,事务平台申请模块从建设之初 47 项减少至 22 项。如学生在校期间使用的信息平台包括教务教学平台、校园邮箱、综合管理平台等,对于信息重置以及密码变更,应归纳为信息变更服务。因此,不按业务平台类型设计服务模块,而采用整合同类型服务模块的方式,将有效减少繁杂的事务申请线上用表,排除使用人在使用过程中的疑惑。

(2)规范信息填报字段,提高事务申请与审批效率

在整合事务服务模块的基础上,为了规范申请人信息填写规范,提高事务申请以及审批人的处理效率,信息填报区域应尽可能采用规范的信息表述用语供申请人选择,从而减少申请人在填写过程中,因信息描述不清、信息不全给审批环节带来不便。成都学院学生事务服务平台针对此问题,在后台中设计了代码字典类型与代码字典库,将部分申请字段做了统一规范。字典库嵌入不同的事务申请模块后,学生能够准确选择不同事务所需的规范表述用语,既有利于申请与审批,同时也有助于数据的统计与分析。

3. 以信息为导向,集成校园公共服务资源

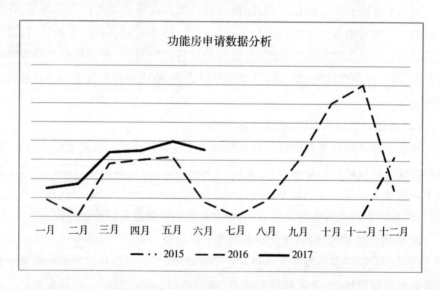

民主管理、参与管理是现代大学管理的主要趋势,高校大学生参与学校管理是体现大学管理的本质和主体性特征。大学应开辟各种渠道与途径,让大学生积极参与到学校的各层管理中,而信息资源对于民主管理、参与管理的实现尤为重要。以功能房使用数据为例可以看出,2017 年上半年与 2016 年比较,数据增长较稳定,分析其原因主要体现在:

（1）整合信息资源,加快校园公共服务全阵地建设

成都学院学生事务服务大厅不仅注重事务申请与审批的规范化建设,高效地处理学生事务诉求,同时在平台信息资源建设中,科学地将校园公共服务资源进行板块、栏目分类,逐步建设校园事务信息资讯与事务诉求处理的全阵地综合服务平台,实现了以往学生满校园寻求资源到"一站式"获取信息的变革。

（2）优化信息内容,提供全面的事务服务资讯

学生事务服务平台逐步集成校内公共场地信息资源,学生用户可以在平台网页前端全面了解面向学生开放使用的室内外公共场地详细信息,包括楼层布局、功能房类型、功能房位置、容纳人数、开放时间、室内场景实图等。此外,浏览用户可以方便快捷地查询所有校内场地每日、每周甚至每月的活动使用排表情况,后台提供的在线报名功能更是增强了场地预约与管理的延伸功能。

二、成都学院学生事务服务大厅发展方向

当今信息技术快速发展,以移动通信、物联网、云计算、大数据等为表征的新兴技术革命,催生出诸多新技术、新应用,同时,其产生的数据正高速增长。就高校学生事务服务而言,数据的存储与合理使用形成的信息将成为学校为学生提供个性化服务的重要依据。物联网、云计算、移动互联网的飞速发展,使很多数据的价值能够被更好地挖掘,进而在校园公共服务软硬件环境、信息获取与主动推送、智能审批等方面为学生提供更好的个性服务。

智能化综合配套校园公共服务生态以信息数据为基础,改善现有服务方式,从学生需要和发展出发,构建智能链接、智能平台、智能应用三者深度融合的校园公共服务生态,为学生带来更加智能的服务与体验。

（一）智能链接

大学是学生走向社会的一个过渡期,大学生群体不仅仅需要校内公共服务,还应当包含诸多社会服务项目,如就业、创业、出国留学、司法援助等。学生事务服务在完善校内事务服务功能中,还应当积极与政企资源进行对接,全方位为在校学生提供政策咨询、申报办理等服务。高校社会服务体系是一个与外部环境紧密相连的开放体系,优化高校服务生态环境,创建社会服务体系的环境系统,对高校学生事务服务的发展十分必要。

（二）智能应用

学生事务服务的便捷除了尽可能全面覆盖学生所需的各项事务服务外,如何快捷、方便地完成事务服务申请,知晓事务处理进度尤为重要。在现有平台功能不断完善的基础上,设计与开发 APP、微信等应用终端,将有关学生事务服务各方

面的信息咨询、事务申请与处理等集成进移动终端应用,既方便学生随时访问申请事务,同时也方便高校管理者及时审批事务。

(三)智能平台

通过构建共享事务服务资源,构建新型事务处理平台,实现事务数据资源共享等目的。利用物联网、云计算等相关技术,把学生事务需求、个人日常行为与作息情况以及其他相关数据信息都整合进平台,学生在申请各项事务过程中,平台会帮助申请人选择并提供最优的事务处理建议信息。同时还能通过系统分析出,不同年级不同专业学生事务需求情况,主动推送消息至学生用户。

高校学生事务服务是一项复杂而长远的工作,作为高校管理者,要深入理解与把握事务服务的特点、特性以及未来的发展趋势,进一步理清并规范学生基础服务,满足共性需求;在合理配置学生服务资源的同时,聚力打造优质的综合配套环境,引导个性需求。借助互联网信息手段,积极与社会公共服务接轨,优化校园公共事务运行机制,弱化管理、强化服务,引导学生主动参与服务,加强服务工作的有效性,提高服务质量。

第六章

服务育人模式下"互联网+"迎新和毕业事务探索与创新

第一节 "互联网+"高校信息化建设的背景

一、"互联网+"发展概述及其特征

"互联网+"就是"互联网+各个传统行业",但这并不是简单的两者相加,而是利用信息通信技术以及互联网平台,让互联网与传统行业进行深度融合,创造新的发展生态。"互联网+"代表一种新的经济形态,即充分发挥互联网在生产要素配置中的优化和集成作用,将互联网的创新成果深度融合于经济社会各领域之中,提升实体经济的创新力和生产力,形成更广泛的以互联网为基础设施和实现工具的经济发展新形态。

（一）"互联网+"发展简述

"互联网+"最早是于扬 2012 年在易观第五届移动互联网博览会的发言中提到的。李克强总理在 2015 年的第十二届全国人大三次会议上做政府工作报告时首次提出"互联网+"行动计划。行动计划着力将互联网作为当前社会发展的新兴行业,重点是将互联网中的各类新技术与其他传统产业进行深度融合创新,进而达到创立新产业、促进传统产业更新换代、探索新的产业发展方向,培育崭新的行业发展环境,为产业智能化发展创造条件,进而达到促进产业的高速稳定发展的目的。2016 年 6 月 16 日在北京举行的中国"互联网+"峰会上发布《中国"互联网+"指数（2016）》报告,报告表明,"互联网+"在金融、工业、教育等领域利用信息通信技术及互联网平台优势,让掣肘原行业的问题得以妥善解决从而让行业获得新生。"互联网+"正在推动中国经济不断深入改革发展。

（二）"互联网+"的特征

跨界融合。"互联网+"就是互联网跨入传统行业,就是互联网与传统行业的融合。互联网的跨界更多的是关注跨入行业的痛点,解决行业痛点才是互联网跨界的根本原因。

创新驱动。用互联网思维来求新、求变,发挥创新的力量实现自我革命,改变原有粗放的资源驱动增长方式,实现了经济社会的快速发展。

重塑结构。通过信息革命、全球化、互联网业已打破了原有的社会结构、经济结构、地缘结构、文化结构,倒逼行业不断转型升级,对传统行业结构进行重塑。

尊重人性。人性的光辉是推动科技进步和社会进步、文化繁荣的重要力量,互联网的力量之强大最根本地也来源于对人性的最大限度的尊重、对人体验的敬畏、对人的创造性发挥的重视。

开放生态环境。互联网生态作为"互联网 +"的根本法则,就是要将信息孤岛进行串联,化解过去制约创新的环节,将孤岛式创新重新连接起来。

万物互联。互联网的特点在于无处不在,"互联网 +"正是通过其信息的实时性、交互性、分布式和集中性的特点,推动移动互联网、云计算、大数据、物联网等与传统制造业的融合。

二、"互联网 +"对高等教育的影响

我国高校信息化建设起源于 20 世纪 90 年代,随着信息技术和网络技术的不断发展,信息技术应用在社会的各行各业发展中。高校信息化建设是利用先进的现代化信息技术实现高校内各项资源整合和资源共享,利用互联网技术将各项资源形成一个庞大的信息化空间,利用互联网技术实现教学、管理、办公、服务、教学等各项资源的时间和空间的延伸,从而提高高校教学质量、促进科研水平进步、加快工作和管理效率,提升服务水平。高校信息化建设是用信息技术的智能工具加强高校办学水平,提高人才培养质量,提升高校的核心竞争力。

(一)积极影响

在信息化和"互联网 +"浪潮的冲击下,高校学生事务管理服务信息化作为信息化的一部分也必然成为一种趋势,"互联网 +"能够提供以大数据、云计算和人工智能为代表的新一代信息技术,通过系统化、平台化、跨界联动的教育管理系统群为将教育资源通过网络进行优化配置,进一步促进高等教育优质资源共享,降低教育成本。伴随着"互联网 +"思维的不断冲击,高等教育活动的主体开始由教授知识一方向接收教育一方转变,许多高校不但实现了多媒体教学,还在一定程度上实现了网上辅导、在线答疑等依托于互联网的教育模式。伴随着教学方式和各种教学辅助类 APP 等平台的建立和拓展,也在一定程度上推动互联网技术在教育方面的技术革新。

（二）消极影响

在"互联网＋"时代的冲击下,学生的学习地点不再仅限于教室,学习的内容不再仅限于课堂。互联网课程可以随时随地地进行学习,在这样的环境下,可能造成高校学生对老师能力的怀疑,产生对课堂教育的不屑,过分依赖网络进行学习的现象,导致学生对教师授课的认可程度降低;同时,学生可以随时随地通过互联网获得丰富和便捷的资源,导致一些学生开始怀疑传统的课堂教育是否还有存在的必要,进而出现对传统高等教育的否定。

三、国内外高校依托"互联网＋"开展信息化建设的现状及其启示

数字化校园的概念最早是由美国克莱蒙特大学的教授凯尼斯·格林（Kenneth Green）于1990年主持的科研项目"信息化校园计划"中提出的。随后,在1998年1月31日,美国副总统阿尔·戈尔在加利福尼亚科学中心所做的"数字地球:21世纪认识地球的方式"的演讲中最先提出了"数字地球"概念,并且引起了全世界人民的普遍重视,并逐渐出现了诸如"数字地球""数字校园"等各种概念。数字化的概念被人们普遍了解和接受,数字校园和传统校园相对,数字化校园是高校信息化建设的基础,数字化校园包含多项组成部分,包括教学资源的信息化、管理的信息化和财务的信息化等,其中管理信息化是数字化校园建设的基础。

国外高校依托互联网开展数字化校园建设的概念最早是由美国的麻省理工学院在20世纪中期提出的,经过几十年的发展建设,数字化校园的建设已经越过了信息化管理信息系统建设为主的初级阶段,已经开始朝如何丰富学生的学习资源,如何提供在线教育和网络教学等更深入的方向发展,同时国外高校还试图探索如何发展和扩展学生的创造性思维,通过各种交互式的教学方式和互动学习方法,在教学中不断创新学习、发展、成长平台。国外的大学从20世纪中期就开始对教育的信息化管理进行了研究,形成了一套相对规范和成熟的管理模式。

在国外,数字化校园的设计实施,已经随着信息化的推进形成了产业化的发展模式。而且这种发展模式已经发展到了进一步的细分和规范阶段。数字化校园的开发、设计和实施都是由优秀的软件开发设计公司进行设计实施的,他们具有丰富的开发经验,并且形成了一套成熟的专业化服务流程,所建设的数字化系统有很强的实用性。相对来说,国外数字化高校建设已经较为成熟。

我国高校相对国外的信息化建设而言,起步晚,但随着教育的产业化发展,计算机技术和电信行业的不断进步以及我国对高校的信息化建设越加重视,数字化校园项目也逐渐开始在各大高校展开。经过多年的努力,虽然我国高校的信息化建设已经在传统的校园管理建设的基础上,形成一个虚拟化的数字空间,使得学

校的资源得到延伸和扩展,从而提高教学管理水平,但仍然处于信息化基础设施建设为主的初级阶段,而且有不少学校依然是缺乏信息化基础设施,仍然是以信息孤岛式进行系统建设,导致无法有效地提供信息服务。也已经有为数不少的高校通过数据整合打破信息孤岛式的方式完成了数字化校园信息化基础平台建设,但仍然存在重平台、轻应用、交互形式单一、效果不明显等问题。

第二节　成都学院"互联网+"迎新和毕业事务探索

一、基于"互联网+"开展迎新和毕业事务的必要性和可行性

数字化校园建设是高等院校一项基础性和长期性的工作,是学校建设的重要一环,也是学校进行人才培养的重要基础。在信息技术飞速发展的今天,信息化建设从教育环境、教育模式、教育理念、教育目标等方面对校园的管理产生了巨大的冲击。

党的十八大提出,要把立德树人作为教育的根本任务,培养德智体美全面发展的社会主义建设者和接班人,要全面实施素质教育,培养学生社会责任感、创新精神和实践能力。信息化时代背景下,受高校发展速度加快,招生规模不断扩大,学生数量逐年增加等影响,高校学生工作也不断推动信息化建设,高校学生工作效率和质量不断提升,但网络犹如一把"双刃剑",高校学生工作也面临更为多变的情况和复杂的问题。

2015年,我校党政工作要点明确将加强创新型学工建设确定为高水平办好成都学院的三大重要任务之一。紧密围绕教育教学中心工作,坚持从世界眼光、中国情怀、时代特征三个维度推进观念理念创新、体制机制创新、内容路径创新和方式方法创新,不断深化"以生为本、德育为先、成长第一"的学工理念和发展型学工模式,把学工系统建设成为学生的情感依托人、利益代言人、成长引路人和成才奠基人,不断提高学生、家长、社会满意度。我校学生工作始终以促进学生全面发展和成长成才为核心,遵循教育规律,围绕学生健康成长、全面成才进行的有组织、有计划的教育、规范、指导、咨询、服务工作,使学生在德、智、体、美等方面得到全面发展。如何更加高效、便捷、信息化、全方位地服务和支撑学生成长,成为我校学生工作进一步提升和创新的新路径。

（一）顺应 90 后大学生特点，"互联网＋"迎新离校带来便利可行性

现阶段高校学生大多是出生于 90 年后的新新人类，是伴随着互联网技术迅速发展和普及成长起来的新一代，网络对他们已不再陌生，作为典型的"网络一族"，智能手机、平板电脑是标配，微博、微信玩得溜；逛贴吧、网站小菜一碟；网游、手游更是驾轻就熟……对于即将要步入大学的新生而言，基于"互联网＋"的迎新系统的建立可以使其在未报到之前提前了解学校的基本情况；了解学校的报到流程；了解重要的通知通告，降低新生报到时对新环境所产生的恐慌，从而减少了部分迎新现场报到混乱的现象。对于即将离校的毕业生而言，基于"互联网＋"的离校系统的建立可以方便毕业生在办理离校手续前准确了解各项业务的办理时间节点、步骤和要求，帮助毕业生以最短的时间、最高的效率完成毕业审核，从而减少部分离校审核环节人多拥挤混乱的现象。

（二）规避传统权责不清，打造高效"互联网＋"迎新离校平台

迎新和离校工作是一个涉及多个管理部门的工作，不同的管理部门有其具体负责的内容，采用传统的迎新和离校工作方式，部门间工作分配极易产生交叉现象，因而产生权责不清的情况，一旦出现问题，无法及时得到处理。同时，多个部门共同工作，不容易进行协调。基于"互联网＋"开展迎新和毕业系统的建立，通过信息化手段有效地规范了迎新和离校工作流程，重新梳理了各部门迎新和离校工作任务，实现了权责统一，提高了现场迎新和毕业审核的工作效率。

（三）一键化报到及审核，实现便捷"互联网＋"迎新离校系统

随着各校招生人数的增加，传统的离校和迎新工作，采用手工登记、查找和统计已经不能满足日益扩大的招生规模，手工操作不仅费时费力，容易出错，工作效率低下，难以在短时间内完成繁重的迎新工作。基于"互联网＋"开展迎新和毕业系统的建立，将高校迎新和毕业事务相关的工作进行信息化管理，通过信息化手段读取毕业生和新生数据，规范毕业生离校审核及新生报到程序，大大减少了信息核对时间，功能健全的迎新和离校系统只需几分钟甚至几十秒的时间就完成了现场报到及毕业审核，简化了流程，加快了业务办理的速度，提高了工作效率。

二、"互联网＋"视域下迎新和毕业系统的架构及实现

以我校为例，我校现有在校学生 21000 余人，其中当年应届毕业生约 5000 余人、招收的新生 5000 余人，每年 6 月"毕业季"和 9 月"迎新季"成为对高校的一场"大考"。每年夏秋两季，学校最繁忙的工作莫过于毕业和迎新工作。5000 余毕业生要在一周以内完成学生证注销、户口迁移、图书馆借还书、财务欠费办理、党团组织关系迁出、宿管中心公务损坏赔偿等十余项业务。5000 余名新生要在短短

两日内完成报到、注册,交学费、宿舍登记等手续。

"互联网+"时代背景下,我校充分借鉴用户思维、极致思维、迭代思维、大数据思维等互联网思维。我校于2015年10月打造成省内高校首家"一站式"学生事务服务中心,依托学生事务服务理念,运用"互联网+"工作模式,将学生教育、管理、服务有机融合。在总结"一站式"学生事务服务中心工作模式的基础上,我校积极思考,主动探索互联网思维与学校学生工作的深度融合,以实现个性化、全覆盖、精准化迎新与高校服务工作为目标,合理利用新媒体等工具,通过优化信息采集方式、优化办事流程等方式有效契合"90后"的现实特点,不断创新,打造成高效便捷的迎新和离校工作新平台,创造性地做好2016迎新和离校工作。

(一)迎新系统架构及实现

为了简化迎新现场的手续,方便新生快捷办理入学,更好地建设成都学院数字迎新系统,在通过对多所高校丰富建设经验的总结的基础上,提出了数字迎新系统的建设思路。成都学院迎新系统不是一个独立的系统,是一个涉及新生入学各项流程,面向学校各部门、全体新生以及家长的综合管理信息系统,选择开放的、基于标准的开发和部署的J2EE开发平台和运行平台,J2EE的核心是一组技术规范与指南,其中所包含的各类组件、服务架构及技术层次,均有共同的标准及规格,让学校各种依循J2EE架构的不同应用平台之间存在良好的兼容性,解决学校后端各种不同的应用系统彼此之间不兼容的问题。

迎新系统将过去烦琐的学生信息录入、学生分班、学生住宿安排、学生缴费等大量的现场数据处理移到数据准备阶段,提供与招生数据库、一卡通数据库、财务数据库和教务数据库的数据共享和集成,对于不能集成的数据,采用Excel文件的导入方式。迎新系统提供迎新数据准备、迎新自助服务、迎新现场办理和迎新查询和统计等核心业务。迎新系统提供统一身份认证方式,新生以学号为账号登录,密码为身份证后六位,在迎新系统上录入新生个人数据和家庭信息、自主选择预报到服务项目。迎新系统通过权限管理对学校不同部门职工分配不同的操作权限,确保迎新期间各部门各司其责、各尽其职。同时,迎新系统提供迎新过程中和迎新后的数据统计和分析功能,方便学院领导了解迎新动向,为决策提供合理参考。

2017年迎新工作中,迎新系统又实现两大突破。一是和宿舍管理系统的对接,学生登录迎新系统,可以直接跳转宿管系统选房页面,在学校按照班级划分的寝室范围内自主选房间、选床位、查看室友。宿管系统的选房信息和房间费用信息实时反馈在迎新系统首页学生界面和应缴费界面。二是建设基于GIS可视化智慧校园系统,推出可视化移动迎新服务(简称:可视化迎新),提供迎新引导、迎新接待、迎新通讯录、宿舍查询、精细化校园地图，一键导航到寝室等基础功能，配合校园 VR 航拍全景，全方位、多角度帮助新生了解校园风光及周边生活服务设置。

(二)离校系统架构及实现

为了优化毕业审核相关流程和手续，方便毕业生快捷办理离校前的各项事务，在通过对多所高校离校系统建设经验的总结的基础上，提出了数字化离校系统的建设思路。

成都学院离校系统是一个涉及毕业生离校审核各项流程，面向学校各部门、全体毕业生以及家长的综合管理信息系统，同样选择开放的、基于标准的开发和部署的 J2EE 开发平台和运行平台，合理利用 J2EE 开发平台所包含的各类组件、服务架构及技术层次，均有共同的标准及规格，让学校各种依循 J2EE 架构的不同应用平台之间存在良好的兼容性，解决学校后端各种不同的应用系统彼此之间不兼容的问题。

离校系统将过去烦琐的学生学费缴纳情况、图书馆图书归还情况、学生住宿退宿情况、户口迁移、党团组织关系迁移等大量的现场数据处理移到数据准备阶段，提供与就业指导中心数据库、一卡通数据库、财务数据库和教务数据库的数据共享和集成，对于不能集成的数据，采用 Excel 文件的导入方式。离校系统提供统一身份认证方式，毕业生以学号为账号登录，密码为身份证后六位，在离校系统上自动显示毕业审核各项业务办理情况，并及时通过对话框的形式提醒毕业生未办理事项及办理须知等。离校系统通过权限管理对学校不同部门职工分配不同的操作权限，确保毕业生离校工作各司其责、各尽其职。同时，离校系统提供毕业生毕业审核过程中和办理后的数据统计和分析功能，方便学院领导了解毕业生离校审核办理情况，为后期决策提供合理参考。

第三节 "互联网+"迎新和毕业事务中的创新和优化

一、成都学院"互联网+"迎新和毕业事务中的三个创新

"迎新、离校"网络系统的投入使用，有效实现个性化、全覆盖、精准化迎新与离校服务工作。相较往年，体现出有三个方面的创新：

(一)打破传统分散办理方式，构建"一站式"服务模式

为确保实现迎新、离校工作"细致入微无死角"和新生、毕业生满意的目标，学

校成立专题工作组,由分管学生工作副校长任组长,学工部、信息网络中心、教务处、财务处、后勤处、保卫处、资产经营公司等相关职能部门为成员单位,共同研究探讨"迎新、离校"网络系统新模式。自2015年末启动"迎新、离校"网络系统调研工作以来,在相关职能部门的大力配合下,先后经历多次"颠覆性"的修订。今年5月离校系统率先上线,毕业生登陆离校系统,报到证办理、户籍转移、档案迁出、教材费补退、住宿费补缴、一卡通注销等事务一目了然,近6000名毕业生在一周之内根据各自的时间顺利完成离校办理。8月,迎新系统也成功上线,新生还未到校,就可以在家里登录迎新网络系统,个人信息、班级信息、寝室信息、学院公告等全都一目了然,让新生及家长耳目一新。离校和迎新系统操作便捷,提示明确,各项服务也让更多的学生对毕业和入学少了一些紧张、惶惑,多了一份安定和欣喜。

(二)强调"用户体验",打造服务"个性化"

在迎新系统中,新生登录迎新网络系统,通过"预报到"服务页面对床上用品、生源地贷款、户口迁移申请等选项自主选择需要与否,同时进行网上自主选择寝室,进行同班级室友组合。选择确定后,确需后续办理的相关事宜由学校在线下提前办理,新生到校报到时,预报到所选择的床上用品、军训服装、一卡通等物品已整齐放至在学生储物柜中;学校还开辟"易班"入学教育专区,抓住新生入学前的"黄金期",提前开展校情、校纪教育,帮助新生尽早进入角色、适应大学生活,构建起全方位的线上空间。在离校系统中,专门为毕业生开通了个性化就业咨询平台,毕业生点击"我要咨询",及时推送招聘信息和求职面试技巧,方便毕业生及时了解工作动态、全面掌握求职技巧。

(三)线上线下交互,实现信息反馈"精准化"

系统开放后,学院依据网上登录数据,能实现全过程跟踪、全流程追踪,同时也可以及时与学生联系沟通提醒相关办理事宜,相关部门、学院通过系统后台数据反馈,对新生登录情况,服务预约情况更加心里有底,能够更加准确地采集到新生到校时间、站点,更科学精准地安排接站人员、接送车次。学校各职能部门对网上登录数据反馈情况进行分析总结,为进一步做好迎新和离校工作提供经验支持。

我校迎新、离校系统的上线运行,学校以更加高效、便捷、信息化、全方位的服务为学生提供个性化的便捷服务,相较往年的"人头攒动"的迎新、毕业现场,启用迎新、离校系统后,通过对各项业务流程的优化与再造,从而减少部分迎新、离校业务办理现场混乱的现象。2016、2017年,毕业生办理离校手续的第一天,财务处、保卫处户政中心、宿管中心、教材科等部门不再看到排着长队等候的学生,办理离校审核工作的毕业生登陆离校审核系统,待办事项、办理进度清晰明了,依次点击办理后,毕业审核顺利完成。2016和2017年迎新,新生报到第一天,与往年在集中报到区——体育场和体育馆"人气爆满"的手续办理现场相比,显得格外安静。前来报到的新生和"送学军团"分散去往了16个相应的寝室楼栋,在那里各学院为新生提供一站式服务,新生可直接到宿舍楼前报到站通过刷条形码完成信息核对、领取钥匙,60秒不到即拎包入住,入学报到就"大功告成"。卧具、军训服几天前就已分发到寝室,静待新同学的到来。

二、成都学院"互联网+"迎新和毕业事务中的三个优化

"迎新、离校"网络系统的顺利投入使用,相较往年有四个方面的优化:

(一)业务办理从"集中"到"分散"

"迎新、离校"网络系统的投入避免了新生拖着行李满校园奔波,避免毕业生顶着烈日满校园盖章;"迎新、离校"业务流程再造与简化为学生们带来了高效便捷的办理体验,以往迎新季体育馆内集中报到的熙攘人群,体育场上大批等候的家长、排长队"打拥堂"等候办理业务的学生全都不见了踪影。

(二)业务办理从"台前"到"线上"

"迎新、离校"网络系统的投入使用将新生报到、离校审核相关工作前移,各项业务办理都大大提升了效率,更加省时省力,据不完全统计,我校2015级新生报到平均用时为23分46秒,共需提交五份复印件资料、收回四张票据,启用迎新系统,2016级新生报到平均用时不超过40秒,仅需出示录取通知书、身份证等两份资料,新生报到提速35.65倍。

(三)业务办理场所从"拥挤"到"宽敞"

"迎新、离校"网络系统的投入使用让新生报到、毕业生离校无须等候排队,学生可以更加自由地根据自己的时间办理相关事务,不再因为时间冲突而耽误办理,最终实现一站式完成。

利用互联网优势,启用迎新和离校网络系统得到广大师生、家长以及社会各界的一致好评和高度认可。学生和家长们通过微信、微博朋友圈、QQ群争相宣传;各大新闻媒体密切关注,学校"互联网+"学生事务的做法先后被教育部、四川省教育厅、人民日报、四川在线、新浪四川等多家媒体报道。

我校将在总结经验的基础上,继续秉持"以生为本,服务为先"的理念,以学生为中心,以"用户体验"为依托,通过搭建"迎新、离校"手机APP、增设新生家庭情况调查问卷,实现资助"精准化"、丰富"预报到服务",为新生提供更便捷的生活保障服务,进一步完善新生自主选择寝室服务,在为新生提供家的温暖和氛围等方面继续探索,着力提升系统使用便捷性,提升用户体验值,为学校学生提供更加

精准、更加便捷的服务。我校的创新型学工建设和学生事务服务网络平台工作，已经在全省高校乃至全国范围受到关注。学校将在学校服务型机关建设和创新型学工建设引领下，继续深入探索"互联网＋学生事务"创新服务工作新模式，开拓出一条学生工作创新之路。

第七章

服务育人模式下关联型就业事务服务的探索与创新

第一节 新形势下的高校就业事务背景

一、国内外就业事务开展近况

自 19 世纪末就业事务在美国出现后,国外高校就业事务工作经过多年的发展,已形成比较稳定且各具特色的大学生就业事务工作体系,尤以美国、日本、欧洲发展较为成熟①。

表 1:美国、日本、欧洲就业事务体系解析表

国家	美国	日本	欧洲
就业事务体系类型	全程多层	多元供给	服务外包
高校作用	全程性提供职业教育和就业事务	延伸入学前后的职业课程训练	提供系统化、专业化的职业规划事务
政府作用	供应就业形势信息和制定相关政策	中央、地方、基层多层政府统筹主导就业事务工作	政府和签约的私营就业服务机构共同主导就业事务工作
社会作用	提供岗位供求信息,充当学生、高校与用人单位之间的桥梁		

---

① 孙文博、颜吾俣:《我国高校就业服务质量提升路径研究——基于国外高校就业服务工作的启示》,载《国家教育行政学院学报》,2016 年第 9 期。

续表

国家	美国	日本	欧洲
用人单位作用	提供实习机会和顶岗实习岗位		
就业事务内容	测试、择业平台、职业发展课程以及可雇佣性训练等	就业指导课程、就业咨询及职业体验培训等	学分制的职业指导课程、就业咨询及项目化的职业实训
管理方法	收集、统计就业市场信息,统筹监测就业市场动态	采集就业服务信息,实现信息全国联网	重视统计与调查数据,据此推行有关政策与法规

国内就业事务工作起步晚。国内高校的就业事务工作体系始建于20世纪90年代,自此全国各高校相继成立了具有初级体系、职能的就业指导管理体制,成立初级阶段的就业指导中心,是学校、学生与用人单位之间的信息交换平台。随着市场化的进一步影响,就业指导中心逐渐转换职能,从信息交换向指导学生择业方向发展。由于国内就业指导中心多数为政府机构,主要承担的是一些基础性的、简单易学、易用的就业指导工作,比如:社交礼仪、简历的填写等,对大学生现阶段择业难问题难以起到改善作用。鉴于国内就业指导体系自身发展较慢、市场信息更新缓慢、市场变化跟进迟缓问题,部分高校已经开始尝试通过职业专业化、标准化等方式对大学毕业学子进行技能培训与基础能力培养,表现出较好的发展势头①。

二、新形势下国内高校就业事务

自1999年扩招以来,大学毕业生人数逐年递增。据教育部统计,2016年全国普通高等学校应届大学毕业生有765万,2017年达795万,2018年达到820万。新形势下大学生就业出现了就业难、就业满意度低的情况,就业形势较严峻复杂,关于大学生"缓就业、慢就业""毕业等于失业"等现象成了当今社会的一大热点。如何有效、科学化地开展高校的就业事务工作,是各大高校就业工作部门需要重点探讨和急需解决的问题。目前国内高校针对当前就业形势及大学生就业中遇到的问题,主要从以下几个方面着手解决:紧抓就业教育工作队伍的建设;保证就业事务工作的前瞻性;完善全程多位一体的就业服务模式;注重信息化的多元就

---

① 杜亚璇:《国外大学生就业指导的经验与启示》,载《产业与科技论坛》,2016年第15期。

业服务手段;创新就业事务工作方式;合理设置课程及提高专业人员教学水平;为就业困难的高校毕业生提供精准帮扶服务、鼓励大学生到基层就业等。

三、成都学院就业事务发展变迁

成都学院就业指导中心源于 1978 年成都学院建校之初设立,是毕业生与学校、毕业生与用人单位、学校与社会交流的平台。建校之初,成都学院就业指导中心主要是针对群体性的事务工作,提供就业动态、宣传就业政策,讲授传统的大课式就业指导,办理毕业生就业及报到派遣有关手续等事务工作。随着国家改革不断向纵深推进,经济转型、社会转轨,成都学院就业事务变迁经历了几个不同发展阶段。大致说来,可以分为"统包统分"(由国家按照计划统一分配)、"供需见面"(学校与用人单位通过计划内的供需见面落实毕业生就业)、"双向选择"(在国家方针政策指导下,学生选报志愿、学校推荐、用人单位择优录用)、"自主择业"(学生自主选择职业)等阶段。

(一)统包统分阶段

1978 年成都学院建校之初到 1985 年,在计划经济模式下,大学毕业生作为经济建设的新生力量,则是作为"新鲜血液",由国家集中调配,供职于国家极速发展的工业领域及其他重点行业,实行有计划的统筹安排。"统包统分"虽使毕业生普遍就业,但隐患也很多,如专业不对口、学校培养的人才地方上并不需要等,而且"一分定终身",人才不能流动,使人才形成较大的浪费。

(二)供需见面阶段

1985 年 5 月,中共中央颁布《关于教育体制改革的规定》,提出了改革大学招生计划制度和毕业生分配制度的要求。1986 年成都学院积极响应、大力支持"供需见面"分专业、分用人单位的就业方案。开展各种不同形式的"供需见面"活动,受到了毕业生和用人单位的广泛欢迎。这种"供需见面",对开拓毕业生就业渠道,促进学校与用人单位之间的联系,加强相互间的了解与协作,起了积极作用,但存在学校和用人单位工作量大、效率低等缺点。

(三)"双向选择"与"自主择业"

1989 年国家教委提出了《高等学校毕业生分配制度改革方案》。在该方案中,提出高等学校毕业生分配制度改革的目标是:在国家就业方针政策指导下,逐步实行毕业生自主择业,用人单位择优录用的"双向选择"制度。逐步把竞争机制引向高等学校。成都学院在四川省教委计划指导下,实施由本人选报志愿、学校推荐、用人单位择优录用的制度。

1993 年 2 月,中共中央、国务院颁布了《中国教育改革和发展纲要》。以此确定的毕业生就业制度改革的目标是:改革高等学校毕业生"统包统分"和"包当干部"的就业体制,实行少数毕业生由国家安排就业,多数毕业生由学生"自主择业"的就业制度。1993 年至今成都学院在国家方针政策指导下,毕业生通过毕业生就业市场"自主择业"。在这种就业体制下,毕业生的个人综合素质和就业竞争力是用人单位招聘重要的参照指标。

当前,高校就业工作服务对象是 90 后、95 后,并即将转变为 00 后,成都学院就业指导中心继续遵循毕业生"自主择业"的就业原则,针对该群体个性化、多样化的要求,开展精准化、个性化的毕业生就业服务工作。在新形势下,成都学院就业指导中心明确自身的新职能和新定位。明确资格审查、派遣、统计核查等管理职能;切实做好政策宣传、政策咨询、信息服务、平台搭建、市场开拓等服务工作;找准以生涯教育、职业咨询、实践育人为核心、为载体的育人目标。

第二节　就业事务思路和措施

一、创新关联型服务理念,坚持"围绕一个中心"就业事务思路

关联型就业服务概念由"斯坦福职业教育"提出,要求从事就业工作老师主动走近学生,走到他们校内学习和生活的地方,帮助他们发掘自己的职业兴趣点,把学生和就业指导项目、职业体验式项目关联起来。十九大报告中提出"就业是最大的民生,要坚持就业有限战略和积极就业政策",成都学院始终以强烈的使命感和责任感做好每位毕业生就业工作。成都学院就业指导中心积极学习国际先进的就业实例,推进关联型就业事务服务,并结合实际、创新理念,精准发力,主动作为,将就业指导服务工作提前、延伸到各学院低年级学生。

(一)主动为各毕业生送就业岗位,加强毕业生和用人单位关联

结合国家经济发展调整、产业转型升级、创新驱动发展,深入挖掘新技术、新产业、新业态创造的就业机会,大力挖掘适合高校毕业生的就业岗位,加强岗位信息收集、分类、整理,及时、多渠道向相关专业毕业生精准推送;有针对性组织开展分区域、分行业、分专业的校园专场招聘活动,精心筹备组织四川省毕业生大型双选会(成都学院分场)、成都市市属高校毕业生大型双选会(成都学院专场)、成都学院毕业生就业指导服务月,积极组织毕业生参加四川省、成都市特大型人才招聘会及省外人才市场组团来蓉招聘,有效促进供需对接。

（二）线上线下送政策，加强毕业生和就业制度关联

坚持政策宣传、形势宣传、理念宣传、典型宣传、服务宣传"五位一体"。线下通过组织宣讲报告、个性化就业咨询、校园广场咨询、专题座谈、主题沙龙等，线上开设就业政策专栏、主题网页、服务窗口、微博、微信推送等，全方位、多形式、高密度宣传国务院、教育部、省市教育部门、人社部门提出的高校毕业生就业政策和优惠措施，让政策宣传接地气、见成效，使广大毕业生充分了解政策、掌握政策、用好政策。

（三）通过多元化实践活动送指导，加强毕业生和就业指导服务关联

为进一步引导毕业生树立正确的就业意识、提升就业求职技能，就业指导中心联合各学院、政府人员、企业人力资源经理、专业咨询机构创新性举行送就业知识、送就业技能、送贴心服务进寝室活动，师生共同在寝室活动室的温馨环境中采取面对面交流、主题沙龙、经验分享、个别指导等形式畅谈大学生就业；定期举办就业指导服务月、模拟求职大赛，上演现实版"职来职往"，帮助高校毕业生熟悉职场，直面用人单位、完善求职技巧，提升就业竞争力。

大学毕业生就业率是衡量一所学校教育教学质量高低的重要指标。成都学院高度重视就业率与就业质量，把就业事务工作视为学校发展的生命线，全面落实"一把手"工程。在具体工作中，经过科学论证和实际探索，采取"围绕一个中心、两条主线"就业事务思路。即坚持以毕业生为中心，切实抓好抓就业指导和就业服务两条主线，确保毕业生就业率稳中有进、引导和鼓励高校毕业生面向基层就业、突破"促进就业困难群体顺利就业"的难点。牢固树立"一切为了学生、为了一切学生、为了学生一切"的宗旨，围绕毕业生这个中心进一步全方位、深层次地开展毕业生就业事务工作，促进毕业生充分就业。

二、加强机构队伍建设，保障关联型就业事务体系建设

组织机构与师资队伍建设是做好关联型就业事务服务的基本保障。成都学院就业指导中心日常事务由学生工作部（学生处）负责，就业事务与学生思想政治教育、心理健康教育、创业教育、实践教育等同为学生工作的重要组成部分。学校高度重视毕业生就业工作，在组织领导、机构设置、条件保障、工作机制建设等方面，形成了相对较完备的工作体系，为确保稳妥做好职业指导与就业服务提供了必要保障。学校按照教育部提出的实行毕业生就业工作"一把手"工程有关要求，成立了由学校书记、校长任组长，校办、宣传部、学生工作部、教务处、财务处等相关职能部门组成的毕业生就业工作领导小组，统筹协调并定期研究学校大学生职业指导与就业服务工作。同时各二级学院相应成立就业工作领导小组，分党委书

记、院长任组长,副书记、副院长任副组长,专业课教师、学工办主任、全体辅导员为成员。逐步形成了学校党政一把手亲自抓、学生就业职能部门统筹、有关部门配合、二级学院积极参与的就业工作体系。

成都学院大学生就业指导中心工作分工明确,设科长 1 名、科员 4 名,分别负责市场拓展、校园招聘、信息服务、职业咨询、就业管理等具体工作,二级学院就业工作专职辅导员按照毕业生总体规模的 1∶400 配备。在学校就业工作领导小组的带领下,就业师资队伍打破传统就业事务工作,即突破原停留在报送生源信息库、组织校园招聘活动、报送就业数据、统计就业率、办理就业手续等常规事项,还在就业市场开发与维护、精准就业信息服务、个体咨询辅导、专题活动等方面初见成效。

三、完善育人机制,建构"三全"关联型就业事务体系

"三全"育人,即以全员育人、全过程育人、全方位育人的理念已深入成都学院的人才培养工作中。近年来,大学生就业形势日益严峻,就业结构性矛盾凸显,大学生择业观念、择业心态与社会发展不相适应,求职过程中重回报轻奉献、重个人利益轻国家利益、图安稳求享受的现象日益严重。学校建立了基于育人功能的大学生就业指导体制,构建了"三全"就业事务工作体系,稳步推进关联型就业事务服务。通过形式多样、具有吸引力内容的关联型就业事务指导,引导学生参与其中,以探索学校人才培养的长效机制,对帮助大学生正确看待就业形势、科学评价和定位自我、确立合理的就业期望值、勇敢面对就业竞争、增强社会责任感、自觉将个人理想的实现与献身祖国建设结合起来有着重要的意义。

(一)全员参与就业工作是推进关联型就业服务的关键

学校严格实施就业工作"一把手"负责制,构建学校、职能部门、二级学院、系(专业)四级层层落实的就业工作架构,明确工作职责,强化协调配合;学校党委书记、校长每学期定期组织召开全校就业工作推进会、总结会,传达上级最新就业文件精神、研判就业形势、指导就业工作具体开展。严格按照《成都学院年度考评细则》《成都学院学生工作考评细则》《成都学院二级学院就业工作考评细则》对学院就业工作实施目标管理、过程考核、结果奖惩,将就业工作与招生计划、经费投入、绩效考核直接挂钩,形成就业工作压力传导机制,极大地调动了二级学院的积极性和主动性;各学院每月定期举行就业工作领导小组会议,了解当年就业形势、分析毕业生就业心态、部署下阶段工作任务。

强化就业工作专职队伍建设,同时发挥专业教师、政府人员、企业兼职教师、优秀校友的积极作用,调动各方资源,形成了全员参与就业工作的良好局面。

（二）全程渗透就业教育是推进关联型就业服务的基础

不断优化就业指导工作方案，强化生涯发展和择业观教育及心理辅导，促进学生成长成才。把就业指导课纳入人才培养方案，建立了贯穿学生在校期间的"就业指导课程体系"。成都学院就业指导课程体系由全过程的职业发展、就业指导课程组成，大一、大二年级开设职业认知和职业规划课程，大三、大四年级开设就业准备、就业实践课程，四个系列课程将教育引导无处不在并贯穿于大学四年全过程，可以辐射到校园里的每一位学生。课程体系结合了大学生各个阶段的生理、心理和专业学习的特点，着眼于大学阶段职业生涯规划目标的实现，对课程内容与学生的发展相匹配的全过程设计，以有针对性地解决学生在职业生涯发展中可能出现的问题，使学生的知识、能力和素质得到全面培养，形成了内容较为完善的课程体系。

（三）全面覆盖学生就业需求是推进关联型就业服务的根本

成都学院就业指导中心制定并严格执行招聘单位资格审查制度和安全管理制度，优化校园招聘管理服务，每年共举办企业专场招聘会 500 余场次，每年举办大型校园双选会 2 场，各二级学院举办行业专场双选会 10 余场，70% 左右毕业生通过学校举办的校园招聘活动实现初次就业。学校先后与多家知名企业签订校企合作协议，建立稳定的就业基地。强化就业信息服务平台建设，每年发布的就业需求岗位分别达到当年毕业生数的 3 倍以上。加强就业帮扶工作，深入挖掘困难毕业生难就业原因、建立困难毕业生信息台账，实行"优先推荐""重点推荐""不限次数推荐"，并发放各类求职补贴，促进困难毕业生实现顺利就业。

四、打造特色服务，深化关联型就业事务服务

（一）个性化咨询服务

为帮助学校大学生更好地了解自我和职业社会情况，做好职业生涯规划，解决求职中遇到的问题，满足其个性化需求，学校就业指导中心开展了"就业咨询与辅导"专项服务。帮助学生提供个性化的职业生涯规划、就业形势与政策、就业流程与手续办理、求职技巧、职业决策、大学生创业、职业困惑与心理调适等方面的预约、咨询服务工作。

（二）职业指导课程建设

成都学院就业指导课程体系由全过程的职业发展、就业指导课程组成，大一、大二年级开设职业认知和职业规划，大三、大四年级开设就业准备、就业实践，四个系列课程均为公共必修课程，切实将教育引导贯穿于大学四年全过程。

（三）"互联网＋"模式就业

学校"互联网＋"模式就业构建了完善的、功能强大的实习就业平台，实现了企业—学校—毕业生的无缝对接。其可更加全面地为学生提供有保障的专业实习、多种渠道并行的就业机会；为企业提供便捷有效的人才筛选服务；提升高校在社会及企业中的品牌地位，进一步深化了校企合作。

（四）就业跟踪调查

成都学院和第三方公司积极合作，通过对已毕业学生半年后的跟踪调查了解毕业生工作情况，并举行全校解读毕业生就业质量评价报告会，就成都学院毕业生满意度、就业现状满意度、薪资待遇、工作与专业相关度、离职率、教育教学质量等多个方面横向纵向进行详细的解读并提出建议。

（五）开展就业指导服务月

通过问卷调查，详细了解毕业生求职难点，每年3－4月针对性组织开展持续1个多月，以"成就梦想·职通未来"为主题的成都学院就业指导服务月专题活动，投入专项经费主要面对大三、大四学生举办就业技能培训（心态调整、简历制作、面试技巧、着装礼仪等）、个性化咨询、专题讲座（公务员报考、事业单位报考、教师公招、选调生报考、基层就业、专升本考试、研究生报考、大学生征兵、优秀校友报告等）、大中小型毕业生校园招聘会（校、院两级交替举行）、"寻找身边的就业榜样"主题征文活动、困难毕业生精准帮扶等系列活动，将就业指导服务精细地覆盖到毕业生就业过程中的每一个环节。

（六）举办模拟求职大赛

为了提高学校大学生未来求职道路上的竞争力，同时也为企业与学校、学生之间开展更广泛的交流，成都学院就业指导中心定期举办模拟求职大赛。在这里，我们将职场竞聘搬进了校园，让同学们真实感受求职氛围，强化同学们对求职技巧重要性的认识；在这里，我们为企业与高校互动交流搭起舞台，为深化校企合作打下坚实的基础。经过个人简历考核、无领导小组讨论、情景化面试等层层培训、筛选，来自全校最牛的"求职达人"们现场通过职场印象（VCR展示、简历展示、自我介绍）、直击职场（现场互动）、权利反转、一锤定音（签订协议）等环节与用人单位现场博弈、获取就业（实习）岗位，现场用人单位时常出现"抢人"的盛况。通过该活动，加深了学生与企业的沟通，搭建学生与企业交流的平台；同时将求职课堂搬上舞台，对低年级学生也带来最直接的教育教学冲击效果。

此外，学校注重校地企三方合作、形式多样化招聘会、困难毕业生精准帮扶、学生服务队伍建设等方面工作，开展关联型就业服务，保证学校毕业生充分就业。

第三节 就业事务取得的成效及展望

一、稳步推进就业事务、取得显著成效

就业率、就业质量、就业指导成效是就业事务质量好坏的"三个晴雨表"。成都大学近年来通过"关联型"就业事务工作,在上述"三个晴雨表"上表现不俗。

(一)就业率

就业率是衡量国家宏观经济运行的重要指标。而对高校而言,就业率和就业质量是高校"生命线",而我校的就业率在近五年圆满完成四川省教育厅和学校下达的就业目标任务,并高于全省近五年应届毕业生最终就业率7至8个百分点。同时,近年来,我校毕业生整体就业状况趋于稳定,并保持较高水平,稳中有升。

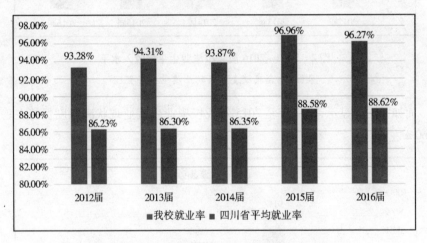

图1 2012－2016届我校就业率和四川省平均就业率

来源:结合我校麦可思就业质量报告整理

(二)就业质量

面对日益严峻的就业市场,我校就业工作转变坐等用人单位上门的陈旧观念,适应市场需要,主动出击,联合地方人才市场、行业协会、产业园区、人力资源公司多次举办中小型双选会。同时、举办第一、二届就业服务月,全面提升毕业生求职技能,进而提升我校毕业生就业质量。这些效果可从我校毕业生平均收入水平、就业现状满意度、校友推荐度、考取公务员、事业单位、国有企业毕业生数量、考取研究生、海外升学毕业生数量以及在成都就业的毕业生数量等数据可见一斑。

收入水平是职场人最为关乎的事情,收入水平某种程度上代表着职场人的个人能力和素养。从图2可见,近五年我校毕业生平均收入水平逐年递增。

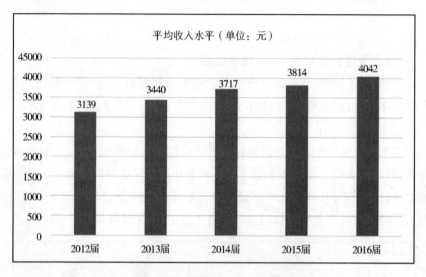

图2 2012－2016届我校毕业生平均收入水平

来源:结合我校麦可思就业质量报告整理

而如同图3显示,2012年至2015年我校毕业生就业现状满意度保持在稳定的60%左右。

图3 2012－2016届我校毕业生就业现状满意度

来源:结合我校麦可思就业质量报告整理

由图4-图6中,由近几年的校友推荐度、考取公务员、事业单位、国有企业毕业生数量、考取研究生和海外升学数量都逐年稳步增长。尤其是考取研究生、海外升学的毕业生数量,近五年来显著提升。

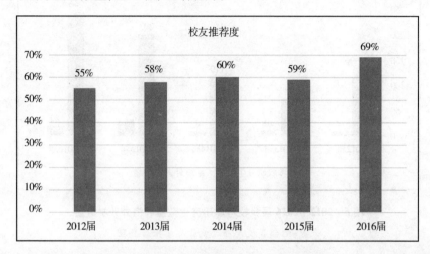

图4 2012-2016届我校毕业生校友推荐度

来源:结合我校麦可思就业质量报告整理

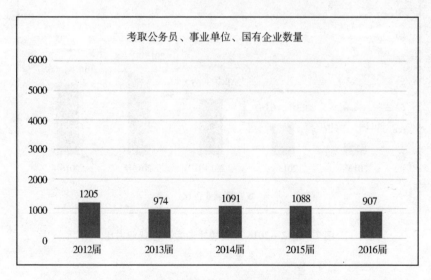

图5 2012-2016届我校考取公务员、事业单位、国有企业毕业生数量

来源:结合我校麦可思就业质量报告整理

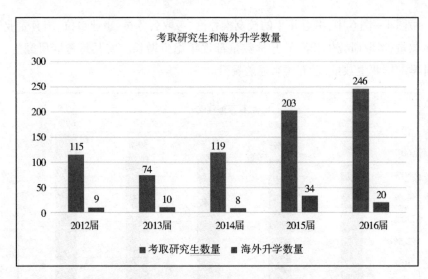

图6　2012–2016届我校考取研究生数量和海外升学数量

来源:结合我校麦可思就业质量报告整理

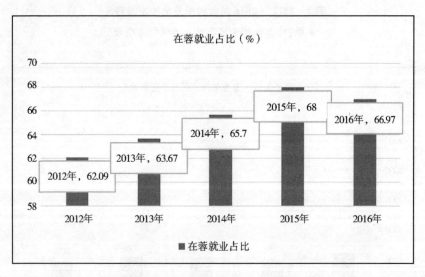

图7　2012–2016届我校毕业生在蓉就业占比

来源:作者整理

从图7可见,我校毕业生在蓉就业占比保持在60%左右。我校是成都市唯一的本科院校,与成都市共发展,践行着"扎根成都、立足四川、服务全国、面向世界"的学校服务宗旨。

（三）就业指导质量

对于高校毕业生而言,在激烈的求职市场,除了表现自己的专业能力素养外,掌握简历制作、面试能力好比求职的敲门砖,对求职显得格外重要。针对我校2016届毕业生求职困难原因进行分析发现,造成求职困难的五大因素中,两大因素是缺乏就业技能造成的。为了整体上提升我校毕业生求职技能,打造就业工作品牌活动,我校自2016年3月开始启动为期一个月的就业服务月,第一届就业服务月涉及7个子活动:邀请简历制作辅导资深讲师开展11场涉及全校12个学院近3000名受众学生的《简历特训——打造个人职业品牌》系列讲座;与专业礼仪公司合作开展求职面试——化妆礼仪、求职面试——形体塑造以及求职面试——办公室礼仪等求职面试专业培训3场,参与人数达到150多名学生;邀请人才市场及公司资深人力资源经理开展"学生到职场人的角色转换"讲座;邀请腾讯、中铁安邦等知名企业的经理开展6场线上微信分享,共有300多学生参与分享互动,内容涉及无领导小组讨论技巧、面试着装、职业生涯规划等;开展"寻找身边的就业榜样"主题征文活动;精准认定295名就业困难学生,结对帮扶教师达30人,为学生每月进行一次技能培训、推荐一次合适岗位、进行一次谈心,做到精准帮扶;开展成大版的"职来职往"模拟求职大赛;开展1场全校300多家的春季双选会,3场学院共180多家的中型双选会。

2017年开展第二届就业服务月,有就业技能培训、大中小型毕业生校园招聘会、"寻找身边的就业榜样"主题征文活动、困难毕业生精准帮扶、模拟求职大赛总决赛等相关的5个系列活动,参与学生达24000余人次。认定300名就业困难学生,共发放10.84万元求职补贴促进学生就业。

据我校2016届毕业生培养质量评价报告中,对近两年我校毕业生的"接受各项求职服务比例"中,2015届、2016届"辅导简历写作"的比例分别为28%和42%,有了显著的提升。对"各项求职服务满意度"中"大学组织的招聘会"和"职业发展规划"的满意度2016届比2015届分别增长了4个百分点、7个百分点。

二、砥砺奋进,展望成大就业事务未来

（一）强化就业指导,提升就业水平

由教育部高等教育毕业生指导中心编写的《大学生毕业指导》中明确地提出:就业指导有狭义和广义之分。狭义的就业指导是给要求就业的劳动者传递就业信息,帮助劳动者求职与择业,为他们和职业的结合做"红娘",广义的就业指导就是为劳动者选择职业,准备就业以及在职业中求发展、求进步等提供知识、经验和技能。由此定义可见,就业指导对求职者尤为重要,特别是对大学毕业生,在没有任何从业经验的情况下,就业指导工作需要引导学生树立正确的择业观、增强自身的求职技能、顺利实现学生到职场人的角色转换等。

长期以来,就业指导中心一直思索如何提升学校就业指导水平。其中涉及两个角色的众多工作。

首先,作为提供就业指导的教师而言,需要有计划、有组织地开展就业指导相关培训。如2017年5月,就业指导中心全体教师、各学院负责就业工作的副书记、辅导员参加了包含职业生涯规划及商业知识深度认知指导,求职简历制作及投递、单人面试以及群体面试等内容的师资培训,效果良好。接下来根据就业指导课程安排,结合教师自身资质,逐步安排教师参加就业指导相关培训,同时,成立我校就业指导教研室,结合就业工作考核制度,使我校就业指导教师指导水平有所突破,进而为学生提供更好的指导。

其次,积极搭建就业指导咨询平台。目前,就业指导中心个性化咨询网站建设已有雏形,并已建成咨询室,咨询流程、咨询师、来访者管理、咨询平台宣传等个性化咨询平台建设已有初步方案。预计于2018年学年开始正式开放给全校学生,特别是毕业生。

再次,积极推动职业发展教育教学改革。目前,就业指导中心针对2018级新生入学教育中,开创性地采取专业教育和职业发展教育结合的方式,从大一开始培养学生职业意识,特别是专业跟职业发展结合,引导学生对大学四年,乃至职业生涯做出规划。

(二)探索互联网＋就业事务模式,提升人职匹配度

2015年3月李克强总理在政府工作报告中指出:要制定"互联网＋"行动计划,推动移动互联网、云计算、大数据、物联网等与现代制造业结合,促进电子商务、工业互联网和互联网金融健康发展。同时,在我国人力资源社会保障部下发《关于做好2016年全国高校毕业生就业创业工作的通知》中提出"打造互联互通、优质高效的'互联网＋就业服务'模式"。

目前,就业指导中心以成都大学"毕业生就业信息网"以及"成大就业"微信公众号作为信息发布载体,实现了学生生源、签约、派遣以及招聘单位注册、发布招聘信息信息化。在未来,就业指导中心进一步整合资源、微信二次开发,实现学生求职意向和单位需求在就业网上匹配,并自动将学生的简历发给单位,做到毕业生和用人单位的媒介作用,提高人职匹配。

(三)完善就业跟踪反馈,反思育人模式

目前,我校就业指导中心每年形成三份就业反馈报告:成都大学应届毕业生就业质量年度报告,成都大学应届毕业生社会需求与培养质量跟踪评价报

告、成都市属高校大学生就业年度报告,其中一、三由我校编写,二委托第三方专业数据公司编纂完成,同时,来年在全校范围内进行专业解读。以此方式促进人才培养模式和方式的持续改进,完善学校学科专业预警与退出机制,形成招生、人才培养、专业教育的整体联动,促进各专业毕业生综合能力满足社会需求。未来,就业指导中心将进一步完善跟踪反馈机制。对于报告解读的相关建议改进内容,制订改进方案并予以实施。同时,作为用人一方的单位,加强对用人单位的问卷调查,还有加强对准毕业生求职意向调查,进而使就业反馈和跟踪制度进一步完善。

第八章

服务育人模式下美丽公寓建设的探索与创新

第一节　国内外高校学生公寓的形式和特点

一、国内外高校学生公寓建设的基本形式

（一）国外高校学生公寓的基本形式

国外高校学生公寓形式多样，一般只为大一新生和研究生提供住宿，而高年级本科学生在校外租房。不同国籍、不同信仰、不同生活习惯的学生对住宿条件的要求也不一样。美国的高校学生宿舍就布局多样，一般分为集体宿舍型、旅馆型、公寓型、住宅型。采取学院制的住宿方式，学生被分别安排到各个住宿学院，其中集体宿舍型和旅馆型的学生宿舍中，服务设施比较完善。住宅型，主要以单人间为主，独立或合用卫生间，使用公用的起居室和开放式厨房，厨房内有冰箱、微波炉、炉灶等设施。

德国、法国部分高校，大学生以走读为主，学校的大学生事务服务中心一年一般只负责10%的学生入住；韩国虽然校内有公寓，但容纳率非常低，一般情况下不会超过学生的20%。所以大部分学生需要在校外解决住宿。

国外高校施行学生公寓单元化，长走廊的公寓已经被单元布局所代替，英国、美国、德国的公寓主要以4－8人为单元，个别甚至以2－3人为单元。双人间和单人间为主（12－14平方米），房间有单人床、书桌等基本设施。卫生间单用或公用，提供热水。

（二）国内高校学生公寓的基本形式

中华人民共和国成立后三十年内，许多高校采取的是长走廊的集体宿舍，这种宿舍人均建筑面积约4.5平方米左右，一层楼设1－2个公共卫生间、洗浴间，基本上实行限时关门、限电等措施。

进入 80 年代,高校宿舍设计观念逐步改变。1984 年深圳大学学生公寓首次采取了两人间,带卫生间。沿墙一侧为学生桌和挂墙式书架,另一侧为两个单人床。架空层设管理用房和自行车房。楼层设公共活动室,管理上实行收费。之后各个高校陆续建设了一些单元式宿舍,动静分开,卫生状况得到改善。近几年来,随着高校后勤制度改革,学生宿舍建设实行产业化,学生宿舍得到极大改善。

在学生宿舍的建设主体方面,出现了两种形式。一是较多学校主导,使用财政资金,根据学校招生规模及在校生规模建设学生宿舍,由学校进行管理,要求学生必须住在学校。二是实行 BOT 模式的高校公寓建设 BOT(Build – Operate – Transfer,即:建设——经营——转让)模式,是始于 20 世纪 80 年代国际上流行的基础设施项目融资方式,主要是利用私人资本参与基础设施建设。落实到高校学生公寓领域,BOT 的具体操作过程需要地方政府或高校特许授权协议,授权企业承担高校公寓基础设施的融资、建造、经营和维护。在特许期限内,企业拥有其投资建造项目的所有权,允许企业向高校或学生收取适当的费用,以回收项目投资和维护所用的成本,并获得合理利润。在政府资金不足的情况下,BOT 模式解决了高校学生公寓建设资金短缺的问题。

二、国内外高校公寓管理的基本特点

(一)国外高校公寓管理特点

德国高校公寓管理由大学生服务中心管理,其服务不以营利为目的,经费主要由政府划拨。中心按照市场规律运作的机制以及学生导向的服务原则为学生提供价廉物美的后勤服务。中心实行企业化管理,收入主要用于其日常运行管理和后勤服务的支出,利润以用于社会公益活动为主,同时也用于改善大学生学习和生活。日本的大部分高校,通过师生共同建设的"生协"即消费生活协会,来管理学生。

英、美国家的高校专门设有后勤事务管理机构并由校方直接参与其运作。英、美国家高校的学生宿舍的管理在专门后勤机构的直接参与下或以学校直接举办为主。一些办学历史长、规模大、后勤管理经验丰富的高校采取"自办食堂和学生宿舍"的模式。一方面给学生提供了服务;一方面满足了自身的经济效益。在美国比较正规的私立的大学一般都有学校宿舍,普林斯顿大学的学生宿舍称作"书院"。美国的高校为了保证宿舍能更好地为师生服务,一般都定有严格的管理制度。学生可以向主管部门递交申请,确认好房价、住房条件后与宿舍管理部门订立合同。公寓管理上,学生应遵守宿舍管理制度,一般包括会客及客人留宿制度、安静时间制度、家电及电器使用制度以及清洁卫生制度等,同时禁止吸毒、赌博、携带枪支等行为。公寓管理方面制定完备的政策以及规章、条例、程序等作为指导原则,并有一定的专职人员来实施监督和管理。

英美较多高校还在学生公寓设立导师,导师与学生同住,不仅可以对学生的学业进行指导,还指导学生修养之法。如耶鲁大学的住宿学院,被学校作为重要的招生宣传内容。在住宿学院中,师生潜移默化地成为良师益友。这种公寓中实施导师制的管理模式使得管理与育人高度结合,是值得我们学习和借鉴的。

(二)国内高校公寓管理特点

国内对高校公寓管理的研究比国外相对要滞后,然而为了适应我国高等教育发展的需要和后勤社会化改革所带来的变化,国内各高等学校结合自己的实际情况,在高校公寓管理方面积极探索新的管理方法和管理模式。总体是以管理育人、服务育人作为高校公寓管理的基本宗旨,逐步破除以往宿舍管理中的"供给制"的思想,充分调动和激发宿管服务相关部门人员的"服务本位"。国内普遍实行"三位一体"管理模式,即学生公寓管理部门、学生组织、住宿学生联合起来一起负责学生公寓的管理工作。在学生公寓管理科(中心)的管理指导下,成立学生自我管理委员会,充分发挥学生的自我管理作用。在学校进行公寓管理的模式中,大多数高校后勤和学生管理部门分别承担物业服务和学生教育管理的职责。两个部门发挥自身长处,协调配合。但在合作中也常常出现管理、服务和育人方面的中间地带和扯皮现象。

也有高校将公寓育人与物业管理相对分开,学校招标校外物业公司进行公寓物业管理,学校通过将物业公司的服务质量考核和付给其服务费总额挂钩来进行企业服务质量管控。一些用BOT模式建设的公寓即由公寓建设的社会化企业来进行管理,这种形式使高校学生公寓管理与服务能按企业化运转,减轻了学校的负担。但是,大量的事实表明,通过BOT模式建设的公寓在投入、管理和育人上也存在较多问题,较多高校急迫需要回收BOT模式学生公寓。

三、国内外高校学生公寓环境文化建设

(一)国外高校学生公寓环境文化建设

较多重视建筑艺术设计。特别欧美高校,除了一些历史久远的经典建筑继续还保持经典隽永的美感外,很多学生公寓引进现代设计艺术,在建筑外形构造、融入自然环境、内部空间布局、节能环保等方面大胆创新。如麻省理工学院"多孔结构"学生公寓——西蒙斯楼、哥本哈根大学的圆形结构学生公寓、华盛顿大学西校区学生公寓、英国森德兰潘斯河岸学生公寓等,堪称现代建筑艺术经典。

普遍注重设置大量公共交流区。较多国外高校学生公寓在建设中充分考虑

学生的内部交流及学生与周围环境的交流畅通,让学生公寓充满开放性。很多学生公寓每一层都有宽大的交流区,很多建设有配套的咖啡厅、餐厅用于交流。一些公寓采用组团方式,多个起居室共用一个大客厅。如麻省理工学院学生公寓西蒙斯楼的大门厅;丹麦哥本哈根大学学生公寓的内院、开放式的露台外廊、公用厨房和娱乐室等空间;荷兰阿姆斯特丹市学生公寓门口以公共广场的形式与社区区域连通。

生活设施配套齐全。较多国外学生公寓注重学生公寓楼和区域内的配套设施建设,方便学生生活。以耶鲁大学的住宿学院为典型代表,其中建有健身房、大型厨房餐厅、阅览室、小型演出排练厅、咖啡厅、便捷现代的洗衣设施,可以说一应俱全。麻省理工学院学生公寓西蒙斯楼建有一个125座的剧院和一个午夜咖啡厅。新加坡国立大学宿舍楼下建有大型星巴克店,学生在这里休闲学习,几分钟便可回到宿舍。厨房餐厅几乎是欧美高校学生公寓的标配。

重视生态绿化和建筑色彩装饰搭配,营造魅力空间。欧美高校学生公寓普遍重视室外的生态建设,普遍配以草坪、大树,生态宜居。英国森德兰潘斯河岸学生公寓在设计中尽可能创造沿河景观。南丹麦大学学生宿舍普遍设计落地窗,让每间宿舍的房间都能够拥有一片蓝天绿地。国外较多学生公寓在建筑色彩搭配方面也用尽心思。伦敦学生公寓 Scape 超微型住宅内部以纯白为基底的空间,点缀桃红、亮黄的鲜艳彩色色块,增添空间更多活力。

建设主题公寓。在常人眼中,学生公寓不过是供学生们居住的场所。对于美国得克萨斯州大学奥斯汀分校来说,公寓却是一个可供开发的创意空间。通过将博物馆理念引入公寓空间的设计,该校的学生公寓已不仅仅是学生们的居住地,而且成为一个为学生提供参观、集会、学习知识的机会的平台。

(二)国内高校学生公寓环境文化建设

国内学生公寓普遍比较朴素。走进大多数高校,看到一栋栋并排的、有着蜂窝状众多整齐的窗户、六层楼左右高的建筑,就知道是学生公寓了。囿于人口多、大学生多、高校主要依靠财政拨款、土地资源稀缺等因素,高校在学生公寓建筑方面普遍采用最经济适用、最大利用度的建设方式,没有过多资金追求学生公寓的建筑艺术。但在中国经济不断快速发展、高校及学生不断提升需求和追求的背景下,学生公寓的建筑艺术及环境文化建设方面也呈现了不少新的动向。

建筑新理念。如四川美院公寓项目立面设计引入"书架"概念,底层局部架空供人、车行走。底层房间作为公寓的附属配套服务设备用房(如:小商店、洗衣房、物业管理办公室、健身房、桑拿房、水泵房等)。四川国际标榜学院的学生公寓,以"小聚团、多功能、生活学习大社区"的思路建设,别具一格。

书院制公寓文化建设。以绍兴文理学院为代表,将学生公寓打造成书院,冠以历史文化名人名称,梳理传播各个书院的文化精神。用书院文化载体形式装扮公寓各类空间,让学生公寓呈现浓郁的文化气息。湖南大学也以岳麓书院文化为依托,制作大量书院文化载体,为学生公寓区接续传承千年的书院文化气息。

公寓各类功能空间建设。在标准化公寓建设的趋势下,各地高校纷纷出台本地的标准化要求。浙江省要求本省各高校学生公寓都要具备包括学习室、活动室、阅览室、心理咨询室等在内的"六室两房"。一些高校根据自身公寓建筑特点,挖掘空间,建设公寓自助服务室、厨房、健身室等,并为学生配备微波炉、电吹风、熨烫机、自助售货机等生活服务设施。

公寓装饰装扮。很多高校已经不满足于"朴素"的公寓环境,开始建设公寓的门厅文化、楼道文化,甚至采用主题酒店的思路进行公寓设计(如中国茶文化)。各高校从学生活动角度组织学生进行寝室美化设计大赛,学生们自己动手美化寝室,创意丰富。

第二节 成都学院美丽公寓建设思路和举措

成都学院近年大力开展"服务型机关"和"创新型学工"建设,以人为本,大力美化校园环境,提升师生服务功能,加强环境育人和服务育人。在学生公寓建设方面开展了"三室一厅"建设项目,带动了学生公寓从硬件到软件服务育人的提档升级。

一、美丽公寓建设的背景和依据

(一)环境育人和服务育人是公寓育人的特色和重要领域

2004年中央16号文件指出,要坚持解决思想问题和解决实际问题相结合。要努力拓展新形势下大学生思想政治教育的有效途径,大力加强校园文化建设,把德育与美育有机结合起来,完善校园文化活动设施。习近平总书记指出,思想政治工作从根本上说是做人的工作,必须围绕学生、关照学生、服务学生。高校学生公寓是学生必须且长时间驻留之地,有大量的环境空间可供美化,有大量的学生实际问题需要应对,有大量丰富的教育成长契机可供把握。且学生公寓和学生寝室内部"脏乱差"问题是老大难问题。加强公寓育人,做优环境育人和服务育人,是高校后勤保障领域服务学生生活需求、落实全员育人、全过程育人、全方位育人的应有之义,也是学生公寓在育人方面异于高校其他环境的特色和重要领域。

(二)标准化公寓建设引领高校学生公寓更加宜居宜人

2016年,中国教育后勤协会根据我国经济社会发展和高校学生公寓建设实际,发布《全国高校标准化学生公寓创建指导标准》,对提升高校学生公寓管理服务总体水平、建设宜居、怡人的现代化学生公寓提出全面具体的要求。标准化体系中对公寓内外环境建设、文化设施建设、服务软硬件建设、思政进公寓建设等列举了详细的指标要求,区分了初级和高级两种阶段。标准化体系为公寓建设的全面性、系统性和教育公平提供了重要的支撑。在标准的指引下,未来的高校学生公寓的发展方向一定是更加方便、更加舒适、更加健康、更具有育人功能,一定也是更加美丽。

(三)成都学院大力加强校园环境建设"美丽校园"成特色

响应师生述求,做优环境和文化,成都学院近年着力加强校园环境和文化建设,先后完成全校域园林湖岸改造、张澜大道景观改造、地面和人行道更新、各学院"三室一厅"、全校食堂(含"网红"食堂)、学生事务服务大厅、教师事务服务大厅、学生活动中心、学生商业服务一条街、运动场馆、校园标识标牌、学校大门、成洛路外立面、教学楼、图书馆、各类生活服务设施等项目美化和文化建设。学校面貌焕然一新,师生满意度提升,环境熏陶育人效应溢出,社会反响良好,国内多所高校同人来校参观交流。"美丽校园"建设成为学校近期建设的一项重点,学生公寓自是应乘东风旧貌换新颜。

(四)"服务型机关"和"创新型学工"对公寓工作提出新要求

按照成都市委市政府"高水平建设成都学院"的规划和部署,学校大力开展竞争力学院、创新型学工、服务型机关等三大建设。其中"创新型学工"建设提出"做优三大空间"的工作思路和举措,包括做优学生学习空间、活动空间和生活空间。学生宿舍是学生生活空间的主要区域,也是学校建设的重点范围。在创新型学工2.0版又提出,要全面实现学生公寓标准化建设。"服务型机关"建设提出"以师生为尊"的行政和后勤工作理念,要求后勤服务要切实放下架子,为师生服好务。学校主要领导高度重视公寓工作,要求学生公寓建设品质要和成都学院作为国家中心城市的唯一一所市属本科大学定位相匹配,要切实明确学生公寓及公寓宿管队伍的服务本位,让学生在优质的生活环境和高品质的服务体验中习得现代文明。为加强公寓育人工作,学校党委决定由党委学工部牵头公寓工作,成立了由党委学工部为办公室单位的学生宿舍管理委员会。

二、成都学院美丽公寓建设的思路和举措

在学校全面审视"三全育人"格局、加强后勤保障服务融入大学生思想政治教育大格局、高度重视学生公寓建设的背景和喜人形势下,提出将学生公寓建设成为"功能完善、安全稳定、清洁文明、和谐奋进"的"橙子之家",把学生宿舍命名为"橙园",即成大学子(谐音"橙子")的家园,着力营造美观舒适、宾至如归的家园文化。同时提出"学生公寓人文化、管理理念现代化、管理服务精细化"的"三化"建设目标理念。按照星级酒店品质美化打造学生公寓"三室一厅",建设美丽公寓,用与成都国家中心城市相匹配的现代文明来涵养我们的大学生,让他们早日拥有现代化、国际化的文明气质。公寓建设育人为本,在校园整体美化的契机下,学校将"环境美、服务美、和谐美、心灵美"作为"美丽公寓"建设四要素。

(一)美丽公寓之环境育人

1. 美化公寓"三室一厅",让公寓外表"靓"起来

建美丽公寓,从美容开始。学校从 2015 年下半年开始,选定学生公寓 11－16 栋实施美丽公寓"三室一厅"首期项目,对楼栋门厅、自助服务室、学习室、活动室、辅导员工作站等进行装修装饰,精心美化,总面积逾 1000 平方米,投资总额近 70 万元。1－10 栋"三室一厅"1200 平方米基装也基本完成。

公寓门厅"大气之美"。对公寓美容,门厅首当其冲,在门厅建设中,通过吊顶、灯光、墙面漆、窗帘改造,营造大气、多彩和温馨氛围;在墙面装扮信息汇、服务榜、学工榜和"橙园"系列 LOGO 标识、"橙子之家"文化墙;在地面布置服务台、休闲沙发、绿植、水牌,力图比肩星级酒店颜值和气质。

自助服务室"生活之美"。自助服务室是同学们日常生活中几乎人人要去、天天要去的地方。我们除对吊顶、墙面、灯光和门进行改造外,还配以精致镜面、玻璃台面、画框、花篮,和具有现代气质的自助售货机、自助熨烫机,让橙子们在日常生活中感受到美的熏陶。

学习室"书香之美"。学习室多采用木地板、配上咖啡桌和皮质/布艺座椅,设置同学们喜爱的吧台和高脚凳、保护视力的艺术吊灯,定制书架摆放书籍和各类装饰艺术小件,主题墙用装饰树、相框镶嵌软木板,既方便学习讨论甚至教学,更给同学们营造出有书香、有格调的舒适型学习环境。

活动室"灵动之美"。为体现活动室的功能特点,内部桌子采用圆形咖啡桌,座椅采用鲜艳布艺增加生动性,让同学们在室内开展活动时能更加自然和随意。

辅导员工作站和"朋辈知心小屋""温馨之美"。辅导员工作站和知心小屋是师生交流谈心的地方,环境设置上要突出温馨基调,所以我们采用富有温度的木

地板,配以舒适温暖的沙发茶几、小坐墩,悬挂艺术顶灯,加设落地台灯,营造出师生交流、朋辈心灵互动的温暖氛围。

2. 建"一院一品牌,一楼一风景",让穿行空间"有品位有文化"

学生公寓有大量的走廊空间,非常适合做静态文化展示,单靠宿管中心很难做出专业文化特色。我们就和二级学院一道,将各学院的集中住宿楼栋视为二级学院的专业文化展示阵地和专业人才培养的第二空间,宿管中心和二级学院共同出资,由二级学院牵头建设"一院一品牌,一楼一风景"项目,这种机制一经实施就得到积极响应,外国语学院建成寝室愿景文化墙、师范学院建成手工艺品展示长廊、美术与影视学院建成学生美术作品长廊、旅游与经济管理学院建成人文旅游景观长廊,等等。这些文化展示和学院教育教学活动紧密相连,根据学生学习进程可随时更换。这样一来,越来越多的公寓走廊从单调走向丰富,让大学生在时空穿行的过程中感受到"美"的熏陶和专业文化潜移默化的影响。

3. 统一设计制作标识标牌,让楼栋符号具"现代"美

现代高校的学生宿舍应该更具有现代公寓的气质。学校投资 15 万元,专门设计制作了现代酒店类建筑标配的公寓楼层号、房号指示牌、寝室和功能房门牌、消防逃生指示牌等高品质标识;还在公寓中广泛应用"橙园"系列 LOGO 标识,增加"现代"建筑的符号认知,强化广大学生对学生公寓"橙子之家"的识别度和归属感。

4. 引导绿植和书香文化,让寝室有"生态和书香"

在学生寝室美化建设中,我们提倡同学们在不影响寝室安全、不破坏环境设施的基础上自主设计、美化寝室,特别倡导绿植文化和书香寝室建设,在寝室文化活动中也多以绿植为奖品,不少寝室有花草装扮,生态怡人,书画装饰,书香育人。

在此基础上,各二级学院纷纷开展寝室摄影、寝室 LOGO 设计大赛、寝室命名大赛、寝室设计创意比赛。广大同学的创意无穷,美不胜收。我们发现,美就像一颗种子,深植在每一个人的内心,一有机会,就会开出花朵,如果给予充足的阳光雨露,这株花朵一定会华丽绽放。

(二)美丽公寓之服务育人

1. 扩大大厅一站式服务集散功能,提出"管家式"服务

在美化大厅过程中,不能忘记功能第一位,服务第一位。以宿管服务台为中心,聚合和拓展服务学生功能,强调宿管、保洁服务为主的定位,转变服务态度,提升素质能力,鼓励宿管帮忙代办学生生活事务,开展精细化服务,不断实现"有事找宿妈"的"管家式"宿管变革。同时,精心设计宿管春秋制服,挖掘和展现宿管服务之美;评比感动公寓人物,宣传爱岗敬业和甘于奉献的精神品质,激励宿管人员

在平凡岗位展现"人格之美"。

在 2016 年迎新季,学校借鉴他校先进经验,大力精简改进迎新工作流程,将迎新接待设在公寓门厅,方便新生到校即入住。宿管员经培训,通过迎新系统可独立完成新生报到手续,实现迎新楼栋报到"60 秒"一站完成。学生床上用品和军训服等个人物品事先在网上订购,经由宿管员提前分配并逐一放置在学生网上自主选择的寝室内。这种高度精简的人性化服务,得到广大新生和家长无数的点赞,提高了学校的美誉度,充分展现了服务育人的魅力。

2. 完善公寓内各类自助服务设施,倡导"自助式"生活

按照标准化公寓要求,完善各类功能房,让同学们在公寓内即可实现自助购物、水果购买、热餐、打印、熨烫、缝纫、小创伤临时处理、自行车打气、洗衣、打开水、洗热水澡等生活需求,既方便,又经济。这种自助式生活本身符合现代节约型社会的内涵,在提升同学们现代化生活体验的基础上,让他们腾出更多时间追求"诗和远方"。

3. 增加各类交流聚会场所,营造"咖啡式"惬意

在公寓大厅、活动室、辅导员工作站、楼道空间等,只要有多余的空间,不影响消防,学校都因地制宜,设置了温馨舒适的交流区域。一杯茶、一杯咖啡,大学生可在公寓社区体验"咖啡式"惬意栖居,同时也被潜意识地鼓励走出寝室,敞开心扉,交友交流,避免单调的手机控和网络控带来的封闭和孤独。

4. 提供学习和各类活动场地设施,打造"学习型"社区

学习室、活动室等为学生提供了既离开嘈杂的寝室又足不出楼的学习场所,各类小型会议和活动都可在楼栋进行。在公寓区放置报架和各类书籍,图书馆刚下架的期刊全部转存到这里。正在探索"名师小屋"运行机制,更多呈现"社区学院"的教育功能。

功能为王,服务至上。不怕做不到,就怕想不到。需求有多大,供给越有力。服务的广度和深度考量着公寓人和高校的人本之道,影响大学生在象牙塔公寓里的生活质量和生活方式。

(三)美丽公寓之思政育人

1. 思政工作各要素全面布局公寓

高校公寓工作也应以生为本,德育为先。学校在公寓社区建立了党员服务站、团员服务站、辅导员工作站、朋辈知心小屋、就业指导站等思政工作空间。实行各栋公寓思政工作学院负责制,每栋聘请辅导员栋长,明确各栋公寓党建、团建、心理、就业指导老师。通过公寓思政任务清单台账、学生工作集体和个人年度考核、专项工作协同等方式推动和落实各项公寓思政工作,公寓育人全要素全时

空的工作格局完善形成。在公寓社区,可以参加心理拓展活动,可以预约朋辈心理咨询;经常看到就业指导老师就在隔壁活动室和同学们天马行空聊未来,聊就业;专业大咖走进宿舍和慕名而来穿着拖鞋的同学一起举行沙龙读书会;党员同志和结对寝室同学们促膝谈心……思政工作在占领公寓阵地的同时,用生动性和亲和力赢得青年学生。

2. 与住宿学生密切互动构建和谐公寓

青年大学生社会化的关键环境包括公寓,和谐是高校公寓社区极其重要的业务范畴,也是考察高校公寓工作和整体工作好坏的重要指标。

为加强寝室和谐,提高大学生在寝室和谐相处的能力,学校每年都举办"给室友的一封信""最美室友推荐评比"活动,校院层面组织开展以寝室为单位的体育竞赛、文艺比拼;更多通过微信微博专题发送和谐相处的心灵鸡汤,告知同学们"处一室而能处天下"的道理。同时高度重视寝室争端的处理,尽量满足因寝室争端提出的调寝申请。时间和经历是最好的愈合剂,我们相信,当代大学生尽管背负着独生子女的种种个性,他们也能修炼成融入集体、团队合作的未来战士。

和谐是要解决问题,和谐需要关心关怀。学校经常举行"校长面对面""职能部门面对面"师生座谈会,学工人员进驻和走访学生宿舍,宿管中心定期组织"橙园心连心交流会"和"住宿学生情况反馈交流会",定期通报学生住宿情况。同时,通过网上"师生服务热线"和校长书记信箱、微博微信等方式听取意见建议,及时责成相关部门学院解决学生问题。资助中心每年春节为留宿学生送上过年礼物礼金。宿管中心暑假组织留校学生消暑吃西瓜歌舞联谊。年三十为留校同学送去饺子、专门建微信组团抢红包……爱在公寓,温暖在公寓。

2016年的宿管满意度调查中,学生对宿舍管理服务的满意度达90.9%,对宿管员的投诉率大大降低。走进楼栋,随时可以听到同学们和宿管员相互称呼对方"阿姨""栋妈好""妹妹""乖乖好"……温馨温暖在公寓荡漾。

3. 广大学子在住宿生活中不断提升自我

大学生自我教育、自我管理、自我服务是公寓育人的重要途径和大学生们自我发展的必然选择。学校建立有学生公寓自我管理组织——校学生宿管会,与各二级学院生活部协同开展工作,每个楼栋设立学生楼栋社区委员会,设置勤工助学楼长岗位。这些大学生自组织充分发挥学校主人翁作用,积极组织开展寝室文化活动月、"绿色周二"清洁扫除、"文明寝室"评比活动月、主题寝室设计和创建等活动,创意丰富,组织有力,广大住宿学生积极参与,在参与中提升自我,美化心灵,全面发展。

第三节　美丽公寓建设的效果与持续发展

一、美丽公寓建设的效果

(一)广大住宿学生的住宿满意度和自豪感大大增加

首批学生公寓"三室一厅"建成后,这些楼栋住宿学生的住宿满意度、幸福感和自豪感飙升,调查中95%的同学认为公寓大厅"棒极了""挺美",90%以上的同学认为学习室活动室"挺漂亮",80%以上认为自助服务室"挺漂亮,功能完善",并对完善自助服务室建言献策。首批美化改造楼栋的学生普遍表示"愿意一直住在这个楼栋"且"说什么也不愿意搬到没有三室一厅的楼栋"。有的没有美化改造的楼栋同学在微博中发表感慨:"世界上最远的距离就是我们楼栋和15栋的距离。"同学们更加积极参与公寓的环境建设,寝室卫生优秀率持续提高。更有其他高校的学生们在微博上感慨,这是"别人家的宿舍"。

(二)学生在公寓文明行为和学习风气愈加改善

公寓变美后,不少同学在欣喜的同时更加注意自己的行为。调查中98%的同学"有一种小心经过的感觉,怕把大厅弄脏了"。广大学生更加积极参与"文明寝室"创建,针对大学生的日常清洁文明教育显得更易沟通和达到目标。学校为公寓学习室配置了大量的书籍,实行开放式管理,学生根据自己需要自助取阅,也可以带回寝室阅读,但都能自觉归还,没有出现一本丢失。2017毕业季,较多毕业生在离校前主动将寝室收拾打扫得一尘不染,给学弟/学妹留下一个干净整洁的寝室。公寓学习室活动室常常人满为患,一座难求。常常在晚间很晚学习室的灯还亮着,离开学习室时总能打扫好卫生、关闭窗户、灯、门。考研寝室逐渐增加,带动学校考研率的提升。教师们走进公寓,和同学们交心谈心,励志成长,让同学们既莫名叹息更感慨感动,老师和学生们那颗不安分的心,一起跳动。

(三)学生公寓的和谐程度及对宿管的满意度进一步提升

对宿管员工进行"美丽"包装后,宿管员工在和学生交流沟通的时候更加注重"服务"本位,注重沟通方式,确保沟通效果。近两年来,学生对宿管的投诉大大减少了。宿管队伍中,涌现出能记住所有学生姓名的"扫描仪"阿姨。宿管老师和学生的感情更好了,学生路过大厅时大多和阿姨互相打招呼,关系更加亲密,氛围更加和谐。有专家肯定:我校宿管团队通过多年的建设,"闲适管人气退了,精气神不一样了,现代育人气派浓了"。学生寝室内部的和谐程度提高了。楼栋拔河比赛让各栋学生凝聚力大增。"给室友的一封信"活动中惊喜地看到室友间的相互关爱的感人故事。在"十佳文明寝室"评比中看到室友们一起争取荣誉的感人场面。党员结对寝室活动经常举行，公寓的温暖在集聚。2017毕业季中，有毕业生给学弟留下各种有用的物品，还倾情写下"给未来学弟的一封信"，人民网微博报道后引百万人次观看。

（四）家长和社会对学生公寓和学校的美誉认可增加

美丽公寓建设获得社会广泛认可。特别在迎新季，大量新生家长来到学校，看到亮丽的公寓大厅和生活学习功能房，均给予赞许的眼光和评价。不少家长还在公寓和孩子一起合影留念。各界人士来到成都学院，惊叹地说，学生宿舍居然还可以建成这样，真是新鲜。经过美化改造后的15、16栋于2017年获授四川省教育厅"示范性标准化学生公寓"。学校在2017年上半年先后受邀在四川省寓专会和全国寓专会年会上做《建设美丽公寓，践行环境育人》的交流报告，引起各高校公寓同人积极关注，多所高校表示将立项开展类似公寓美化工作。四川省和成都市多家媒体造访了公寓，多方报道学校建设美丽公寓。重视环境育人，美丽公寓建设成为学校富有吸引力的因素之一，为学校赢得优质生源、扩大社会影响力给力加分。

二、美丽公寓建设的持续发展

（一）加大投入创新机制加强环境和文化建设

美丽公寓建设首先是环境和文化建设，学校必须要有持续的投入才能首先在外观上美化公寓，除了按照比例提取宿舍工作经费外，还应努力开源争取专项经费投入。2017年，学校将完成投入1300余万的老校区公寓改造翻新，设置并美化老校区公寓的自助服务室、学习室、活动室、辅导员工作站、党团工作室，让全校住宿学生都能享受"美丽公寓"的待遇。比照星级酒店品质完成装修留学生和研究生楼（全部2人间）。同时，在楼栋文化建设方面，应充分调动学院积极性。我校拟参照书院建设思路，通过校、院合作投入机制，建成以文新学院国学特色社区"水一方"、师范学院"书香寝室"为典型代表的多个具有鲜明学科专业特色和独特文化氛围的学生楼栋社区，将公寓文化建设引向深入。在寝室环境建设中，应充分调动学生积极性。我校将通过物质精神鼓励和评价体系引导，鼓励广大学生建设包括环境、文化和兴趣发展在内的综合发展主题寝室，带动学生寝室内部的"持续美丽"。

（二）借势而上党团引领加强思政进公寓

"美丽公寓"贵在有内涵，有气质，有活力。高校学生公寓稳定、和谐并富有活力,关键在人,关键在关心关照住宿学生,关键在培育引导住宿学生。上述的关键都要求强有力的公寓思政工作。加强学生公寓思政工作要和党团组织建设创新相契合,充分发挥党团组织建设在学生公寓工作中的积极作用。我校在目前建设学生公寓党团服务站的基础上,将学习有关高校经验,建设学生公寓党团组织,与二级学院党团组织联动发力,开展党团员示范建设和传帮带系列活动等,以党团组织的政治性先进性带动学生公寓的政治建设和良好风气建设。同时,充分发挥学生公寓的场地载体功能,加强心理、就业创业咨询指导、专业指导等工作进公寓,扩大朋辈爱心小屋建设,发挥朋辈心理宣传、朋辈心理能力建设及公寓一线防范处理心理危机的积极作用;强化辅导员和专业老师进公寓工作,开展"辅导员公寓茶座"和"名师小屋"等活动。

(三)以服务理念和公寓信息化建设牵引公寓建设服务更上台阶

公寓主要是大学生生活聚居区,当代大学生的生活和发展需求随着时代进步和经济发展不断提升和丰富,学校在正视和响应大学生生活需求过程中,需要宿管相关工作部门及员工切实深化服务意识,一方面提供必要且可能的生活服务条件,使公寓配套生活条件不断丰富化、便利化和现代化,比如因地制宜在公寓区建咖啡馆、健身房等,采取合适机制加强空调、24小时热水建设。另一方面宿管服务员工要进一步加强服务意识、服务能力建设,关注学生的生活学习状态,增加服务的附加值,以良好的敬业精神和思想品德,做潜移默化、春风化雨的育人工作,让宿管老师成为"美丽公寓"的美丽化身,引领大学生由内而外的"美丽前行"。此外,随着智慧校园、智慧后勤的深化,信息化建设成为提升公寓服务质量的关键技术(配置)和载体。做好公寓服务系统、手机服务端、公寓生活微博微信等新媒体,适应广大学生虚拟生活、跨越时空、高效生活的发展需求,将学生公寓建成全时空、全要素、多主体互联互通的智慧联合体,使之由内而外地散发出适应时代的健康美感。

第九章

服务育人模式下社团育人的探索与创新

共青团中央、教育部 2005 年颁布的《关于加强和改进大学生社团工作的意见》中明确指出:"高校学生社团活动是实施素质教育的重要途径和有效方式,在加强校园文化建设、提高学生综合素质、引导学生适应社会、促进学生成才就业等方面发挥着重要作用,是新形势下有效凝聚学生、开展思想政治教育的重要组织动员方式,是以班级、年级为主开展学生思想政治教育的重要补充。"随着自我意识、个性心理更强的 95 后大学生成为在校生主体,作为校园非官方组织,高校社团以其影响的广泛性、参与者的自主性、活动方式的多样性,更为学生们所认同和喜爱。这一学生自组织在服务大学生个性化成长、提升实践创新能力等方面的促进作用越来越明显,已成为思想政治理论教育的第二课堂,是实施素质教育的重要平台和展现校园文化的重要渠道。

第一节　学生社团育人功能及其实现

一、学生社团的育人功能

(一)价值导向功能

面对复杂的社会舆论和多元的价值取向,大学生大多喜欢求新、求异,乐于探索和发现。健康向上的社团活动在传播先进思想,弘扬先进文化,陶冶道德情操,锤炼思想品格,实现思想政治教育目标,引导大学生确立正确的政治方向和立场,自觉抵制各种不良思想侵害,树立正确的世界观、人生观和价值观,提升大学生辨别是非、美丑、善恶的能力,锻炼大学生的积极向上的心理品质,培养高尚道德情操等方面发挥导向作用。我校红十字会、蒲公英关爱留守儿童志愿服务队、"生命澍"无偿献血宣传服务队长期开展敬老、支教、献血宣传、急救培训等公益志愿活动,通过参与这些活动,社员不仅可以提升技能,还可以在帮助别人的过程中收获人生价值实现的快乐和满足,培养尊老爱幼、乐于助人的价值观。我校街舞社、美术协会、柳莺剧社、女生协会、仓庚国学社则通过活动教授艺术技能、培养礼仪形体,传承历史文化,提升学生的艺术修养,培育人文情怀。

(二)凝聚激励功能

社团是大学生在共同兴趣和爱好的基础上自发组建的学生组织,具有相对完备的组织体系和活动机制。通过加入社团,逐步感受和认识社团宗旨、社团文化、社团制度,积极参与社团活动,逐步培养社员对社团的认同感、归属感和凝聚力、向心力。特别是组织活动中社员之间的相互沟通、理解、协作,共同完成任务的过程,有利于培养社员集体荣誉感和团队协作精神。我校各类社团,以体育类社团最为明显,经常开展集体训练、外出参赛交流等活动,如奔跑者协会的环校跑训练、自行车协会的青龙湖骑行训练、轮滑社和跆拳道的校外交流赛活动。社员通过与内部成员、外部人员的技艺切磋,发现自身的不足,激励社员在之后加强训练,提升技能。所有的比赛、活动都离不开团队的支持,参与活动可以提升组织能力、协调能力和领导能力,能够培养社员的团队合作精神,增强凝聚力,提高归属感。

(三)综合调节功能

社团活动既是学生对专业学习的巩固,更是综合知识延伸,有利于大学生开阔视野、完善知识结构、提高综合知识面;社员以兴趣和热情投身社团活动,在遇到挫折和产生心理障碍时,社团活动也是抒发情感和调整情绪的有效平台。同时,社员在社团活动中可以与不同院系、不同专业的师生沟通交流,利用社团为大学生提供的广泛人际交往空间,提高人际交往能力。近年来,我校兴起了很多科技理论类社团,如数学建模协会、erp 协会、bim 协会、测绘地理信息协会、成都学院青年马克思主义研习会等,这些协会为热爱科学、理论研究的学生提供了广阔的平台,学生可以在社团内自由组队,在老师的指导下完成项目,进一步提升自身的专业技能和理论水平。此外,社员来自不同的学院、不同的专业,社员可以在社团中找到志同道合的小伙伴,让自己的大学校园生活更加的丰富多彩。

二、学生社团育人功能的实现路径和方法

(一)引导学生社团的正确发展方向

高校在开展大学生思想政治教育时应充分考虑社团的地位和作用,加强组织领导和思想引领,有计划地组织政治方向正确、学术氛围浓厚、知识趣味一体的社团活动,既体现主旋律又形式多样,让大学生在社团活动的积极影响下成长成才;社团作为学生自组织,在组织上表现为群众性和自发性,社团成员水平参差不齐,活动形式千差万别,社团建设和社团活动在党团组织指导下开展,既不同于校院学生组织活动有诸多规范限制,又不同于毫无指导的群众自发性活动的盲目性和随意性,能做到"收""放"并重,"管""导"并重,这样社团活动才能做到既吸引广大学生自愿参与,又坚持社团建设发展的正确方向。

(二)充分发挥指导教师在学生社团中重要作用

社团虽然以学生自我管理为主,但社团指导教师是社团良性发展的重要保证,选聘有较高专业素养和较强责任心的社团指导教师,能为社团的发展提供具有前瞻性、全局性的规划意见和管理指导,促进社团健康、长远发展;指导教师是社团成员期待的专家和朋友,是大学生成长的引路人,发挥着联系社团与学校的桥梁和纽带作用,其管理指导的有效性直接决定了社团的健康、有序发展,也影响着社团思想政治教育功能的实现。

(三)坚持以优秀的社团文化凝聚和激励社员

社团建设得如何? 凝聚力如何? 与社团负责人的思想素质、综合能力、工作方法、管理能力紧密相关。因此,社团负责人的遴选、培养和工作指导非常重要。选拔好社团负责人,将思想素质过硬、业务素质扎实、综合能力突出、主动承担和奉献的优秀学生选拔到社团负责人的岗位上,以优秀的社团负责人为基础建立社团骨干核心成员,不断营造良好的社团活动氛围。同时须尊重社团建设的基本规律,给予社团建设和社团活动足够的自主空间,给予社团组织场地、经费和业务指导等相应的支持,帮助社团将其独特的社团活动与思想引领、校园文化有机结合起来,凝聚、带动、引领、激励社团成员。

(四)以高品质的社团活动提升学生素质

社团的生命力在于通过灵活多样、丰富多彩的活动吸引学生,使学生乐于参与并从中受益。理论研究型社团既可邀请专家学者对学生进行理论辅导,又可针对学生关注的国际国内时事、社会热点等问题组织辩论、研讨、调研活动,促进理论研究和实践探讨的结合,推动理论知识的升华;兴趣爱好型社团,学生既可自行安排演出交流,又可联系社会文艺团体、高校同类型社团学习交流,既促进了各学校之间的互动,又促进社员在相关文化艺术领域上的专业提升。

(五)打造个性化特色社团

当前高校社团种类繁多、特色明显,应充分发挥社团活动自身的优势和魅力吸引学生积极参与。要把握社团建设的特点,坚持"以点带面"分类管理,将社团活动按其活动内容和形式分为理论学习、学术科技、兴趣爱好和社会公益等多种类型。在每一类型中着力扶持一部分建设基础好、骨干成员较成熟的社团,发挥优秀社团的带动和引领作用,以点带面,实现整个社团组织的良性运行。对于理论学习型社团,应重点予以扶持和帮助,将理论学习与兴趣点相结合,让理论学习更结合实际,更接地气;对学术科技型社团,应重点鼓励社员参加各类创新创业大赛,以赛促建,使学生在比赛、获奖和展示的过程中获得成就感、激发学生参与活动的热情;对兴趣爱好型社团,应予以引导,从提升活动品质和层次上吸引更多学生参与;对社会公益型社团,应从联系社会热点和公益需求入手,让学生在实践活动中实现帮助社会、服务社会的自身价值,培养社会责任感。

(六)科学构建学生社团的考核评价机制

着力构建有效合理的培育、督导、评估机制是高校社团科学发展的重要保证。尝试将大学生参与社团的情况与学分制、综合素质测评等环节紧密结合,进一步提升参与社团活动的吸引力。其次,社团管理组织要在广泛调研的基础上,制定、社团主要学生干部和社员的考核制度,引入人才竞争机制,形成优胜劣汰的良好氛围。

第二节　成都学院社团建设的主要做法

一、学校专项支持,扶持社团建设与发展

为服务学生成长成才,满足学生兴趣发展需要,提升学生综合素质,丰富校园文化生活,营造青春活力校园氛围,学校每年从创新创业经费中拨出专项经费支持社团开展活动。团委根据当年社团活动申报、社团建设发展和社团活动开展等实际情况,对社团提交的立项申请进行审批,重点支持有特色、有吸引力、有影响力的社团活动,引导社团方向,提升社团活力,促进社团建设。以 2016 年为例,学校立项支持社团活动共 45 项,如手语协会的第二届四川省高校手语大赛、日映汉服社的汉服与传统礼乐传承系列文化活动、仓庚国学社的成都高校国学类社团联盟成立仪式及"翰墨飘香,以文会友"国学文化交流展。据不完全统计,以上学生社团活动参与总人数达两万人,不仅帮助社团扩大了影响力,提高了声誉度,还让更多学生认识和了解社团及社团活动,在兴趣爱好的引导下加入社团,并在组织、参与活动的过程中提升自身综合素质。

学校立项支持社团联合会组织社团游园会、社团文化节等大型项目。上半年,学生社团联合会组织社团举办了体育类社团风采展示、"游园千里来相会"第三届社团游园会、第二届国际合作交流周之社团活动日等 3 场主题鲜明、各具特色的游园活动,参与人数达 5000 人以上,丰富学生校园文化生活的同时,也向校

内外人士、国际友人展示了我校社团的青春风采。下半年,学生社团联合会举办了为期两个月的第二十届社团文化节。本届文化节包括"廿载春秋"成都学院第二十届社团文化节开幕式暨社团风采展示、"时光·印象"社团二十周年照片展、四川省高校社团管理发展沙龙、"忆廿载·梦未央"第二十届社团文化节闭幕式晚会等4大板块,民族舞蹈协会彝族年晚会、模特礼仪协会年度模特庆典、红十字会十年庆祝活动等单项社团活动,完成社团招新、社团文化节传承、社团发展探讨等目标,为社团注入新鲜血液,进一步推动其发展的同时,给予社团更大的展示平台,延续我校文化节传统。在此基础上,开展了高校社团管理发展沙龙,学习先进建设经验和管理手段,有利于我校社团的改革创新。

二、开展课程化建设,加强理论引导,提升活动水平

为深入贯彻、落实《关于加强和改进大学生社团工作的意见》的文件精神,充分挖掘社团思想政治教育功能,学校从2012年开始探索社团课程化建设,初步确定"搭建教务与学工系统密切合作育人的平台""依托社团组织形式开展相关教学工作""根据社团具体情况开设相关选修课程"等3条路径模式①。学校成立以教务处和团委等部门共同组成的学生社团课程化建设领导小组,指导单位和学院积极配合,鼓励、支持更多的社团指导教师开设相关课程,教务处则根据开课情况,安排课程授课时间、地点,录入学分等具体工作。这个一小组领导、两主管部门协作、多单位配合的社团课程化建设平台,为我校社团教学工作,选修课程开设提供了坚实的保障。从2012年起,学校每年均开设15至20门与社团相关的全校性公选课,如基于奔跑者协会开设的《运动与健康》、基于forgange极限飞盘协会开设的《极限飞盘》、基于裁判协会开设的《CUBA篮球裁判员培养》、基于大风文学社的《中国诗歌艺术》、基于职前实践协会的《大学生求职攻略》等。这些课程给予了社团更多专业指导,丰富了学校公选课课程单,拓宽了与学生沟通交流的渠道,能够更好地挖掘、引导学生的兴趣爱好和潜能。

这些课程的开设不仅提升了社团专业技能和活动水平,还帮助社团及社员在国家、省市各级各类学科竞赛、专业项目比赛和寻访活动中取得了好成绩,如足球协会在2016年度寻访"全国百佳校园足球社团"活动中荣获全国百强校园足球社团;职前实践协会和"蒲公英"关爱留守学生志愿服务队的"带着约定,再次起航"义务支教项目在"燃青春 聚能量"2016年第一届全国大中专学生社团影响力评

---

① 周小骥、侯盛炜、秦晶:《高校学生社团课程化建设探究》,载《学校党建与思想教育》,2014年第4期。

选活动中分别荣获最具影响力的双创社团和优秀社团项目奖;信息安全与网络攻防协会在 2016 年"安恒杯"全国高校网络信息安全管理运维挑战赛西南赛区中荣获二等奖;数学建模协会在 2016 年全国大学生数学建模竞赛国赛中荣获二等奖;大风文学社荣获 2016 年"校园风"全国优秀文学社团、"掌阅"全国十佳文学社团、2015 - 2016 学年度全国校园文学联盟正式成员单位;仓庚国学社成为成都市国学类别社团联盟牵头社团,选送的《中华传统仪规展演》在 2015 年第一届中华学子青春国学荟活动中被评为"全国优秀国学教育文艺作品";手语协会承办 2016 年四川省第二届手语大赛并夺冠;足迹自然教育协会团队申报的项目成功入选由世界自然基金会(WWF)、三江源国家公园管理局、广汽传祺主办的"共护三江源——2017 湿地使者行动",成了我校第一支参与该活动的团队。

三、试行素质学分,将社团活动与人才培养有机结合

素质学分制度是我校思想政治教育工作的有力抓手,为增强素质学分的引导作用,进一步提高学生参与社团活动的积极性,最大限度地发挥社团"第二课堂"的思想政治教育功能,将社团活动纳入学生综合素质考察,从 2015 年下半年开始,学校对素质学分制度进行了改革,决定将社团活动、志愿者活动、3 次学术文化讲座并撰写读后感等 3 项活动纳入了学生素质学分建设,学生可以根据自己的兴趣爱好发展、学习生活需要从以上三项中自由选择一项,完成后提交材料到主管单位,通过相关认定即可获得 0.5 学分。

团委从社团运行基本情况、社员参加社团活动的平均频率、参与活动考察方式等出发,于 2015 年制定《成都学院学生社团活动学分认定办法(试行)》,在部分社团开展试点,并于 2017 年对其进行了修改。最新版本的《成都学院学生社团活动学分认定办法(试行)》对参与社团活动认定学分做了如下规定:"学生加入社团,会员证注册满一年,在规定时间内自愿提交工作(活动)总结、成长足迹或心得体会一篇,会员社团活动反馈表两篇(一学期一篇),审核通过后予以 0.5 个学分认定。本项学分不进行累计加分。"进一步改革有利于更全面地考察学生在人文素质提升、兴趣爱好发展、公益志愿服务等素质实践活动中提升和成长;给予社团活动官方层面的认可和肯定,有利于提高学生对社团的认识和重视,提升参与积极性,有利于社团吸纳、留住更多优秀人才,根据高校基础数据,我校社团人数呈逐年上升趋势,其中发展较好的社团社员人数众多,校红十字会招收会员人数可达 400 人每年,自行车协会、动漫社、跆拳道、健美操等社团的会长及行政部门负责人很多都自愿留在社团内多做一年,在自我管理、自我服务、自我发展的过程中将社团发展得更好。

四、开展星级评定，营造良好竞争氛围

为进一步加强社团管理，推进社团建设，打造品牌社团，促进规范、有序发展，营造良好竞争氛围，团委对社团定期开展星级评定。每年 4 至 5 月学生社团联合会将根据《成都学院社团星级评定评比办法》对社团提交的《社团组织机构设置表》《社团内部制度和条例》《协会办公室日常总结和会员大会总结》《协会活动情况统计表》等协会活动资料进行初审，并组织社团进行答辩，评选出年度五、四、三星级社团，在此基础上评选社团年度优秀个人及社团优秀指导教师。

社团星级评定制度集中体现社团日常运行、社团活动效果、社团获奖评优等方面的建设情况，可以直观地反映出社团上一年的发展情况，为学校主管部门和社团指导单位、指导老师提供参考，给予发展好的社团更多的政策和资金支持，帮助发展较弱的社团突破瓶颈，可以让社团看到彼此之间的差距，给社团树立学习榜样，有利于社团之间的交流学习和良性竞争，同时还可以为初来乍到的大一新生提供参考，有利于新生找到最为适合自己发展的社团，提升技能，丰富大学生活。

五、增设学生社团联合会权益部，有效维护学生社员权利

高校学生社团是学生为了实现群体共同意愿和满足个人兴趣爱好的需求、自愿组成的、按照其章程开展活动的群众性学生组织。社团不同于有严格规章制度、明确工作要求的学生会、校团委等学生组织，它自由度大，只要达到相关要求即可成立；流动性强，会员可随时加入和退出，约束力低，会员按照自身兴趣爱好发展需要和时间安排自愿参加活动，不受强制约束。这些特点是双刃剑，一方面满足了当代大学生追求自我、要求自由、自主管理、自我服务的需求，另一方面也导致了社团管理松散、社员流失严重、社团活动质量差、社员权利受损等现象，如果这些问题得不到及时的反映和处理，将会造成恶性循环，最终导致社团成为没有负责人也没有社员的"幽灵社团"。

为了更好地监督社团，维护学生权利，解决社团、会员之间的矛盾，我校学生社团联合会增设了权益部，该部门主要有定期发放、收集由院社联填写的各个社团举办活动的《活动调查表》及《活动评价表》，了解社团活动状态；加入各社团社员群，调解社员之间、会员与社团之间存在的利益纠纷，接受会员的投诉与意见；编写、发放社团发展调查问卷，了解社团开展活动情况及社员参与活动的想法，撰写相关文本，为社团活动改革创新提供参考等。

权益部的成立时间虽然短，但是却深受社团、会员的喜爱。社团可以通过权益部公布的数据了解社员的真实需要，如考研俱乐部之前想要取消四六级模拟考

这一活动,权益部调查之后发现参与总人数没有之前多,但大部分社员仍想参加,参考调查结果,考研俱乐部继续开展了这一活动,受到了社员的一致好评。社员也可以通过权益部对社团的不当行为进行质疑和投诉,维护自身的权利,如之前有会员收到不实缴费信息,权益部收到投诉信息后进行了调查,发现该收费信息并非社团发出,不仅解决了社员和社团之间的质疑,还保护了会员的财产。

第三节 提升学生社团育人实效性的思考

一、加强顶层设计,保障社团健康发展

(一)将学生社团发展纳入学校发展总体规划

高校在制定发展总体规划时要把社团发展纳入其中,为社团的发展提供"顶层设计",制定出台具体详细的社团发展中长期规划,保证社团发展与学校各项事业发展同步,切实发挥社团在繁荣校园文化、维护校园和谐稳定、促进学生全面成长等方面的作用。

(二)加强管理引导,确保学生社团发展的正确政治方向

要加强社团组织建设和思想引导,在符合条件的社团中设立团组织或党组织,并通过严格规范的主题团日活动和党内组织生活等多种方式加强社团的思想政治和组织建设,引导社员全面系统学习党的路线方针政策和党团历史等知识,进一步增强广大青年学生的思想政治觉悟和素养,促进青年学生德才兼备、全面发展。

(三)完善学生社团管理制度、配强社团指导教师

要在严格实行社团登记、年检和注销制度,健全各类社团管理办法和条例的同时,为社团配备优秀指导教师,认可他们的工作量,调动其工作积极性、主动性和创造性。

(四)积极支持学生社团开展各类健康有益的活动

要为社团提供必要的办公场地、活动场地、经费保障,保证社团活动的正常有序开展;同时,鼓励社团通过正规途径吸纳社会赞助或提供有偿服务的方式募集社团活动经费。

二、强化社团自身建设,提升社团发展能力

(一)强化纪律意识、严格规范管理,完善社团组织自身建设

高校社团发展现状表明,如果缺乏纪律约束,缺乏严格规范管理,高校社团发

展就会偏离正确的方向,社团活动质量就会大打折扣,甚至会产生负面的影响,所以应该强化社团纪律约束,严格社团规范管理,建立良性规范的社团内部运行管理机制,使社团发展和社团活动始终有章可循、严格规范。

(二)加强社团骨干力量建设和培养培训

社团干部是社团的骨干力量,是社团活动的发起人、策划者、组织者和实施者,其素质的高低、能力的强弱直接决定着社团活动质量的高低。高校相关社团管理部门应积极开展社团干部培养培训,制订系统的培训计划,定期开展针对性的专题培训,全面提升社团干部的工作技能和管理水平,尤其是要注重社团负责人的培养培训,着力打造一支思想政治素质过硬、责任意识强、作风优良、组织管理能力强、业务水平高的社团骨干力量。

(三)增强社团"自立"意识,提升社团自身发展能力

从高校社团发展的总体情况来看,高校社团普遍存在依赖性强、自身发展能力不足等问题。目前,高校社团主要包括理论学习型、学术研究型、科技创新型、志愿服务型、文体娱乐型等,在这些类型的社团中,理论学习型和学术研究型社团普遍存在着一定程度的依赖性,主要是这些类型的社团从成立时就由学校相关部门或单位主导,是属于学校"倡导"成立的,所以这类社团在思想观念、组织管理、运行机制、资金来源、活动开展等方面都有较强的依赖性,过分依赖学校相关部门或单位,过分依赖指导教师,独立自主开展活动的能力不足,社团活动也相对缺乏活力和持续性,在很大程度上影响了社团自身的发展壮大;同时,那些由学生依据兴趣爱好自主创办的娱乐性较强的学生社团,虽然表面上人数众多、活动搞得"热闹",但由于缺乏学校的有力支持和指导,再加上自身内部管理和监督机制不健全,缺乏明确的发展规划和目标,活动的同质性较高,社团发展缺乏持续性,最终导致社团活动质量不高、社团自身也会走向衰落。因此,无论是哪种类型的社团都要进一步增强自立意识,不断提升自身的发展能力,真正体现学生社团自我管理、自我服务、自我教育、自我发展的属性。

三、增强社员自主意识,提高社员综合素质

(一)明确目标、立足实际,选择加入合适的社团

社团思政教育功能的有效发挥,需要社员意识到社团的价值,具有明确的目标并积极投入社团活动。目前,高校学生社团种类、人数大,由于大学新生刚从高中阶段过来,缺乏对大学社团足够深的认识,对于选择加入何种类型的社团时,往往是"人云亦云"和"跟风",很少有明确的目标,也很少立足实际选择加入适合自身特点、符合自身兴趣的社团,有的学生甚至认为,参加的社团越多

越好,学生常常加入四五个甚至更多的社团,随意性和无目的性很强,结果没有一个社团适合自己。据调查发现,只有少数高校学生是在仔细了解了社团的章程、目标、理念和管理体制等之后,才选择加入的,而大多数学生则对社团的认识以及自己的角色定位不甚清楚。可见,大多数学生都没有根据自己的实际情况来选择参加社团,甚至有的是为了追逐名利或受身边同学的影响才加入社团的,这充分反映出了相当数量的学生不能清楚地把握自己的发展方向,参加社团也没有明确的目标,这些都是造成高校社团人员流动性较大、稳定性差的重要因素。

(二)树立主人翁意识,积极投入社团建设发展

高校社团大多是依据学生自身的兴趣爱好自发自愿组成的,具有很强的自发性和流动性,与共青团组织、学生会组织等相比具有明显的自主性,而社员构成复杂,管理难度较大,社员离开社团更是"随心所欲",不需要履行任何手续就"销声匿迹";同时,一些社团负责人往往只重视自己"任期"的工作,而不关心社团整体的发展目标和规划,对下一任骨干力量缺乏专门培养,以至于一些骨干成员离团后,社团就"一蹶不振",活动也会处于停滞状态。因此,高校社团要健康发展,就需要社员树牢主人翁意识和高度的责任意识,清楚了解作为社员的权利和义务,积极行使自身权利和严格履行社员义务,主动投入社团的建设发展,为社团的持续发展和开展活动建言献策、积极作为。

(三)不断加强实践锻炼,切实增强自身综合素质

高校学生加入社团、参与社团活动既是自身兴趣爱好的体现,同时也是要借助社团活动平台不断锻炼自己,拓展自身的社会关系范围,培养协作精神和健全人格,锤炼自身意志品质,强化责任感和文明意识,提升人际交往能力和组织工作能力。因此,广大社员要积极主动参与丰富多彩的社团活动,通过社团活动"第二课堂"的实践锻炼,不断增强自身的综合素质,只有社员在加入社团、参与社团活动中都有所收获,得到锻炼,不断成长,广大学生加入社团的自主意愿才会越强,在社团工作中的投入才会越多,社员的积极性、主动性才能进一步体现,社团的发展才有源源不断的持续动力,高校学生社团的思想政治教育功能才能更好地发挥。

第十章

服务育人模式下"双创"建设的探索与创新

第一节　城市性应用型大学双创工作的新定位

在国家积极鼓励和支持多种形式办学的政策背景下,城市性应用型本科高校得到了快速发展,但同时也产生了大量毕业生就业形势不乐观的问题。在双创热潮如火如荼的今天,为城市性应用型本科高校做好双创工作的定位至关重要。

一、双创与城市发展相统一

（一）城市性应用型大学打造创业学院

成都学院积极响应国家大众创业、万众创新的号召,深入落实、推进成都市小微企业创业创新基地要求,以"开放、共建、共享、共创"为引领,以"兴西部一流创业教育、创西部一流孵化平台"为目标,为成都青年提供创新环境最活、创业环境最优的大学生创新创业园。继 2011 年,学校大学生创新创业教育成果获得四川省教改成果一等奖,2014 年成立学生工作部下设部门——菁蓉（创业）学院,统筹学生创新创业,建立大学生创新创业园区 2000 平方米。2015 年 4 月,学校成立正处级单位菁蓉（创业）学院,将创新创业全面融入学校人才培养体系。

菁蓉（创业）学院主动对标成都市重点产业布局,努力探索适应城市型综合大学发展的学生创新创业培育模式。形成特色创业塔式教育体系,分三层实施创业教育,实现创业教育全覆盖。第一层次,开设必修课《创业基础》,完成全校学生创业基础教育;第二层次,开展创业实训实践,提升创业学生创业技术核心竞争力;第三层次,实施创业精英教育,为全校 5% 的创业精英提供创业精准辅导,提高创业成功率。以产教合作带动创业团队培育,以引入优质行业资源丰富创业教育内涵。2016 年 10 月获批科技部认定的国家级众创空间,同期获批成都市大学生创业孵化示范基地、成都市科技企业孵化苗圃。与成都市龙泉驿区就业局共同发起成立"龙泉驿区驻区高校创新创业平台联盟",龙泉14所高校加盟。协同四川省创新创业促进会,共同发起"四川省创新创业促进会孵化器联盟",40家孵化器和创投企业加盟。2017年3月被授予中关村人才特区创业就业实践基地,成为中关村人才特区百校联盟单位。2017年获批四川省新型孵化器。

成都学院菁蓉(创业)学院大力加强对相关院系的创业教育和引导,2016年引入国内外领航性文创企业实现校企共建,搭建学生创新创业实训平台,在校内设立英国圣地瑞丁珠宝设计中心、成都浴室柜产品原创设计中心、龙图游戏VR虚拟实训中心,累计开设创意课程1000小时,实现了创业教育与创业项目培育双赢。此外,在创新文创项目培育模式上做出了有益的尝试,2016年12月承办"创业天府 菁蓉汇·成都学院"专场,主题为"青年文创,大成未来",成为成都市唯一一场从全产业链出发,关注青年创意者,关注文创项目初创阶段,最终落地文创青年培育的菁蓉汇,现场意向性投资7500万元。与龙泉驿区政府达成共建"成龙谷"孵化器协议,分两期在成都学院校内建成一万平方米的高品质大学双创园区,建设经费3000万。"成龙谷"围绕"文创"+机械、+信息技术、+医学、+教育等领域,以"综合+专业孵化器"全面提升学校双创水平。

菁蓉(创业)学院重视对外交流,2016年4月,组织成都学院师生赴韩国参加创客交流活动,成大学生创业团队"乡村生态微改造"项目参加现场路演。随后,举办成都学院中韩创新创业推进会,诚邀各方相聚成大,共推学生双创工作。

创立学生创新创业品牌活动"CC空间创客校园行",已成功举办4场。期间,邀请《大圣归来》制片胡明一先生,建川博物馆馆长樊建川先生到场现身创客精英说,受到全校学生的热烈追捧。

通过建设,菁蓉(创业)学院以"兴西部一流创业教育、创西部一流孵化平台"为目标,逐步建设成为有亮点、有潜力、有特色的众创空间,为学生创新创业提供全过程、专业化的创业服务,以便最大程度地释放创新创业团队的活力。

(二)国家中心城市成都的"双创"发展

近年来,成都围绕建设全面体现新发展理念的国家中心城市、西部科技中心和具有国际影响力的创新创业中心等目标,制订成都的具体实施方案,率先启动实施"创业天府"行动计划,着力激发全社会创新创业活力,持续推动"大众创业、万众创新",高水平举办"创交会""菁蓉汇",营造好环境,建设大平台,提升双创载体孵化功能,激活资源、集聚要素、强化保障、营造环境,提升城市创新力、创业力和创造力,"宜业宜居之城、创新创业之都"的城市品牌日益响亮。

目前,成都成功获批"国家小微企业创业创新示范基地城市",被誉为全国"3+2"(北京、上海、深圳+武汉、成都)创业基地城市;被《财富》杂志列入"2015

年中国十大创业城市"。2016 年,四川大学、郫县、中国电信(成都)入选全国首批
28 个双创示范基地,成为全国唯一具有校地企三类示范基地的副省级城市——成
都的"双创"工作由此获得国务院表扬。

仅 2016 年一年,成都新登记市场主体达 33.5 万户,同比增长 34.63%,新增
注册资本 9228 亿元,同比增长 40.98%,在全国 15 个副省级城市中均名列第二
位;高新技术企业达 2098 家,高新技术产业产值 8387.37 亿元;全市专利申请量
98251 件,其中发明专利申请 39500 件,位列副省级城市第二位;双创载体加速发
展,全市已建成各类双创载体 231 家(国家级 53 家),载体面积 1603 万平方米。

成都还实施专项改革,制定出台了《中共成都市委成都市人民政府关于实施
创新驱动发展战略加快创新型城市建设的意见》《中共成都市委关于系统推进全
面创新改革加快建设具有国际影响力的区域创新创业中心的决定》《关于创新要
素供给培育产业生态提升国家中心城市产业能级若干政策措施的意见》(成都"产
业新政 50 条")等一系列政策文件,聚焦大众创新创业重点环节,着力改革创新和
工作部署,激发全社会创新创业活力和创造潜力,厚植创新创业人才优势,升级创
新创业孵化功能,夯实创业投融资支撑,营造创新创业一流生态。在人事流动、金
融扶持、平台搭建、大学生创业就业、小微企业扶持、科技人才创新创业资助等方
面出台 50 余项系列政策措施,激励大众创业、万众创新。

二、双创与产业发展相统一

(一)成都学院双创重点培育领域

省委常委、市委书记范锐平在 2017 年 7 月 2 日召开的成都国家中心城市产业
发展大会上提出了要站稳国家中心城市的位置,核心在城市功能,关键靠产业支
撑。要大力发展先进制造业、文化创意产业等产业,增强西部经济中心功能,以先
进制造业为牵引,加快工业化进程,推进产业跨界融合,建成全国重要的先进制造
业城市,大力发展文化创意产业,增强西部文创中心功能。

成都学院作为成都市人民政府主办的唯一一所全日制普通本科院校,按照市
委市政府"高水平办好成都学院"的要求,扎根成都、立足四川、服务全国、面向世
界,致力于建设具有鲜明办学特色的高水平应用型综合大学。成都学院在开展双
创工作的过程中积极探索双创教育和项目培育新模式,逐步脱离高校创业教育推
行之初简单鼓励大学生创业、大幅增加创业项目数量的阶段,着眼城市长远目标
和战略全局,注重创业项目培育与服务地方发展需要相结合,努力对标成都市重
点产业,紧密依托成都学院的学科和专业优势,重点对文化创意产业、机械智慧制
造、健康医疗产业的创业项目进行培育,成立成都学院青年文创孵化中心,搭建

3D打印校企合作平台,努力转变工作方式,创新要素供给,培育产业生态,提升学校服务地方经济建设的能力。

(二)成都学院双创与文化创意产业的融合

近年来,文化创意产业已经成为国民经济发展的支柱性产业,成都市将建设西部文创中心作为四大中心建设任务之一。成都市明确提出要以国际国内先进城市为标杆,按照"集群发展、跨界融合、品牌引领"思路,推动天府文化创新性发展、创造性转化。成都市文化创意产业的发展需要大批的创意型从业者,高校承担着为此输送创意青年的使命。

成都学院紧密围绕成都市"西部领先、全国一流、世界知名"的文创中心建设目标,积极培育与"青年文创"相关的智慧制造、信息服务、数字多媒体、游戏动画等新兴产业项目培育平台。突出"创意、创新、创造"的核心创业竞争力,成立成都学院青年文创孵化中心,通过产学研合作,搭建台湾文创科技中心、英国圣地瑞丁珠宝设计中心、成都浴室柜产品原创设计中心、龙图游戏VR虚拟实训中心、菁蓉创工坊等多个青年文创校企合作平台和青年文创实训基地,孵化青年文创项目,力促创意作品实现市场转化,结合跨学科优势,注重文创与产业、城市、商业、旅游等深度融合发展。

(三)成都学院双创与智慧制造产业的融合

2015年,国务院出台了《关于深化制造业与互联网融合发展的指导意见》,我国制造业与互联网融合发展进入了一个新的阶段。制造业与互联网和创新创业深度融合在技术手段上需要新兴信息技术、新兴制造技术、智能科学技术以及制造领域应用技术四类技术的深度融合。成都学院依托机械工程学院专业优势,紧密结合成都市重点智能制造产业,在菁蓉(创业)学院校企合作平台上引入3D打印,建立艺术实践工坊——"菁蓉创工坊",开设校企共建MMIA艺术创新实践项目(MMIA意为机械制造与艺术的英文简称),项目涉及的主要产业领域包括:文化创意、机械制造、数字媒体技术、三维扫描、三维打印技术、数控技术等。

学校重点培育智能制造领域创业项目,与龙泉驿区共建的"成龙谷"孵化器,分为A、B、C、D四个区,其中B区设在成都学院机械工程学院,总面积1465平方米,包含创客服务大厅、学生阅读学习讨论区、教授工作室、学生创新创业工作室和校企合作等区域,共24个团队入驻"成龙谷"B区,其中,引进公司团队6个,18个教师、学生创新创业团队。此外,学校国家众创空间、成都市大学生创业苗圃等孵化器也对智能制造项目进行了重点孵化,如海逸机电、众智工业等。

(四)成都学院双创与健康医疗产业的融合

2017年,成都国家中心城市产业发展大会发布的《成都市产业发展白皮书》

中囊括了成都市 37 个重点行业,其中包括生物医药、健康服务、养老服务业等。健康医疗产业一直作为成都学院重点培育的领域之一,成都学院拥有着医学院、药学与生物工程学院、体育学院等学院的交叉学科专业优势,近年来双创教育和项目培育效果凸显。2017 年启动创业教育试点改革项目,优先在医学院进行改革试点。

学校针对健康医疗类的创业项目进行重点培育,包括百奥天成生物科技、创新药物先导化合物关键技术研发、四川中健亿科健身服务有限公司等 11 支创业团队在园区进行孵化,其中注册公司 6 家。2017 年 7 月,菁蓉(创业)学院与四川中健亿科健身服务有限公司联合承办了 2017 中国健身冠军赛暨健美公开赛,结合健身健美、森林康养等健康医疗产业开展双创工作,取得了一定的成效。CC 国家众创空间重点培育项目病原微生物扫描电子显微镜样品快速制备系统,2017 年 7 月在北京中关村人才创客大赛国赛中获第 7 名、"互联网 +"四川省赛银奖。

第二节　高校双创工作的内涵

一、创业教育实施

在创新与竞争力日益成为我国经济政策和产业政策中的重要方面,高等学校在培养双创型人才方面的基础性作用日益显现的今天,"象牙塔"显然已经不适合知识经济时代对大学的描述,大学不再是一个封闭的、内部循环的学术系统,而成为完全开放的、扁平化世界中的一个组成部分。我国的创业教育起步较晚,也经历了萌芽 – 探索 – 转型三个阶段。成都学院创业教育模式在不断探索中,逐渐形成自己的特色体系,2017 年获得"四川省深化创新创业教育改革示范高校"称号。

（一）创业教育课程构成

2009 年,学校成立职业发展与就业指导教研室,创业教育课程作为必修课进入教学计划。《大学生职业发展与就业指导》课程于 2010 年被评为市级精品课程,积极探索"整合体验式"大学生职业发展与就业创业教育体系建设。

2015 年,国务院办公厅印发《关于深化高等学校创新创业教育改革的实施意见》。文件规定"到 2020 年建立健全课堂教学、自主学习、结合实践、指导帮扶、文化引领融为一体的高校创新创业教育体系,人才培养质量显著提升,学生的创新精神、创业意识和创新创业能力明显增强,投身创业实践的学生显著增加"。学校依托职业发展与就业指导教研室建立成都学院菁蓉(创业)学院,进一步整合创新创业课程资源。

成都学院菁蓉（创业）学院在2015年提出塔式创业教育理论模型。"塔基"培养，结合专业教育对全校学生开展创新创业素质教育，全校大一学生开展创业必修课《创业基础》，其教学内容包括：创业意识培养、识别创业机会、整合创业资源、建立团队、构建商业模式、企业运作、改善企业等普适性内容；"塔身"培养，对具有创新创业意愿诉求的学生实施创新创业专题培训，提升其创新创业技能，提供创新创业网络选修课程6门；"塔尖"培养，对具有创新创业实战诉求的学生开展个性化指导，帮助其自主创新创业，提供创业实践空间5个。

2016年学院不断加大创业教育力度。"塔基"部分在创业必修课的基础之上，面向全体新生开展创新创业教育轮训1次；"塔身"部分增加创新创业选修课4门，网络选修课15门，同期开展SYB创业培训9期。"塔尖"部分提供创业实践空间20个，同期搭配成都市科学技术局主办高端创业主题教育活动"菁蓉创业训练营"2期。

2017年学院不断优化塔式创业教育理论模型，在营造良好的创业文化氛围前提下，进一步统合高校、政府、地方教育机构、企业家等社会各界资源。学院与丹麦VIA大学合作开展创新创业训练营1期。同期在校内建立创业教育实训中心平台6个。《创业基础》获得校级"翻转课堂"立项。最终形成以创新驱动为导向、以知识创业为主体、以创业教育公共培养机制为保障的高校创业教育体系。

（二）创业教育效果验证

共有110支学生创业校内团队挂靠于菁蓉（创业）学院。近几年，共获得创新创业大赛奖项300余项。据第三方麦可思2016届毕业生就业质量报告中明确指出："本校创新创业教育开展较好。"2016届自主创业比例达到2.4%（2015届为1.9%），有显著上升。

近年来，成都学院就业创业工作快速发展，学生中涌现出一簇簇创业星火，并延烧成势。创办"老友网"的成大学子周佳亮、开办自己的培训品牌的90后创业"新贵"——雷自昌，创立壁品装饰工程公司的李阳……

（三）创业教育案例

案例一：创无止境，学无止境——爱医创平台项目

爱医创平台项目是由成都学院医学院大一、大二学生以及学院专业教师联手打造的创新创业项目培育苗圃。项目以学生实践促进科研成果转化，通过专业平台搭建满足定向社会需求，实现商业盈利。

2016年度在省级、国家级各类创新创业大赛获奖二十余项，已授知识产权数量达15件，新获专利申请总量4件，新获发明专利授权总量2件。平台携手各大

医疗机构、联合校外优秀企业参与 3D 打印的机械辅助臂项目以及"小小科学家"等科普项目。2016 年销售收入 20000 余元。

该平台注重搭建具有长期性社会意义的项目,如"小小科学家"项目即主要面向 3 年级以下的小学生进行科学基础知识普及。项目包含急救培训、血型鉴定、细菌培养等多项实用性内容,最终实现公益效应和商业价值的有效结合。

成立至今,爱医创项目凭借自身具有的独特创业优势以及成都学院菁蓉(创业)学院、医学院(护理学院)的支持与帮扶在竞争激烈的市场环境中迅速成长。目前,平台主营业务从初期的 3D 打印的机械辅助臂等医学科普项目已拓展到快递帮、婚礼摄影等服务。

"知行合一,事上炼,致良知",这是该项目负责人程科翔的座右铭。创业需要实践,而实践则需以知识为基础。将自己的姿态放低,以谦虚、包容、积极的心态争取周围可能的人事资源,创无止境,学无止境。

案例二:认真做事,简单做人——病原微生物扫描电子显微镜样品快速制备系统

病原微生物扫描电子显微镜样品快速制备系统是一种新型的病原微生物样品快速且高效的制备方法,确定并控制了图像质量和仪器操作参数之间的关系。项目研发团队由 7 名本科学生组成,曾获成都学院科创比赛一等奖、挑战杯四川省三等奖,中关村创新创业大赛国赛第七名以及"互联网 +"四川省赛银奖。

该系统的独特之处在于加入了人工智能后,在制备样品的同时可以观察整个样品结构,帮助客户分析样品信息,结构完整,操作性强。目前国内外市场上没有一家专门研究病原微生物样品制备的公司或者机构。即使专业实验室也难以攻克在配置试剂过程中把控试剂量的难题。因此该项目的研究具有开拓性意义,这一现状也为项目的持续发展提供了有效保障。为进一步满足市场需求,推动技术向产品的转化,团队目前正积极联系相关下游商家,计划将系统转化为试剂盒,后期投入市场。

项目负责人黎浩峰把项目的成功归功于每位成员的全情投入和守望相助。在产品研发过程中,团队成员认真较劲、严肃克制、井然有序。正如他所坚信的:一个团队要走下去的最关键因素是成员间的相互信任,而病原微生物扫描电子显微镜样品快速制备系统能够研发成功正是得益于这个原因。

二、创业项目培育

随着创新创业教育的推进和发展,大学生的创业意识逐渐增强,政府对创业项目大力支持,创业人数逐渐增多,大学生创业项目数量不断增多。大学生创业

项目作为"大众创业、万众创新"的生力军,其培育成效直接关系着学校和地方双创工作的长远推进。为提升大学生的综合素质,增强大学生的创新能力和在创新基础上的创业能力,成都学院以产教合作带动创业项目培育,引入优质行业资源丰富创业教育内涵。2016年10月成都学院获批科技部认定的国家级众创空间,同期获批成都市大学生创业孵化示范基地、成都市科技企业孵化苗圃。2017年获批四川省新型孵化器。2016年培育项目130个,2017年新增立项创业项目94个。通过对项目的培育和孵化,致力于培养适应创新型国家建设需要、适应各行各业发展需要的高素质人才。

(一)创新性项目培育

按照国家教育部的文件精神,创新性项目主要指大学生个人或团队,在导师指导下,自主完成创新性研究项目设计、研究条件准备和项目实施、研究报告撰写、成果(学术)交流等工作。大学生参与创新项目是高校培养学生创新能力的重要途径,学生通过创新项目可激发创意思维和创业兴趣,有效提升自身的创新创业能力。

1. 创新项目的设计

创新项目的设计对于激发学生兴趣和思维具有重要作用,创新项目的设计需要充分调动教师和学生的积极性,从项目的题目设计开始就要加强学生的参与度。设立并鼓励学生参与一些新颖性较强的项目,而不是仅仅局限于毕业论文。2017年,成都学院60个创新训练项目获四川省大学生创新创业训练计划立项。

2. 搭建创新服务平台

为加强学校创新性项目培育,学校积极搭建创新服务平台,成立了交叉学科研究中心和协同创新中心和成都研究院。2015年,学校出台《成都学院交叉学科研究中心建设管理办法》(成大发〔2015〕27号),建立了材料与工程科学研究、大数据研究与应用等6大交叉学科研究中心,切实提升师生科研创新能力。成立"四川省动漫游协同创新中心"和"四川省抗生素行业协同创新中心"两类省级协同创新中心有效推动了双创工作开展。此外,根据学校发展特色及优势,组建成立校级研究机构——成都研究院,设置电子信息、生物医药等方向,其中获批省厅级科研创新平台、高水平创新团队共计19个,国家级基地3个。

创新是国家和学校发展的源泉,借助大学生创新项目培育,通过创新项目的设计、平台搭建、实践及转化,将会有效促进双创教育实施,为创业项目培育奠定良好的基础。

(二)创业性项目培育

创业性项目主要指大学生团队,在导师指导下,团队中每个学生在项目实施过程中扮演一个或多个具体的角色,通过编制商业计划书、开展可行性研究、模拟企业运行、参加企业实践、撰写创业报告,或提出一项具有市场前景的创新性产品或者服务,以此为基础开展创业实践活动。大学生的年龄、阅历、知识等特点决定了大学生创业与成熟企业的市场经营存在着一定的差距,因此建立针对大学生创业项目的科学培育机制尤为重要,可通过以下几个方面开展创业项目培育。

1. 创业教育指导

充分发挥师资力量,整合校园内外资源,使创业教育的理念能够深入人心,促使大学生创业能力得到有效提升。在创业通识教育的基础上,对创业教育进行改革,授课方式上以慕课建设配合翻转课堂和创业实训课程,授课人数由原有的300人左右大班上课改为30人左右小班授课,加强课堂的互动和交流,充分激发学生的创新意识。此外,成都学院全面推进校内创业基础课教师、专业项目导师、市场创投导师结合的创业三导师制创业师资队伍建设,形成从理论教学到项目辅导,再到创投指导的实战性"双师型"创业导师师资队伍。为进一步辅助创业项目指导,启动创业教育试点改革项目,在项目重点培育领域的相关学院进行改革试点,在基础教学中适当增设专业创业案例和技术前沿教育的授课时段,解析专业技术的发展趋势和市场前景,学习了解相关创业案例,帮助大学生充分利用专业优势进行创业项目的选择和运营。

2. 搭建孵化平台

高校虽有大量的创业项目产生,但并非每个创业项目都适合培育,这就需要学校对创业项目进行筛选和整理,对创业项目的技术先进性、市场前景、投资规模等进行评估,挑选出适合的创业项目进行培育和孵化。因此,需搭建专业孵化平台,成都学院成立了青年文创孵化中心,针对重点培育的文创类项目进行筛选和培育。此外,成都学院作为国家众创空间、四川省新型孵化器、成都市创业苗圃,又与龙泉驿区共建"成龙谷"孵化器。成都学院每年定期在各个孵化平台上开展项目招募、申报、评审工作,对学校的创业项目进行筛选入园,建立大学生创业项目库,按照这些项目的类别和特点进行培育。如 CC 国家众创空间重点培育技术类项目,"成龙谷"孵化器重点培育企业,创业苗圃重点培育创新类项目等。2017年年度新增新型行业创业项目 27 个,全校共 94 个项目立项。

3. 完善配套机制

项目培育过程是对创业项目的深度研发,面临着技术、资金、市场等多方面的风险,需要全面的支持,需寻求资源的最大限度整合。一是资金支持,对于处于初创时期的项目,主要通过政府和高校予以资助,成都学院创业项目可通过学校向区就业局申请 1 万元的创业补贴,立项团队可根据实际情况获得 2 千元到 5 万元不等的创业资助。对于确有市场前景的创业项目,学校帮助对接企业吸纳资金。二是法律和财务支持,大学生创业项目在运营过程中,财务和法律问题往往是较容易被忽略且容易出现的问题,为此园区内常设有企业管理及法律服务团队,为创业团队提供代理工商注册、法律服务、代理记账服务等业务。三是专利服务,创业项目进行技术研发和产品设计,特别是成都学院重点培育的文化创意产业、智慧制造、健康医疗等创业项目,形成发明、实用新型和外观设计、软件著作权等知识产权成果,为确保创业项目顺利孵化,成都学院引入专利公司进行合作。为了完善创业项目培育的相关机制,成都学院创业学院成立了双创服务中心,中心由学生团队构成,引入相关企业管理、专利公司等服务企业,由专人管理,设立园区服务、法律咨询、工商注册、专利服务等多个窗口,为全校创业青年提供全面的创业服务。

(三)项目培育的难点突破

1. 创业项目与市场的实质对接

创业是一种商业化的市场行为,技术主导下的大学生创业项目,参加市场运作的机会少,在项目的培育过程中较为封闭。大多数高校创业项目都停留在技术创新的阶段,距离商业化的创业还有距离,且大学生在校时间仅四年,在四年内实现技术到创业的跨越难度十分大。学校需建立创业项目与企业运营的对接机制,使大学生能够通过与企业接触,真正熟悉企业运营的市场营销、财务管理、风险控制等具体流程。

成都学院自 2016 年引入国内外领航性文创企业实现校企共建,搭建学生创新创业实训平台,在校内设立台湾文创科技中心、英国圣地瑞丁珠宝设计中心、成都浴室柜产品原创设计中心、龙图游戏 VR 虚拟实训中心等双创实训平台,不仅通过平台加强学科交叉融合,由单一专业设置走向学科交叉融合,且学生可足不出校充分享受创业资源,从模拟实训迈向合作运营,有效弥补了课程内教学对创业人才培养的不足,实现创业教育与创业项目培育双赢。

2. 创业项目与科研转化紧密结合

很多大学生想创业但是无项目,作为高校而言,每年产出大量科技成果,但科技成果转化率并不高。由大学生创业促进高校技术成果转化,是提高大学生创业成功率和提升高校科技成果转化率的有效途径。高校科技成果中偏理论的居多,还存在着发明无实用价值、专利技术细节不完善等问题,大多数专利技术距离产业化还有相当长的距离,因此,如何对项目的筛选、对新产品进行研究开发,将科研成果转化为质量可靠、成本可行具有市场前景的产品是需要重点解决的问题。

成都学院采用创业学院、创投机构、二级学院三方联合孵化培育模式,在专业基础上与重点产业紧密结合,以产教合作带动创业团队培育。CC 国家众创空间着重培育具有较好创新创意、产业背景、核心技术和具有较大市场潜力的师生双创项目。鼓励大学生与专业教师紧密合作,将教师科研成果与学生创业结合起来,依靠国家创业扶持政策,通过市场运作将科研成果真正转化为生产力,将专利成果孵化为产品,切实提高创业项目的核心竞争力。菁蓉(创业)学院对此类重点项目的资助力度大,资助金额最高达 5 万元。此外,为确保项目顺利孵化培育,菁蓉(创业)学院针对重点逐一进行投融资洽谈,由学校相关机构、创业顾问、创投导师、校外创投机构、创投导师组成的专家组进行讨论研究,确定培育方案和结题要求,签订联合孵化协议,努力实现高科技创业。

(四)项目培育案例

案例一:"熬"着创业的百万哥哥——海逸机电

成都海逸机电设备有限公司是一家由成都学院在校研究生团队创办的新型科技类企业。公司创办于 2009 年,以"中国制造 2025"战略实施为契机,瞄准智能制造、轨道交通等领域,专注服务于制造业的转型升级和技术革新。

公司特色业务为智能机电设备开发与制造、自动化生产线集成与优化、非标设备开发与定制。其中空轨智能巡检系统为悬挂式单轨交通的配套检查、维修系统、检修系统,通过在悬挂式单轨交通的轨道采集相关机物料信息,并将信息反馈至控制机械缺陷数据及标定缺陷位置。该智能物料管理系统可实时采集物料信息实时监控,有效避免扬尘,减少空气污染,实现环保高效。

团队研发出中国首个空轨智能巡检系统,获四川省科技计划一等奖,拥有有效知识产权 3 个、发明专利 1 个。团队有硕士 6 人、本科生 3 人、技工 2 人。2016 年至今实现销售收入 1000 万。

目前,公司已与中国工程物理研究院、北京航空航天大学、中国中车、天齐锂业、成都汇锦水务发展有限公司、上海格姆特技术有限公司等企业单位建立了长期合作关系。

2009 年 6 月入驻成都学院菁蓉(创业)学院至今,公司负责人吴柏强在寻求资金、公司注册、项目研发等各项工作中亲力亲为,以敏锐的市场嗅觉和务实、专注的工作态度使公司迈入了高速发展的轨道。

案例二:教育若不弃我,我终不负它——韬慧教育

韬慧教育有限责任公司是一家融合特殊教育与学前艺术教育,以音乐治疗、心理认知、陪伴式教育等方式为特定中小学生进行授课的特殊教育机构。课程设置注重团队分工与校内外协作,特色音乐治疗正是由四川音乐学院音乐治疗专业学生和成都学院师范学院专业老师进行指导。

在成都学院菁蓉(创业)学院和师范学院的支持和帮扶下,经过多番沟通洽谈,韬慧教育与成都市高新区教育部门建立试点合作关系。期间,公司在对区内各小学学生进行筛查、评估和分析后,最后确定了定制班级的人数和课程设置。其中,公司还组织专家制定康复课程,由相关骨干老师进行资源教室授课和送教上门。

公司目前已经完成了拓展项目——艺术培训兴趣班。出于对专业性的考量,公司将把部分特教项目交由合作公司欣洋教育执行,将更多的精力投入到学前教育项目的拓展工作中。目前,韬慧教育已与成都市多所公立幼儿园进行合作,服务儿童超过 200 名。

创业前期,该创业团队项目团队参加了成都学院菁蓉(创业)学院开展的 SYB 创业培训课程学习,并对很多特殊学校、幼儿园、小学进行地毯式调查,积累了丰富的市场信息资源。公司紧跟"互联网+"战略步伐,积极研发网络课程、在线课程,后期将逐步落实在线教育 APP 的开发工作。

三、导师队伍建设

(一)创业导师素质要求

创业导师系统包括创业启蒙导师、创业项目导师、创业市场导师和创业管理导师。应具备以下素质:

具有不断更新的教育理念。树立人人成才、全面发展、终身学习的理念。尊重学生个性,做到因材施教。

具有良好的公共服务意识。创业导师要具备社会责任感和奉献精神,愿意为学生培养付出自己的才华和精力,善于与人沟通。

具有专业的知识体系与实践经验。拥有创业知识和相关领域工作经验,能够为大学生创业团队提供较好的创业导向意见和建议,不断提升双师型创业导师数量。

具有开拓创新的能力。创业导师捕获创业信息,设计并实施创业教育教学方案,并不断开发新课程,结合理论与实践,不断挖掘学生创业潜质。

(二)创业导师队伍构成

学校的创业导师队伍分为校内导师和校外导师。校内导师至少具有硕士学历,讲师职称,具有丰富的课堂经验。校外导师向社会开放选聘,提供创业交流和咨询服务。

菁蓉(创业)学院 2016 年共聘请 20 余位校外创业导师。中青育成董事长张静涛、蓝天使创投会主席、美盛投资高级副总马耀光、香港城市大学教授、博士生

导师孙洪义、四川永星电子有限公司董事长叶德斌、成都微卤电子商务有限公司
CEO"卤娘"王红、四川白家食品公司总裁陈朝晖、百词斩联合创始人陈彬、十分咖
啡创始人马林、"中国创意产业理论之父"金元浦教授等相继做客成都学院菁蓉
(创业)学院创业讲坛、创业诊断,以其亲身经历和丰富的经验引导有志于创业的
学子们。

（三）创业导师培训机制

创业导师队伍的培训重点针对校内创业导师。通过培训,改变校内教师对高
校创业教育的不正确认知,营造良好的创业文化氛围。2017年学院邀请市场上相
关培训机构到校内对校内30余名教师开展创业工具培训,反响良好。常规的送
培重点集中在SYB创业导师师资培训、四川省孵化器从业管理人员培训、创业咨
询师培训三类。

第三节　国家众创空间形态创新

今天,中国的创业潮已进入了第五轮,即以"众创空间"为载体的"大众创业、
万众创新"的全民创业浪潮,国务院相继出台了《关于发展众创空间推进大众创新
创业的指导意见》《关于大力推进大众创业万众创新若干政策措施的意见》等多项
有力政策,推动构建"低成本、便利化、全要素、开放式"的众创空间。

一、国家众创空间建设

（一）蓬勃兴起的"众创空间"

"众创空间"来源于国外,1995年产生的Hackerspace最初是欧洲黑客的聚会
场所,此后相继出现了Makerspace等社区中心,这些场所为具有创新思想和创造
性技术的人提供实施其创意的机会,不断催生颇具创意的新颖产品。2010年
Makerspace进入中国并被称为"创客空间",以兴趣为导向、面向广大电子程序爱
好者、设计师、网络高手等的开放社区形式存在,分布于北上广深四大城市。在
2012年左右,全球的1000多家创客空间中,中国有7至8家左右,而当前这一数
字正在快速增长,国内以中关村创业大街为代表的创业示范区,正在蓬勃兴起各
类创客空间。

（二）创新创业生态微系统的营造

众创空间的核心是为大众创业者提供实现梦想的平台。形态要创新就意味
着要打造更加多样化的新型服务平台,其内涵也需更加开放,不再局限于物化的

空间概念,而是成为集合多种要素、服务、政策的创新创业生态微系统。众创空间要打造创新创业生态系统必须具备如下三点。

1. 进一步降低创业门槛

众创空间推动创新创业由精英走向大众,突破了以往孵化机构集中在高新区或开发区、面向精英的局限,为一切拥有新奇创意的个人、创业团队提供近乎"零门槛"的创业服务,创意展示与交流更加开放便利,创业活动成本大大降低,各类创业主体共同参与、自由进出、快速流动。

2. 不断完善创业基础设施

众创空间逐渐成为创新创业生态系统中必不可少的基础设施,通过提供多样化的服务平台、推动开放式创新、促进创业服务的市场化,为创新创业生态系统中的主体提供较全面的服务,促进各类创新资源的流动和链接,并激发各类技术创新、商业模式创新、业态融合创新。

3. 高度市场化创业服务

众创空间需突破原有孵化器政府出资、运作机制相对僵化的局面,将创业服务推向市场。近年来,在创业咖啡、创新工场等市场化新型孵化器的推动下,创业服务逐渐成长为盈利模式日趋清晰的新兴产业,以社会力量为主构建市场化的众创空间成为大势所趋,政府支持方式也向购买市场化创业服务转变。

(三)创新型"园、区、基地"构造国家级众创空间新形态

由高云峰、高震提出的 GIS(Group Innovat – ion Space)理论,反映了众创空间的三个要素:群体集聚效应、创新创业目的以及为群体创新提供的空间场所。当前,作为一个业已写入政府高层文件的概念,"众创空间"不仅仅是创业孵化基地,更是支持创业的服务产业。而创客空间形态主要表现为三种类型:园、区和基地。

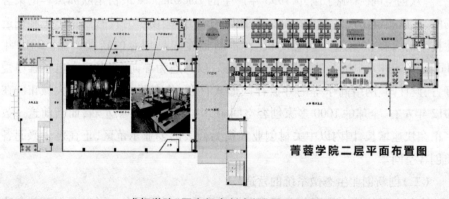

菁蓉学院二层平面布置图

成都学院"国家级众创空间"园区平面图

成都学院菁蓉学院 2016 年 10 月获批科技部认定的国家级众创空间,园区已建成创意区、创业区、实训区、授课教室、路演室、讨论室、创工坊,配套双创服务中心,打造双创实践基地,目前空间共计 2000 平方米。作为城市型综合大学的创业学院,依托成都市产业布局,定位于建设"城市型""综合性""产业化""国际化"的高品质、高附加值的国家级众创空间。

1. "一园一景"、流程服务,打造功能型艺术园区

成都学院菁蓉(创业)学院致力于用美学引导园区设计,以"一园一景"理念,打造艺术园区。成都学院"国家级众创空间"园区曾被盛赞"最美园区"。除了美学,园区也十分注重服务功能,建立了首个由大学生创业团队自行运营的"双创服务中心"。中心占地 200 平方米,共计 25 人组成,负责创业园区日常运营与管理,配套法务、金融、工商注册、小微贷款等流程化服务。

2. 合理分区,打造创业空间"优生态"

园区设立创意区、创业区、实训区三大区,配套专业导师引导团队成长,并不断调整创业空间布局,实现优势项目集中孵化、创业服务集中办理、创业教育集中实施的创业工作新格局。2017 年度新增新型行业创业项目 94 个。完成成都学院与龙泉驿区共建"成龙谷"孵化器建设任务,基本形成与国家西部中心城市发展相匹配的国家众创空间软实力。

3. 以建设"文创基地"为中心,推进双创平台支撑体系建设

结合成都学院学科发展特色,2015 年,菁蓉学院全面推进成都市青年文创基地建设,搭建政、校、企多方共赢创新创业支撑平台。采取"校内共建、平台共享"模式与英国圣地瑞丁有限公司建立西部第一个"成都青年珠宝设计中心";采取"专业技能与创业素质双提升"模式与深圳龙图游戏(龙图游戏)开展创新实践教育;采取"企业主导 学生运营"的模式,与台湾益多利有限公司联合建立西部第一个高校内台湾文创科技馆;采取"高端定制 高端培养"模式与浙江横店影视集团全资子公司浙江紫桓华韵影视有限公司共建"中国动画电影高端人才双创联合培养(西部)站";采取"共建内容 渠道共享"签约珠海电视台第四频道,共建青年文创作品播出同时承担新媒体类创新创业团队指导,指导创业项目的市场化建设。

(四)国家众创空间创业生态系统构建思考

1. 培育众创精神

哈佛商业评论《拥抱创新 3.0》总结了企业创新范式演进的特点,提出了企业创新模式的演化脉络(蒋德嵩,2013):从企业创新 1.0 阶段(封闭式创新,创新源局限在企业内部),到 2.0 阶段(开放式创新,广泛获取来自企业外部的创新源),

再到3.0阶段(嵌入/共生式创新,企业创新行为更加重视资源整合与共生发展)。众创精神实质上是创新3.0的一种范式。众创精神的培育需要一个长期持续的过程,随着"大众创业、万众创新"国家战略的提出,如何具体实施这一战略成了政府、企业和学校等参与者重点研究的课题。

首先,我们要探求众创精神的文化内核,从中国文化和泛文化背景中探寻众创精神的文化根源。对众创精神文化根基的探求目的是为全民创新提供合法性解释。个人行为受自我意识的支配,个人创新精神不仅受遗传基因的影响,更重要的是受后天环境的影响,而文化背景是影响个人意识进而影响行为的重要因素。探究个人创新背后的文化动机,既为个人创新精神提供好的动机解释,也为全民创新提供很好的合法性解释。其次,提炼众创精神内涵。对众创精神的提炼需要通过简洁、准确的语言进行概括。一方面众创精神有利于共同愿景的建立,另一方面有助于凝聚全民力量创业创新。最后,对众创精神进行分解与培育。需要对提炼后的众创精神进行具体化分解,这种分解使众创精神的培育具有了明确的依据。

2. 建立众创空间生态系统制度体系

众创空间创业生态系统三大运行机制的有效运转需要建立完善的制度保障。首先,制度体系的建立需要各个参与者的共同参与和认可。如果一项制度不能由制度指向的对象参与制定,那么这项制度的合法、合理性就很难保证;缺乏指向对象参与的制度在执行时将会遇到较大困难。其次,制度建设需要注意各层面法律、规章和政策的协调性。政府应建立各部门的协调机制,确保国家"大众创业、万众创新"战略的实施;将众创空间建设纳入各地方的规划体系,加强对地方政府有关众创空间创业生态系统建设面的考核;建立众创空间建设评价体系,引导众创空间良性竞争,避免重复建设;加快高校、企业和社会等众创空间研究机构建设政策支持。另外,加快产学研平台建设。政府应出台相关政策促进高校、企业和政府三位一体的研究平台建设,强化人力资本在创业创新中的价值。最后,加强知识产权保护。加快知识产权保护方面的法律法规建设,规范知识产权交易,加大对战略性新兴产业方面创业项目的政策支持。

3. 建设众创空间生态系统构建的硬件设施

众创空间的发展也必须依赖于各种平台和基础设施,比如:物理空间、办公场所、各种服务设施,等等。除了众创空间建设初期需要更多地关注办公条件和社区配套的硬件设施外,在进一步建设中,还需要关注信息网络基础设施建设,比如:云计算、大数据等服务平台。众创空间建设通过政府引导,社会资本参与建设,充分发挥市场对资源配置的作用。

二、双创品牌效应

品牌效应是商业社会中企业价值的延续,在当前品牌先导的商业模式中,品牌意味着商品定位、经营模式、消费族群和利润回报等。"双创"作为学校工作的重中之重,要想树立有效的品牌,必须将各方面的因素结合起来,才能扎实有效地推进。

(一)创业活动效应

2014年9月,国务院总理李克强在夏季达沃斯论坛上公开发出"大众创业、万众创新"的号召,"双创"一词由此开始走红。创业活动的火热开展,必将带来多方效应。

首先是备受关注的社会效应。创业活动的增加,意味着向社会提供了新的产品和服务,增加了新的社会供给。成都学院创业特色突出,得到社会肯定,一方面推广了学校知名度,同时又进一步充实了学校创业工作。

其次是在经济效益方面,国家鼓励地方设立创业基金,对众创空间环境打造给予补贴;对小微企业、孵化机构等给予税收支持等。创业活动扩大了需求,增加了就业机会,是失业治理的重要途径与手段。成都学院设立菁蓉(创业)学院负责创业工作,给予人力、资金、场地等的支撑,近三年来,合计打造孵化器4个,投入资金340万,注册公司24个,专利申请26项,产生经济价值2154.75万。2016年选择创业的2.4%的学生作为自主就业。

再次是在理念效应方面,北京市提出的"发展新经济、培育新动能"的理念在"双创"方面起到强的示范和引领作用。创业活动伴随着技术创新与技术进步,推动着生产方式和手段的变革,涌现出大批企业家,其中众多中小微企业迸发出强劲的活力和欣欣向上的趋势。创业活动打通了自我实现、向上流动的通道,创业者勤奋工作、自强不息、勇于创新的精神以及对金钱和事业的强烈愿望所形成的创业文化,深远地影响着社会的进步。学校善于从学生的思想教育入手,立足良好的创业政策和环境,抓住理念教育,让他们看到政府搭台、市场唱戏的大好环境,激发"双创"活力,培育积极向上不畏艰难的良好品质,自主投入创业大潮。

最后是在教育效应方面,高校作为学生创业的重要培育基地,创业活动的大力开展对学校教育体系产生了一定的效应。创业活动的火热开展客观上要求学校建立健全创新创业教育课程体系,变革教学方法,完善人才培养标准。要求逐渐转变教育模式,大力开展和扎实推进素质教育,不断提升学生的综合素质;要广泛开设创新创业教育校级必修课程和相关选修课程,探索推行非标准答案考试,结合学校和学院实际,探索建立创新创业教育学分积累与转换机制;要探索"塔式教育"体系,根据学生对课程的需求开设相应阶段的课程,既做到全覆盖,又体现个性化,形成丰富的创业教育课程内容;要延伸创业教育的途径和渠道,将创业教育植入企业,同时将企业引进学校,切实做到"校企联姻",有效提升学校创业教育和创业活动的实效。

(二)创业品牌辐射效应

要做好创业的品牌辐射效应,应当采取有力措施,做到思想上高度重视、组织上充分保障、工作上措施到位,切实发挥创业品牌辐射效应。

1. 切实加强领导,明确职责

第一,健全组织,加强领导。为加强组织领导,确保"双创"工作扎实有效开展,学校成立"双创"工作领导小组即菁蓉(创业)学院,专人专职负责。

第二,分工协作,明确职责。将各项工作分解到学院,层层落实责任,明确工作任务,确保工作有序开展。"双创"工作领导小组负责制订工作方案,研究部署具体工作,协调解决"双创"过程中的具体问题,扎实做好各项工作。做到责任到人、各尽其能、各司其职,保质保量地完成各项创建任务。

第三,强化保障,落实举措。要把"双创"工作列入学校工作重要议事日程,加强领导,强化措施,依据"双创"标准,扎实开展工作,抓好工作落实,并定期进行总结提升。

2. 加大宣传,着力营造"双创"良好氛围

第一,多种形式大力宣传,营造"双创"氛围。

学校将"双创"工作放在重要位置,成立菁蓉(创业)学院,形成独立的组织机构和专人负责制,为浓厚"双创"氛围营造打下了坚实基础。在氛围营造中做到内展外拓。学校先后举办"菁蓉汇"品牌相关活动6次,其中"创业天府·菁蓉创享会"之中国文化创意产业发展论坛直播曝光量达45万余人,在线参与人数达9万余人,社会反响强烈;邀请知名企业家担任创业导师,引进创业思路,举办创业讲座20余场;充分发挥校友力量,开展一对一结对帮扶,为创业学生保驾护航;为进一步拓宽创业路径,了解国际环境,开展双语创业教育课程,其中3位外籍人士担任任课教师;优化课程体系,为有创业梦想的同学开设SYB培训课程、寒暑假集训班、举办双创知识讲座等,让同学从零创业意识到创业先锋。强势的宣传已在校园中形成了讲"双创"、谈"双创"的良好舆论环境。

第二,着力打通"政产学研用"协同合作通道,主动集成社会资源投入创新创业人才培养。

建立创新创业实验班,探索跨院系、跨学科、跨专业交叉人才培养新机制,积极开展与国(境)内外相关高校开展教师互派、学生互换、学分互认和学位互授联

授等;强化创新创业平台建设,建好用好众创空间、创业孵化基地等平台,为学生提供创新创业优质服务;加强师资队伍建设,建立教师到行业企业、科研院所挂职锻炼制度,围绕创新创业教育工作要求,积极开展教师培训;建立创新创业导师人才库,聘请各行各业优秀人才到校担任专业课、创新创业课授课教师或指导教师。

建立长效机制,支持大学生开展创新创业竞赛,大学生创新创业竞赛形成了聚集大学生、教师、国家战略、社会资源、企业等诸多能量因子的强势能量场,要积极支持学生参加"互联网+"大学生创新创业大赛、机械创新设计大赛、工程训练赛等各级各类创新创业大赛和专项竞赛,着力形成多角度、多层次的辐射效应;大学生作为大学创新创业竞赛能量主体和辐射能量受体,走向社会把能量传递给了社会,走向企业把能量传递给了企业,大学的创新创业竞赛直接吸引了社会组织和企业参与,竞赛活动直接对社会和企业产生辐射影响。竞赛既是"双创"战略的落地生根,又会对"双创"战略的调整、完善具有重要的推进作用。高校要广泛深入实施大学生创新创业训练计划,切实助推优秀创业项目落地转化,培育、表彰一批大学生"创新创业之星",形成示范带动效应。

第三,强化保障机制,促进"双创"工作顺利开展。

大学生创业活动是高校创业教育最基本、最主要的形式,是高校开展创业教育的主要途径。要提高大学生创业意愿,应做到切实从大学生角度考虑,解决大学生创业过程中的困难,完善创业初期的扶持政策以及后期的资源保障政策,为大学生创业排除后顾之忧。

3. 夯实品牌,强化辐射效应

成都学院创业工作有坚实基础,创造独有品牌,有一定的知名度与美誉度,应当在固有基础之上进一步做好自身的品牌辐射效应。

推出新理念和新产品。学校可以凭借强大的品牌优势,依靠既定规模和良好的品牌印象,不断挖掘新理念,打造新产品。大力发扬工匠精神和企业家精神,培育创客文化,引导师生敢于将奇思妙想、创新创意转化为实实在在的创业活动。

引导学生做好品牌设计。学生是学校创业活动的主体,创业品牌的打造离不开学生对良好品牌的设计。大学生在进行自主创业过程中应充分发挥大学生思想先进、活跃的特点,构建具有新意、创意的品牌,吸引众多受众。良好的品牌设计在应用的过程中,使受众从商品外观、服务体会及享用过程中感到满意,同时,向社会传达大学生积极向上和敢于拼搏的精神。新时期,品牌设计的过程也是大学生适应市场经济的过程,有助于通过科学的决策,将自主创业进行到底。

拓展创业新空间。学校创业活动的顺利开展,离不开政策文化资源、教育教学资源、社会网络资源、实践实训资源等支持,这也是政府、高校、企业等几方资源主体的资源协同合作,资源协同必然不是简单的资源叠加,而是多方资源通过更优的思路、方式或平台实现资源存量的充分整合和统筹配置。这样才能科学地推动对资源投放的引导和监管,打造更为广阔的空间,赢取更多资源,使资源效应最大化,从而有效改善资源投入不断加码,边际效应不断降低,避免资源浪费现象。

第十一章

服务育人模式下服务型学生党组织建设的探索与创新

全国高校思想政治工作会议要求,要坚持把立德树人作为中心环节,把思想政治工作贯穿教育教学全过程,切实加强和改善党的领导,不断加强基层党支部的建设。高校作为培养人才的重要园地和党的建设的重要阵地,贯彻落实党的十九大精神和全国高校思想政治工作会议要求,深入开展服务型党组织建设,尤其是在广大青年学子中广泛开展服务型学生党组织建设,对于充分发挥党建育人功能,教育引导广大青年大学生党员坚定理想信念,牢固树立全心全意为人民服务的宗旨,继承和发扬党的优良传统,增长工作才干,增强党在青年大学生中的向心力、凝聚力、战斗力和引领力,培养和造就社会主义事业合格建设者和可靠接班人等方面具有重要作用。

第一节 高校服务型学生党组织建设内涵

一、高校服务型学生党组织建设基本内涵和实践意义

（一）高校服务型学生党组织建设基本内涵

高校开展服务型党组织建设,主要围绕立德树人根本任务,全面贯彻党的教育方针、培养社会主义建设者和接班人,在推进教育改革、搞好教书育人、加强教师队伍建设中发挥领导核心作用。高校服务型学生党组织,是高校培养中国社会主义事业建设者与接班人的重要载体。高校服务型学生党组织建设,就是要学生党组织服务于学生党员,全体学生党员服务于共青团员和普通大学生,其服务对象是大学生,其建设的关键是服务。高校服务型学生党组织建设是对原有学生党组织的转型升级,是对"学习型""创新型"学生党组织的进一步更新、完善和补充。在构建社会主义和谐社会的时代背景下,建设服务型学生党组织,就要不断增强党组织服务群众、凝聚人心的功能,发挥学生党组织的战斗堡垒作用和学生

党员的先锋模范作用,推进高校基层党建工作不断创新。

(二)高校服务型学生党组织建设的实践意义

1. 有利于立德树人根本任务的实现

高校作为党的事业的重要组成部分,肩负着培养中国特色社会主义事业合格建设者和可靠接班人的重任。高校学生党组织作为党在大学生群体的政治阵地,肩负着继承和发扬党的优良作风及光荣传统的重要使命。高校学生党员保持先进性,是高校党的先进性建设的重要基础。建设服务型高校学生党组织,就是要进一步扩大联系和服务师生的渠道,树立党员的良好形象,充分发挥大学生党员的先锋模范作用,促进党的作风建设,保持党组织和党员队伍的活力,提高党在基层的凝聚力、战斗力和号召力,使我们党和党员始终走在时代的前列,推动教育事业健康发展。

2. 有利于推进大学生党员素质提高

学生党员在我国党员队伍建设中发挥着重要作用。当前,大学生党员的思想政治素质总体情况良好,但仍然存在一些不适应新形势新要求新任务,比如少数党员入党动机不端正,存在一定的功利主义思想;有的党员常常以自我为中心,大局意识和集体观念比较薄弱;有的党员入党后放松自身要求,先锋模范带头作风发挥不突出。通过开展服务型学生党组织建设,能够进一步帮助大学生党员强化宗旨意识和群众观念,使大学生党员能够牢固树立正确的世界观、人生观和价值观,进一步坚定大学生党员对中国特色社会主义理想信念,不断增强道路自信、理论自信、制度自信和文化自信。

3. 有利于引领大学生成长成才

育人是高校的重要使命。开展服务型学生党组织建设,围绕服务发展、服务社会、服务师生、服务党员等方面切实开展服务活动,对于促进学生成长成才具有重要意义和作用。它不仅可以增强大学生党员的荣誉感、责任感、使命感,激发大学生党员勇于担当、敢于奉献的工作热情,促进大学生立志成才,还可以为其他学生树立榜样,引领和带动广大青年学生在思想上、行动上自觉向大学生党员不断看齐。开展服务型学生党组织建设还能够为大学生党员和广大学生提供了解社会、增长见识、锻炼能力的机会,有效促进大学生党员成长成才。

二、高校服务型学生党组织建设现状分析

(一)高校服务型学生党组织建设的基本情况

1. 服务型学生党组织建设开展情况

目前,高校服务型学生党组织建设开展主要存在以下几个方面特点:一是高度重视,积极实践。各高校充分认识到学生基层服务型党组织建设的必要性和紧迫性,并结合学习型党组织建设,进行了积极的探索和实践。例如,成都学院各学院打造党建活动中心等服务平台,通过建立上下连贯的服务体系,整合资源,打造品牌服务项目。二是注重加强制度建设。当前,很多高校出台了学生基层党组织和党员联系群众、服务群众的实施意见,并规范了各项工作措施,提供了制度保障。三是在建设中注重实践创新和理论创新。各高校在夯实基础工作的同时,注重实践创新和理论创新,不断增加建设的有效性、实效性和群众满意度等,如设立爱心基金、党群共建等。

2. 高校服务型学生党组织建设中存在的问题

当前,高校服务型学生党组织建设取得了一定成效,大学生党员队伍主流积极健康向上,保持良好发展态势,学生党员数量增加、结构改善、质量提高,但也存在一些问题。一是学生基层党组织及学生党员的服务意识还不够清晰,服务的积极性、主动性有待增强。在高校服务型学生党组织建设中,大多存在服务意识不清晰,不能正确处理好"管理"和"服务"的关系,大多数学生党员们虽在主观上具有一定服务意识,但常常习惯于接受管理,服从组织安排为群众服务,主动服务的积极性还存在较大提升空间。二是学生党组织及学生党员的服务能力有限,模范作用有待提高。学生党员自身的一些情况,导致其服务能力有限。如有些党员平时不自觉主动学习党的政策理论知识,关注时事政治较少,思想觉悟不高,缺乏持续的热情和动力,不能很好地发挥党员的先锋模范作用。三是学生基层党组织缺乏有针对性的服务内容,服务机制有待完善。活动形式相对单调,参与度不高,缺乏对于工作的归纳、梳理和总结,机制建立不完善,针对性的措施不强,做法比较零散,缺乏系统性、全面性。四是学生基层党组织服务网络不够畅通,平台缺乏,服务针对性有待加强。目前高校学生基层党组织服务平台相对单一,多以志愿服务为主,服务针对性不强,参与度不高,实效不够理想。

第二节 成都学院服务型学生党组织建设主要内容

党建是育人的重要手段。高校服务型学生党组织建设是加强大学生党员思想政治教育的有效手段,是加强大学生党员社会实践教育的有效举措,也是引领大学生成长成才的有效途径。近年来,成都学院党委按照中央、省市委要求,坚持党的教育方针和社会主义办学方向,紧密结合学校工作实际,始终把服务立德树人放在突出位置,以党的十九大精神为指导,贯彻落实习近平新时代中国特色社会主义思想,认真贯彻落实全国高校思想政治工作会议精神,把服务放在中心位置,以服务作为党建工作的切入点和重要支撑点,努力用服务来加强党建、用服务来推进发展,着力推动高等学校党的建设实现全面从严治党合格、引导党员政治合格、共产党员行为和作风合格、改革发展稳定的各项工作合格的目标要求,推进高校学生党建工作组织化、制度化、具体化,全面强化思想引领、环境熏陶和素质提升,不断提高人才培养质量,积极为学校的改革和发展提供坚强的组织保障。

一、丰富服务型学生党组织建设的服务内涵

服务型党组织建设的本质就是服务。成都学院党委以服务型党组织建设引领学校党建工作,把服务作为学校党组织建设最鲜明的旗帜,围绕立德树人的根本任务,提出服务师生、服务教学科研、服务经济社会发展的"三服务"理念,激励各级党组织强化服务意识,明确服务内容,优化服务功能,提升服务能力,通过加强服务型党组织建设,不断增强基层党组织的吸引力和影响力,提升基层党组织的创造力、凝聚力和战斗力。针对服务型学生党组织而言,即服务学生成长成才、服务学校建设发展、服务地方经济发展。

(一)服务学生成长

高校学生党组织是党在青年大学生中的战斗堡垒,承担着培育和发展、教育和管理学生党员的重任,肩负着引领高校青年大学生健康成长、立志成才、全面发展的伟大使命。党对青年工作的重视,高校服务型学生党组织的建设也应包含服务学生成长成才的内涵要求。随着高等教育的发展,青年大学生的数量不断增长,高等教育正逐步实现大众化,大学生党员素质的要求同样不断提高,对于党和国家来说,只有赢得青年才能赢得中华民族的伟大复兴。高校学生党组织使他们正确处理个人需求和学校整体利益的关系,使他们能够将全部的精力投入到学习和工作中去。学生党组织应服务于青年学生的理想信念养成,使他们树立正确的品格修养,积极培育和践行社会主义核心价值观,服务于青年学生的学习能力提升,服务于青年学生的实践创新,服务于青年学生的梦想实现,为他们的志向实现和目标成功提供更有利的支持。

(二)服务学校建设

当今社会在政治经济、思想文化、生活方式等方面的多元化态势日趋明显,高校作为社会新形势的直接影响者,也在不断进行着管理体制、教育机制、教学理念、教学内容、育人模式、培养路径等方面的一系列调整,调整的过程也是高校学生在思想认识、学习生活、自身利益等各方面不断适应的过程。这种调整为学校提供了难得一遇的发展机遇期。而要抓住这一机遇期,就必须在组织建设方面突

出服务性,团结师生的力量,凝神聚力,促进学校的发展建设。高校学生党组织是直接面向学生的组织优势开展服务工作,体现服务学生取向,为学生的各项工作以及日常生活,创造良好的环境和前景,服务学校教学科研的环境创设,服务管理活动的条件创造,为学校的发展建设提供最本质的动力要素,促成全校师生团结一致,为学校的改革和深入发展贡献力量。

(三)服务地方经济发展

社会服务是当代大学的职能之一,在地方经济社会发展过程中发挥着越来越重要的作用。成都学院作为一所成都市属高校,反哺社会、服务地方是义不容辞的责任。同时,随着高教大众化的到来,教书育人理念、人才培养模式也发生了变化,以服务求发展、以贡献求支持、以合作求双赢已经成为高校办学的新路径。学校在改革发展过程中,紧跟高等教育的发展步伐,围绕人才培养中心任务,主动对接区域经济社会发展需要,积极探索服务地方的新途径,增强服务地方的新本领,为地方经济社会发展做出了应有贡献。近年来,学校上下形成了"立足成都、服务成都"的办学思想,广大师生自觉参加体现新发展理念的国家中心城市建设,制定落实了服务地方经济社会发展的措施,积极为地方经济文化社会发展贡献力量。学校师生党员利用暑假期间进行调研,紧密围绕社会培训、专业发展、学生实习实训基地建设和就业需求,与相关部门对接,实现所培养的应用型人才在社会服务体系中的精准服务。

二、增强服务型学生党组织建设的服务功能

服务功能是学生党组织建设的重要内容。成都学院党委在服务型学生党组织建设过程中,注重增强学生党组织的服务功能。一是创新组织建设。根据学校党委统一部署,对支部的设置进行优化。按工作需要设置党支部,扩大组织覆盖和服务覆盖。学生按专业、年级或学生公寓设立,横向纵向设置相结合,保证学生在校期间学习成长与党员教育发展的结合与连贯性。厘清党组织管理权责不够清晰等问题,确保服务有主体、有依托、有出发点。在优化党支部设置的基础上,创新性地将学生党支部建在创新创业团队,试行在学生宿舍区建立"党员服务站",积极开展日常的党员服务。

二是选优配强支部书记。持续推行支部书记培训计划,通过认真抓好选配、培训和保障三个环节,初步建立了一支愿服务、善服务的党员骨干队伍。利用党委中心组学习、学习讲坛等多个学习平台,组织全校党员干部通过系统学习上级有关文件和讲话精神,深入开展学习交流、参观访学以及围绕做好服务、强化服务意识、基本理论知识、基本的政策规定和服务的基本方法。举办党员领导干部学

习研讨班和党组织书记专题培训班,轮训学生党员干部和党支部书记 300 余人次。同时,学校各基层党委也结合单位实际,开展了系列学习培训活动。学生党员干部的服务意识和服务能力有了新的提高,大家普遍反映,原先在党支部书记队伍中普遍存在的服务意识不强、"不愿干、不会干"问题,得到了较好的解决。

三、提升服务型学生党组织建设的服务能力

服务型学生党组织建设过程中存在"服务内容不全面""服务功能不能完全到位""作用不够明显"等问题,需要通过提升服务能力来提高党在基层的号召力。

一是强化理论育人,坚持把思想理论武装放在首位,紧贴学生实际需要创新培训内容,积极探索研究式、案例式、体验式、模拟式等教学方式,不断提升培训实效。探索实践育人,紧密结合大学生党员专业实践,积极动员学生党员组织学生社团和参加学生事务管理工作,持续协调组织大学生党员带头参加"志愿服务""创新创业""精准扶贫"及暑期社会实践"三下乡"等实践活动,使学生党员在实践中提升思想境界,发挥先锋模范作用。

二是加强骨干培训,建强服务队伍。构建全方位的教育培训体系,依托成都市委组织部"蓉城先锋"党员教育平台,建成"成大先锋"网络和微信服务平台,实现学生党员教育全覆盖,落实学时制管理服务制度。充分发挥校、院(系)两级党校主渠道作用,逐步形成新生启蒙教育、入党积极分子培训、发展对象集中培训、党员继续教育、毕业生党员专题培训等环节相互衔接、互为补充。优化教学团队,学校党校聘任了 70 余名教师,根据授课需要组建了 9 个教学科研团队,突出党校教学专业性。充分利用各类远程教育平台,组织广大党员干部认真学习、交流、研讨;选拔优秀学生党员参加学生骨干党员学习,借鉴优秀经验;结合开展主题教育活动深化培训效果,如学党章活动、纪律教育等,促使广大党员提升党性修养,在服务型基层党组织建设中贡献力量。

三是深入开展结对共建帮扶等工作,通过坚持面向师生,用师生喜闻乐见的方式,拓展服务方式和平台,创新服务模式,努力实现党组织的零距离服务,有效促进学生党员和入党积极分子在思想、学习、生活等方面的成长。树立先进典型,发挥先锋模范作用。结合"美丽成都·党员示范"活动,认真开展"五创五带头示范"行动,在学生党员中创建党员示范岗,党员示范团队,开展"三个一"党建项目,即"一批服务阵地""一批特色项目""一批优秀团队",定期开展民主评议学生党员活动,对每个党员进行组织考察和评价,促进学生党员按照党员标准加强自我教育和党性锻炼,努力成为"政治上的明白人、学习上的带头人、各项活动的领头人、关心学校的有心人"。

四、创新服务型学生党组织建设的服务方式

创新服务载体,构建服务格局。学校党委加强党员教育实体平台的建设,鼓励各学院完善党员活动室、建设党员先锋岗、党员志愿服务队,丰富服务型党组织建设的内容;依托校企合作平台,与产学研合作单位探索党支部共建模式,创新载体,拓展支部建设内涵。运用各类媒体平台进行宣传和报道,对率先取得重要价值的创新成果进行宣传引导,转发经验做法,召开现场交流会,确保典型项目"树得起""过得硬"。

创新"三会一课"方式,丰富组织生活内容。围绕重大节日节点,积极探索适应新时期大学生党员特点的组织生活新形式,积极开展微党课、党的知识竞赛、新党员入党宣誓等一系列主题党日活动。结合党员主题教育活动等主题,组织党员到红色基地开展党性教育活动,切实加强党员党性锻炼。

创新社会服务形式,提高服务能力。发挥地域优势开展留守儿童关爱活动。学生党员深入地方开展留守儿童调研,进行学习辅导、心灵沟通等关爱活动。发挥知识优势开展信息化服务活动。由学生党员组成服务队开展信息化服务,进行office 技能及教学软件应用培训。结合精准扶贫、志愿服务等,引导学生党员积极参与,多个项目荣获中央、省市大奖。这些创新型社会实践服务充分体现出学校师生服务学校、服务地方、服务社会的综合价值。

五、健全服务型学生党组织建设的服务机制

注重以服务为导向的制度设计,努力建立科学长效、直面需求的服务工作机制。完善了学校党委领导班子成员基层联系点制度、定期听课制度,建立了领导干部联系学生班级制度。健全管理制度和完善实施方案,是各项活动按期推进的基本保障。学校成立党员义工服务队,建立党员帮扶制,设立"党员公寓"等机制,围绕立德树人,为完善服务型基层党组织建设提供保障。

建立党员"结对子"帮扶机制,充分发挥朋辈教育优势,从思想、学习、生活等方面全方位引导,以实际行动帮助困难学生更好适应大学生活。发挥党员干部骨干教师的"传、帮、带"作用,对青年学生进行指导,树立"导学相长"的思想,构建互相学习、互相探讨、共同提高的融洽氛围。

建立健全基层党组织服务党员和群众制度,充分发挥学生党支部的桥梁、纽带作用。建立规范的党员挂牌制度,实行党员挂牌、党员学生宿舍挂牌制度,使学生党员强化党员的责任意识和服务意识,充分发挥党员的先锋模范作用。建立健全党员服务责任制和承诺制,明确并细化党员履行联系服务广大师生员工的岗位

要求,确保学生党员经常深入同学中,并定期收集党员和群众亟待解决的需求,增强党员联系群众、服务群众的主动性。

将学生党组织服务工作纳入高校党建工作考评体系,突出对党组织服务意识、服务能力、服务业绩的考评,努力把各项创建要求转化为师生最关心、可感知、好评价的指标体系。同时加大考核督查力度,检验基层党支部书记组织开展活动的效果。抓好场地保障,鼓励和帮助各单位建好"党员之家""党员活动室""党员资料室"等场地,健全管理使用制度,强化督促检查,确保建好用好党建阵地,使党员师生开展活动有场所,接受教育有阵地。

第三节 成都学院服务型学生党组织建设成效及启示

一、成都学院服务型学生党组织建设主要成效

成都学院党委把加强基层党组织建设和加大基层党组织服务教育培训的力度结合起来,经过近些年的建设与发展,取得了较好的效果。

(一)大学生党员发展质量切实提高,党性修养不断增强

学生党组织增强了服务意识,在基层党组织和学生党员中初步树立和培养了服务发展、服务改革、服务党员、服务群众、服务民生的"大服务"理念,逐步形成了以服务发展、服务群众为核心的服务意识,强化了对党负责、对事业负责、对师生负责的责任意识,培养了一批"愿服务""懂服务""会服务""服务好"的党员骨干,极大地调动了党员的干事创业热情。在 2016 年教育部组织开展全国高校"两学一做"支部风采展示活动,我校选送了两个学生党支部 3 个项目分别荣获推荐展示精品作品、推荐展示优秀作品和推荐展示特色作品。

(二)基层党组织创新活力激发,党支部战斗堡垒作用和党员先锋模范作用充分发挥

通过服务型学生党组织创建工作,学校创新了一系列贴近基层、贴近实际、贴近师生的服务载体。一是提升了服务能力和素质。以往在基层党组织和党员中一定程度存在的"不愿服务、不会服务"的问题得到较好的解决,提高了他们推动工作水平和干事创业的能力。搭建了党员直接联系和服务师生群众的网络,把广大党员干部置身基层和一线,使师生群众真切感受到了党的温暖和各级组织的关怀,增强了党建工作的渗透力和影响力,夯实了党的群众基础和执政根基。二是激发了活力。创建工作的开展既转变了基层党员干部的作风,又增强了基层党组

织的凝聚力、战斗力,更激发了基层党员的干事创业的信心和决心。通过健全党内激励、关怀、帮扶等机制,激发了党员的活力,党员干部主体作用得到有效发挥,工作作风更加扎实,工作热情更加高涨,服务质量明显提高。

(三)学校教风学风进一步改善、人才培养成效进一步提升

学校各级党组织和广大党员干部将创建工作与推动学校改革发展结合起来,积极解决了一批师生员工关心的热点问题,推动解决了一些滞碍学校建设发展的重点问题,学校发展形成良好势头。学生党员带动广大学生学习的主动性和创造性,养成良好的学习风气,积极参与学校教风学风建设,自觉遵守相关规定,自觉维护课堂纪律,在提升学校基层党建的工作水平的同时,更有效地推进了学校的人才培养。在2017年省市级以上学生重大科技竞赛获奖项目中,由学生党员带队或参与的项目比例高达55%,党员毕业生就业率100%。

二、服务型学生党组织建设主要启示

十八大以来,作为高校学生工作核心的学生党建工作受到从中央到地方的高度重视。近几年的高校学生党建工作发展一方面呈现出积极的工作现状,另一方面也反映出大学生党员素质参差不齐、党组织服务水平不一等问题。因此有必要通过实效性和创新性路径来改进高校学生党建工作的思路、方法和形式。

(一)切实加强服务型学生党组织组织领导

高校服务型学生党组织建设事关党的事业和特色社会主义事业。高校党委要从培养中国特色社会主义事业合格建设者和可靠接班人的角度出发,站在党和中国特色社会主义事业发展全局的高度,把服务型学生党组织建设作为立德树人的重要抓手和高校基层党建工作的重中之重切实抓紧抓好。要加强领导,构建由高校党委统一领导、二级学院党委(总支)具体负责、学生党组织具体实施的工作体系。要把对服务型学生党组织建设的深刻认识转化为具体的工作思路和举措,落实为具体的工作任务,并加大监督考核的力度。二级学院党委(总支)要把服务型学生党组织建设作为基层党组织建设的重要任务和大学生思想政治教育的重要途径,精心做好服务型学生党组织建设的顶层设计,科学构建学生党组织服务体系,不断丰富服务载体,完善服务网络,建设营造良好氛围。学生党组织要加强党员的教育和管理,严明组织纪律,并结合自身的特点和优势找准服务的突破口,积极开展服务活动,使广大党员在服务中尽责任、受教育、增才干。

(二)注重激发服务型学生党组织建设活力

学生党组织的服务活力是高校服务型学生党组织建设成败的关键。开展服务型学生党组织建设,要充分激发学生党员的参与热情,围绕学校建设发展、社会

文明进步、大学生成长成才等方面主动担负起党员和党组织的责任,变被动服务为主动服务,充分发挥党员和党组织本应发挥的先锋模范作用。激发学生党组织服务活力,首先,要着力解决大学生党员思想深处的认识和观念问题,加大大学生党员的思想教育力度,使大学生党员进一步坚定理想信念,牢固树立宗旨意识。其次,要加强学生党组织领导班子建设,选优配强领导干部,提升学生党组织的领导水平,增强工作的积极性、主动性和开拓性。再次,要加强学生党组织凝聚力、战斗力和创造力建设,要充分发扬党内民主,完善民主决策机制,大力营造想干事、能干事、干成事的工作氛围,充分发挥大学生党员的主体意识,尊重并注意吸纳党员的合理意见及建议,增强服务的主动性,激发创造性。此外,还要加强党员的管理,加强党组织与党员以及党组织内部成员之间的沟通和交流,不断增强党员对党组织的认同度和归属感。

(三)不断增强服务保障工作水平

开展服务型学生党组织建设,着力提升服务水平,不仅事关学生党组织自身服务活动的成效,而且还直接影响党建育人的水平和层次。高校党务管理部门和各二级学院党委(总支)作为服务型学生党组织建设的校院二级领导机构,要根据工作职责,强化服务保障,提升学生党组织服务水平。一是要加强业务指导,明确服务型学生党组织建设的思路、导向、原则与路径,引导学生党组织科学选择服务内容、有序开展服务活动。二是要加强党员培训,完善党员教育培训机制,定期开展专题培训,提升党员综合素质。三是要加大对服务型学生党组织建设的支持力度,为其提供必要的经费、活动场地及设施设备等资源保障,着力解决制约服务型学生党组织建设的条件瓶颈。四是要加强制度建设,规范服务型学生党组织建设的领导和管理,规范活动的组织与监管,健全考核激励机制。

(四)积极加强统筹协同推进力度

开展服务型学生党组织建设是一项系统工程,不只是党务部门或党务工作者的事情,需要学校各相关部门加强联动,需要全体师生齐心协力共同推进。首先,在活动部署阶段,服务型学生党组织建设涉及的组织、宣传、学工、团委等部门,要加强协作鼎力配合,精心做好活动的组织宣传与服务保障工作,创设良好的环境。其次,在活动的组织阶段,各二级学院党组织作为活动任务的主要承担者,要加强对党建育人、专业课程育人和实践育人的深入思考,把服务型学生党组织建设与大学生思想政治教育、社会实践锻炼、专业素质提升和创新能力培养等有机融合。加强对高校党务工作者、思想政治辅导员、思政理论课教师、专业课程教师的资源整合,提升育人实效。再次,在活动的实施阶段,要加强学生党组织与学生党组织以及学生党组织与共青团、学生社团、专业班集体、社会公益组织、政府机构和街道社区等的联动,统筹好服务学校发展、服务社会文明进步、服务学生成长成才和服务党员发展进步的关系,不断拓展学生党组织服务的范围和途径,不断壮大服务力量,提升学生党组织服务的能力和水平。

第十二章

服务育人模式下资助育人的探索与创新

第一节　国内高校资助育人工作背景及概况

一、国内高校资助工作历史沿革

高等教育走向全面普及化的今天,每一名大学生能否顺利完成学业是一个国家高等教育是否成熟的重要标志。习近平总书记在中共十八届三中全会决定中也强调:要"大力促进教育公平,健全家庭经济困难学生资助体系"。我国拥有一套完善的国家资助育人工作政策,每一个贫困家庭的孩子可依法通过国家资助政策顺利完成学业。资助育人工作开展顺利与否对国家的建设和发展具有重要意义,也是实现科教兴国、人才强国战略的重要举措。党和政府历来十分重视高校大学生的资助政策。新中国成立之初,基于当时的国情,对所有高校大学生实行"人民助学金制度",即大学生不收费,国家全额资助的政策。随着改革开放我国经济迅猛发展,高等教育收费制度和贫富差距开始出现,国家对大学生的资助政策,是推进我国教育事业改革创新的一个重要方面。1977 年以来高等学校的招生规模不断扩大。特别是进入 21 世纪以来,我国高等学校的招生规模得到了迅猛发展,大学生数量日益增加。据统计,1977 年,考生 570 万,录取 27 万人,录取比例仅有 4.8%;全国高校大规模扩招始自 1999 年,按当年统计,全国普通高校招生160 万人,比 1998 年增加了 52 万人,增幅高达 48%。而到了 2017 年,考生 940万,录取 737.8 万人,录取比例高达 78.49%。可见,进入 21 世纪以来,我国高等教育已从精英教育迈入了大众化时代。中共中央十八届三中全会报告指出,要"大力促进教育公平,健全家庭经济困难学生资助体系"。《国家中长期教育改革和发展规划纲要(2010 - 2020)》第十八章"保障经费投入"中也规定:"健全国家资助政策体系。完善中等职业学校、普通本科高校和高等职业学校家庭经济困难学生资助政策体系。完善助学贷款体制机制。推进生源地信用助学贷款。根据经济发展水平和财力状况,建立国家奖助学金标准动态调整机制。"这些规定对于建设社会主义文化强国,增强国家文化软实力具有重要战略意义。国家的资助育人政策为每一个梦想接受高等教育的孩子提供可靠保障,对提升全民文化素质具有重要作用,对于边远山区少数民族学生加大资助力度,不仅创造了青年人受教育的机会,更是对民族团结和国家稳定做出了重要贡献。

二、国内资助育人研究现状和成都学院资助工作发展概况

(一)国内资助育人研究现状

进入 21 世纪以来,我国高等教育已进入了大众化时代。教育部组织学者对高校学生资助问题进行了政策性研究。他们从国家战略和教育政策出发讨论资助家庭经济困难大学生的可行性、合理性;主张建立资助家庭经济困难大学生的新型体系;全面分析了造成大学生困难的社会因素、经济因素和文化因素。有的学者在微观上针对"奖、免、助、贷、补"这一多元资助体系在实施过程中所存在的问题展开研究。有些学者针对资助额度小、奖励面设定不明确、勤工资助岗位少,对家庭经济困难学生的学习成绩有影响,对生活条件的改善有限,学生学费、住宿费减免有限,可能会导致家庭经济困难学生出现依赖心理等问题进行研究,提出可行性办法;还有些学者提出加强社会力量如:企业、银行、慈善机构、个人对家庭经济困难大学生的资助,提高总体资助额度,给大学生一个稳定良好的学习环境。

目前,国家、学校在高等教育阶段建立起国家奖学金、国家助学金、国家励志奖学金、地方政府奖学金、地方政府助学金、国家助学贷款(包括校园地国家助学贷款和生源地信用助学贷款)、师范生免费教育、退役士兵教育资助、学费补偿助学贷款代偿、新生入学资助项目、勤工助学、学费减免等多种形式有机结合的高校家庭经济困难学生资助政策体系。家庭经济困难学生考入大学,可以申请生源地申请助学贷款。进入学校后,学校资助部门将会对学生展开调查,进行家庭经济困难学生认定并划分困难等级和所得助学金等级。其中,解决学费、住宿费问题,以国家助学贷款为主,以其他国家、地方性奖学金等为辅;解决生活费问题,以国家助学金、地方性助学金为主,以勤工助学等为辅。此外,国家、地方政府、学校还积极引进知名企业、慈善家、社会团体、杰出校友等设立奖助学金,一方面解决经济困难学生的实际问题,另一方面给学生创造接触社会、与杰出人士交流的机会。

(二)成都学院资助工作发展概况

根据国家决策部署,我校成立学生资助管理中心,全面负责我校学生资助工作。资助管理中心是我校学生处下属的科级部门,由负责学生工作的副校长分

管。中心共有三名专职工作人员,全面负责我校资助各项工作;负责起草学校学生资助的各项政策、制度以及具体实施方案,进一步完善学校帮困助学体系;负责全校家庭经济困难学生的认定、国家奖助学金的评定发放、国家助学贷款审核回执统计、征兵入伍学费补偿代偿、建档立卡困难学生资助;负责各学院资助工作人员的培训及指导工作;负责组织困难学生的思想教育引导工作;负责对全校孤儿、残疾等特殊学生的日常教育、管理等工作;负责勤工助学、学费减免等其他日常工作。同时我校各学院配备有专职辅导员负责所在学院的学生资助工作,我校在办公场地、设备、经费、人员等方面都给予大力支持,为学生资助工作的开展提供有力保障。

据统计,我校 2010 年从事业收入中提取 309.01 万元用于在校学生奖助工作,2016 年提取金额提高到 1149.0821 万元,涨幅高达 271.86%。

第二节　成都学院资助育人工作做法和经验

成都学院现有全日制在校学生两万余名,认定家庭经济困难学生 7209 人,占在校生总人数的 36%。其中特殊困难 2181 人,占家庭经济困难学生总人数的 30.25%;农村户口 5655 人,占家庭经济困难学生总人数的 78.44%。学校家庭经济困难学生比例较高,资助工作在学校人才培养过程中具有举足轻重的作用。

学校历来高度重视学生资助工作,始终坚持"服务成长、重在育人"的工作理念,贯彻执行国家政策,积极构建兼具经济援助和关怀育人的资助工作模式,将培养青年学生全面发展作为资助育人工作的目标,建立起"一个中心,两个维度,四个平台"的具有精准化、个性化和差异化特色的助学长效机制。即以"立德树人"为中心,构筑服务学生和学生自我服务两个维度,依托资助育人品牌活动、学生事务线上线下服务中心、创业型勤工助学经济实体和"爱心银行"四个平台,把握时代责任和努力方向,加强励志教育、诚信教育和社会责任感教育,指引青年学生健康成长、建功立业,培养青年学生自立自强、诚实守信、知恩感恩、勇于担当的良好品质。在确保资助工作规范、精准、及时、高效的同时,努力探索精准资助新模式,不断提高资助工作信息化水平和资助工作精准度,有效缓解困难学生的学习和生活压力,解除家庭经济困难生的后顾之忧,让受助学生同样享有人生出彩的机会,切身感受党和国家的关心、学校和社会的关爱,愉快学习、幸福生活、全面发展。

一、健全机制确保资助管理工作精细化

为了使资助工作做到有据可依、有章可循，我校根据国家资助政策先后制定了《成都学院学生奖励办法》《成都学院单项奖学金评选办法（试行）》《成都学院家庭经济困难学生减免学费实施办法》《成都学院家庭经济困难学生认定工作实施办法》《成都学院国家助学金实施细则（试行）》《成都学院学生临时困难补助发放办法》《成都学院勤工助学管理办法（修订）》《成都学院研究生国家奖学金评审管理办法（试行）》《成都学院研究生国家助学金管理办法（试行）》《成都学院研究生学业奖学金评审管理办法（试行）》《成都学院研究生学校奖学金评审管理办法（试行）》《成都学院研究生学校助学金管理办法（试行）》《成都学院研究生新生奖学金评审管理办法（试行）》《成都学院研究生"三助"（助管、助教、助研）岗位设置与管理办法（试行）》等资助工作管理规定和实施细则，有效保障了我校各项资助工作的有序开展。同时，我校还根据国家和省、市每年资助工作精神，及时对各项管理规定进行修订完善，形成了较为完备的奖助制度体系。

二、树立榜样开展资助育人活动品牌化

（一）树立一批励志成长成才典型

学校开展了寻访身边的励志成长成才优秀学生典型、"自强之星"评选等活动，每年发现和选树一批自强不息、奋发成才、勇于担当、服务社会的典范，涌现出被国内外媒体和社会广泛关注的带着奶奶上学的刘琳、2016 年度"中国大学生自强之星"岑倩、"践行社会主义核心价值观先进个人标兵"严柳等一大批优秀的励志学生典型。

（二）深入开展"助学·筑梦·铸人"主题教育活动

学校把握学生特点，利用每年的主题班会、主题讲座、励志典型宣讲、征文比赛、专题讲座、义务家教等方式在全校范围内开展诚信教育、感恩教育、励志教育。邀请校内知名教师、校外知名人士开办励志讲堂，让家庭经济困难学生近距离分享名师大家的青春奋斗故事；家庭经济困难学生通过图片、文字、视频等方式讲述自己的励志故事，分享自己在成长路上的点滴，传递自立自强、与命运抗争的不屈精神，倡导知性、感恩、自信、有爱、有梦、诚信等积极健康生活态度，激励家庭经济困难学生用奋斗追寻梦想。"助学·筑梦·铸人"活动充分展现了学生在国家、学校、社会的关爱中奋发向上的精神风貌。

三、更新服务理念实现资助工作精准化

近年来,成都学院着力打造"满足学生差异化需求"的资助个性化服务,注重"按需资助"和"实践能力提升"相结合,致力于在开展"精准资助"的基础上,提高学生综合素质和服务社会的能力,促进家庭经济困难学生全面成长成才。

(一)积极构建"一站式"学生资助服务工作体系,提供"个性化"咨询和"零进站"业务办理

成都学院学生资助服务工作依托学生事务服务中心,坚持便捷、高效的工作理念,实行"错时办公"或"延时办公"制度,让学生"少跑一趟路、少进一扇门、少找一个人",努力推动学生资助服务管理工作由"统一供给"向"个性化服务"转变,逐渐建成集教育、管理、服务于一身的"一站式"学生资助服务体系。学校资助管理中心在学校学生事务大厅设"资助业务办理"窗口,学生只需持本人有效身份证件,便可在该窗口"一站式"完成政策咨询、奖勤助贷办理、学费减免和临时困难补贴申请等业务;同时资助管理中心在学校学生事务服务中心网站嵌入资助工作模块,学生足不出户,即可在线上完成个人信息查询及修改、银行卡号变更、临时困难补助申请、公共物资租用、爱心银行借款申请及审批等业务,使学生"零进站"便可享受到学校资助管理中心提供的各类个性化服务。学生"一站式"资助服务工作体系构建起智能连接、智能平台、智能应用三者深度融合的校园公共资助服务生态,切实提高了学校资助工作的服务水平和效率,使学生资助服务工作实现个性化、信息化、精准化。

(二)认真落实精准资助,坚持走访贫困生家庭

为宣传党和国家的资助政策,充分了解经济困难学生家庭实际情况,加强家庭经济困难认定和帮扶工作的精准化,校资助管理中心工作人员和辅导员从2008年至今连续10年,分别赴重庆、绵阳、西昌、广元、攀枝花、乐山、巴中、广安、阿坝州等9个市(州)所辖区县的数百个家庭经济困难学生进行实地家访。家访对象以特殊困难的农村困难家庭为主。在给予慰问金的同时,通过走访、座谈、问卷调查等方式了解搜集学生实际情况,为做好家庭经济困难学生的认定、差异化制订家庭经济困难学生资助方案提供了参考依据。同时,学校和学院定期通过电话、短信等方式和家长取得联系,沟通学生在校学习生活情况,了解学生家庭现状,通过家校联系精准帮扶学生,助力学生成长。

(三)以生为本"无障碍绿色通道"一步办理报到注册

为了使家庭经济困难学生不因缴不起学费而辍学,真正实现"一个都不能少"的精准资助理念,学校资助管理中心大力开展"绿色通道"宣传工作,并简化办理

程序,经与学校相关部门沟通协调,全面开放政策,学生只需在辅导员处进行登记,即完成报到,实现从进门到入住寝室只需"一步"的便捷服务。通过"绿色通道"真正实现家庭经济困难学生入学畅通无阻。

四、创新理念搭建平台,实现"授之以渔"

在完善经济资助体系的基础上,不断强化家庭经济困难学生的能力建设和资助服务工作的育人功能。将创新创业能力培育、就业能力提升和资助工作紧密结合,充分发挥创业经济实体和勤工助学"济困"和"育人"的双重作用,在提高学生"回报社会""服务社会""感恩社会"认识,促进学生全面成长成才等方面,发挥了积极作用。

(一)创建校内助学经济实体,搭建创业实践平台

为有效地将济困助学与育人结合起来,同创业实践结合起来,让家庭经济困难学生通过创业型实践,真正地接触市场,接触社会,学校资助管理中心与菁蓉(创业)学院紧密合作,为学生提供经济、场地支持和专业指导,创建爱心创业超市、"胖橘猫"创业咖啡、菁蓉创工坊、忆橙咖啡等由学生自主经营管理开设的校内经济实体。创业型助学经济实体既有效推动了我校的创业教育,又充分发挥了资助育人功能。以勤养勤实现了由传统的经济援助型资助向培养创新创业能力的育人型资助方式的转变,实现了从"输血"到"造血"功能的转化。在对现有的校内创业空间整合后进行科学化管理,允许有创业能力的家庭经济困难学生以承包的方式进行运营,由学校相关部门进行监控,实现资助帮扶和创新创业教育的"双赢"。通过创业型助学经济实体有效发挥资助工作"助困"和"育人"两项功能,为家庭经济困难学生减轻经济压力,为有创业需求的学生提供创业指导和实践平台,为传统教育环境下长大的学生培养自我创新能力,并不断深化对新型创业教育内涵的理解和认识。

(二)拓展勤工助学,提高学生业务能力和技能水平

为进一步发挥学生人力资源作用,倡导学生参与学校的发展和建设,提高家庭经济困难学生的职业素养和业务技能,学校每年提供近300个校内勤工助学岗位支持学生的成长和发展。学校加强对全校勤工助学固定岗位和临时岗位的设岗与审批,按照竞聘上岗,经济困难优先的原则,进行公开招聘,2016年全年累计发放勤工助学酬金92.57万元。在工作中注重将分散的、随意的、临时性的勤工助学活动整合为团队的、系统的、稳定的学生实践能力提升项目,由各相关单位根据用工特点形成团队项目,在老师指导下,由学生自我管理、自我监督、自我运作,建立融人才培养设计、团队实践体验、项目研究实施为一体的新型资助育人模式,

提升勤工助学岗位育人的内涵。

同时为进一步增强勤工助学育人工作效果,成都学院资助管理中心面向校内在岗学生开展勤工助学岗位技能培训会,在全校推行勤工助学持证上岗制度。勤工助学持证上岗制度的实行进一步将资助育人工作落到实处,有效提高学生服务能力,切实促进学生成长成才。

(三)设立"爱心银行",建立助学长效机制

为进一步帮助在校大学生解决学习和生活中的临时经济困难,满足在校大学生临时小额资金需求,成都学院积极探索资助新模式,拓宽资助资金来源,由成都学院校友一期捐款30万元设立校内"爱心银行"。"爱心银行"为学校家庭经济困难或因就业、考试、培训、创业等有临时经济困难的学生提供小额、无息、短期借款,帮助他们顺利完成学业和开展创业实践。项目借款单笔额度上限为10000元,最长还款期限为1年。该项目由我校勤工助学学生自主管理运营,由学生处、财务处指导和监督,现已实现3分钟网上申办借还款相关手续的快捷办理业务,让资助服务工作的信息化、规范化和便捷化落地开花。"爱心银行"是成都学院探索助学长效机制的新举措,是学校积极引进社会资助项目以满足不同学生需求的积极探索。学校多类别的资助项目和简便的办理流程让同学们充分体验到学校资助服务工作的实效和快捷。

第三节　资助育人工作展望

一、资助育人工作当前遇到的问题

(一)资助政策体系仍需完善、资助来源渠道和资助面仍需拓宽

为了帮助高校家庭经济困难学生走出困境,经过十几年的改革和发展,国家已逐步建立起了国家奖学金、励志奖学金、国家助学贷款、勤工助学、特殊困难补助、减免学费以及绿色通道等一系列相关资助政策,资助工作如火如荼地在各个高校开展着。这些政策在一定程度上确实解决了一些问题,但是,在政策实施过程中,也出现了不少问题。从救助过程来看,奖学金、国家助学贷款、勤工助学对大学生的健康成长都具有积极的推动作用。但是,由于经费的缺乏导致高校家庭经济困难学生的受惠面很小,加之个人信用体制的不完善,以及勤工助学岗位的缺乏,使得这些政策的实施受到很大的制约。困难补助和减免学费、社会资助等政策又具有强化依赖心理、增加大学生心理负担的负效应。由此可见,这一切都

需要我们对高校家庭经济困难学生资助政策继续进行大胆的改革和创新,进一步完善高校家庭经济困难学生资助体系,积极探索家庭经济困难学生资助的新思路、新方法、新途径、新对策。

(二)贫困生资格认定难度大

高校贫困生是指在国家招收的普通高等学校学生中,由于家庭经济困难,无力支付教育费用或支付教育费用很难的学生。贫困生一般分为困难生和特困生。在实践中,多数高校认定贫困生的依据如下:一是学生有无乡、镇、区、县的贫困三级证明以及民政局下发的低保证、最低生活保障和低收入证;二是学生所在院校填写的困难家庭月收入、年收入概况认定表;三是学生支付各种费用的能力以及学生的日常开销。但由于某些因素很难量化,导致认定工作难以顺利进行。例如,对不同级别(乡级、镇级、区级、县级)的贫困证明所代表的贫困程度的理解影响着学生贫困等级的划分;一些生活并不贫困的学生却持有贫困证明要求申请助学金;很多贫困学生不愿意将自己的真实情况如实说明等。这就使得一些真正需要帮助的学生未能得到帮助,一些非贫困生却占用了宝贵的经济资源。

同时学生在填写家庭经济状况调查表时存在不真实成分,个别学生虚构自己的家庭经济困难情况或者是恣意扩大家庭经济困难程度,给学校困难学生认定工作带来难度,不利于把资助金真正资助给需要帮助的学生。建议通过省级行政部门和教育部门的干预,加强基层对学生家庭经济状况的验证工作,为学校的资助工作提供便利。

(三)资助育人工作的顶层设计优待加强

教育主管部门和学校对家庭经济困难学生除了进行资金帮助外,还要从其他方面予以帮助,注意对他们加强理想信念教育、诚信感恩教育、艰苦朴素教育、自强不息教育等。让他们从精神上、心理上获得常态发展,形成健全的人格。

二、资助服务育人工作展望

(一)加强资助队伍建设,完善资助工作机构

学校将认真落实国家关于资助工作的政策和措施,按照规定建立资助工作机构,加强资助工作队伍建设,按照比例选拔政策水平高、责任心强、公道正直有爱心的教师来承担资助工作。学校将高度重视资助政策的宣传工作,力图做到和资助工作有关的管理部门、教师、关心资助政策的学生、家长都了解和熟悉资助措施的条件、途径和程序。利用多种形式使所有利益相关者都了解资助政策,关注资助工作。同时,学校还将进一步完善应急资助机制,对因意外原因导致家庭经济状况发生变化的学生能及时提供一定的帮助,助其渡过难关。

（二）完善资助对象的认定程序

按照国家的要求并结合本校的实际情况成立家庭经济困难学生的认定工作机构，这是高校完善资助工作的前提条件。认定机构的成员要有合理结构，应当包括院系领导、辅导员、学生代表和其他与学生在校生活密切相关的部门代表组成；对资助对象除每学年一次的集中申报审查外，还应当不定期、按比例进行资格复查；资助部门要克服困难，尽量对经济困难学生的信息库实行动态管理，及时、准确掌握学生的实际情况，及时进行出入库管理或调整困难档次；认定工作可以引入学生监督机制，在贫困生认定和复查工作中，成立包括学生骨干、贫困生和家庭经济富裕学生等学生组成认定工作监督小组，结合受资助学生的家庭经济状况、日常消费行为及诚信品质进行初步评定，确保评定结果的公平和公正。

（三）拓宽家庭经济困难学生资助的途径

勤工助学是高校资助工作的重要渠道，资助工作部门要积极挖掘合适的勤工助学岗位，特别是校外岗位，拓宽资助渠道。在校内，要积极有效地发挥大学生的知识和专业优势，在原有的一些基础性工作之外，多设置一些和专业知识与能力相关的助学岗位，如科研助理、实验室助理、教学助理等岗位；通过和就业部门的联系，在校外拓展一些适合学生及学生专业特点，体现大学生智力优势的助学岗位。另外，学校将允许一些有少量经营服务性质和简单管理性质的岗位诸如报摊、广告箱、体育场馆、多功能厅等也可设置若干助学岗位，或者让利交由学生经常管理，实现专业学习和勤工助学的良性循环。

（四）强化资助育人工作的教育功能

如前所述，在资助工作中，往往较多地关注给予资助对象以物质支持，而忽视对其进行精神上的关怀。比起经济上的困难，经济困难学生往往更缺乏被人尊重的感觉，他们认为自己对家庭、对学校、对社会的贡献不大，对自己的未来缺乏信心，导致生活、学习失去目标，严重的甚至引发心理疾病。学校将进一步优化资助工作理念，从单纯的经济资助转变为全方位的资助。对资助对象除了经济上的资助外，将给予更多精神上关爱、尊重，助其树立信心。加强对受资助学生的诚信教育、励志教育、感恩教育及心理健康教育。开展健康丰富的文体活动，培养自强、自尊、自信的精神，和乐观、豁达、宽容的人生态度。同时引导他们在自己力所能及的范围内帮助其他人，教育其知恩图报，反哺社会。

（五）建立有效的监督和考评机制

许多兄弟学校在实践中对资助经费的发放方式进行研究创新，灵活采取集中发放和分期发放的形式对于保证资助经费的使用效率是十分有效的。学校可以在此基础上建立对受助学生的跟踪机制，对于通过资助，出色完成学业的学生进行表扬鼓励,对于不能合理、正确使用资助金的学生,要及时有效地予以纠正指导,使资助资金真正发挥它的功能作用。成都学院已将资助工作纳入学校工作的考核评估体系,鼓励创新运行机制,以确保每一个家庭经济困难学生获得公平的资助。学校将各类资助工作纳入整体学生工作考核评估的体系,以确保资助政策得以贯彻执行,困难学生资助工作得到良性发展。

第十三章

服务育人模式下心理关怀全程化的探索与创新

　　党的十八大明确提出要把立德树人作为教育的根本任务,强调"加强和改进思想政治工作,注重人文关怀和心理疏导,培育自尊自信、理性平和、积极向上的社会心态",党的十八届三中全会进一步强调要"坚持立德树人""促进青少年身心健康",这为新形势下加强和改进大学生心理健康教育提出了更高的要求①。我校立足国情,转变心理健康工作思路,深入研究大学生的身心发展特点,探索符合我校人才培养和提升大学生综合素质的新模式,增强心理健康教育实效,进一步推动大学生心理健康教育工作制度化、规范化、科学化、长效化。

第一节　成都学院心理健康工作思路

　　传统的心理健康工作理念已不符合时代的要求,只有树立新的理念才能更好地促进心理健康教育工作的开展。我校心理健康教育工作从"问题导向"向"发展导向"转变,形成了更具有指导意义的新理念。

一、以问题为导向的心理健康传统思路

　　国内心理健康教育始于 20 世纪 80 年代,经历了三十多年的风雨历程,高校基本都开展了心理健康教育教学工作和学科研究,形成了心理健康教育的多种模式。但由于心理健康教育本身的复杂性、特殊性,以及许多高校对心理健康教育的目标认识不足、专业建设滞后、普遍教育缺乏等原因,使得高校心理健康教育在具体的实施过程中也出现了一些问题,影响了大学生心理健康教育的科学发展和实际效果。

---

① 冯刚:《立标准建机制探索建设中国特色大学生心理健康教育工作体系》,载《学校党建与思想教育》,2014 年第 12 期。

当前高校的心理健康教育往往沿袭以往的以问题为导向的传统思路,关注的焦点放在大学生学习、生活上的问题和困惑,误把心理健康教育和解决心理问题等同起来。一方面,传统高校开设的心理健康课程大多是以各类心理问题为核心,先指出学生在生活中可能遇到的心理问题,然后阐述该类问题的特点、判断标准,最后让学生联系实际探讨如何克服问题。另一方面,危机干预也仅针对有心理问题的学生,并且多数时候是发生危机时才进行相应的处理。在这种思想的指导下,解决学生的心理问题成了高校心理健康教育的最终目标,而忽视了更广大的、普通的学生的需求。这些学生十分需要在如何挖掘自身潜能、培养个体积极的心理品质上得到专业的指导与帮助。因此,传统的思路使心理辅导与咨询工作陷入了被动和片面的境地①。

二、以发展为导向的心理健康创新思路

(一)提前预防与即时干预相结合

以前,许多高校心理工作是"问题"取向,有心理问题的学生才能得到心理中心的关注。而今,部分高校在慢慢转变观念。最近几年,随着我校心理健康教育工作的深入,我校已经树立"预防在先"的新理念,采取多种措施做好预防工作,实现"教学课程——心理活动——危机干预——心理服务"功能同显。其一,加强大学生心理健康教学课程体系建设。课堂作为学生心理健康知识获得和方法学习的主渠道,我校充分发挥其在提高学生自主应对并解决问题、促进心理健康知识内化方面的重要作用,有效提升大学生的心理健康水平。其二,创造性发挥心理活动体系的作用。丰富大学生课余生活,消除大学生对心理健康的误解,宣传心理健康求助的渠道,采用多种方法对个体进行环境干预、调整和修正,为个体创造一个积极的学习和生活情境②。其三,夯实心理危机预警及干预体系。通过新生心理健康普测建档和心理周报制度,建立并完善大学生日常心理危机预警指标数据库,基于对大学生心理危机特点和规律的把握,坚持定量分析和定性分析有机结合,评估可能的心理危机风险,实现及时干预、转介或反馈。其四,大力完善心理健康服务体系。把主动服务与被动响应有机结合,采集大学生的实际需要,按照行业规范化、专业化和标准化的框架,提供个体心理咨询、团体心理辅导、心理测评、研讨沙龙等系列服务。

---

① 宋志英:《积极心理学理念下高校心理健康教育策略》,载《江苏高教》,2009年第4期。
② 陈章龙、周红:《基于折中模式下的大学生心理危机干预策略》,载《南京师大学报(社会科学版)》,2009年第5期。

（二）朋辈互助与学生自助相结合

作为一种特殊的心理咨询形式,朋辈互助是指由接受过相关训练或督导的非专业人员在周围年纪相当的同学中实施带有心理咨询意味的服务。这种服务渗透于学生的日常生活与学习中,具体内容包括普及心理知识、探索心理问题、缓解心理矛盾、干预心理危机和交流心理情感等,旨在帮助学生有效解决日常生活中遇到的心理困扰,为学生提供一个"宣泄口"。大学生通常有共同的爱好、价值观和文化背景,彼此之间容易理解、沟通。学生心理委员、宿舍长、心理学专业学生是学校心理健康宣传和危机防御网络的重要组成部分。在人际交往过程中,大学生可以相互进行心理安慰、鼓励、劝导和支持,帮助同学走出心理的困境。我校重视发挥学生朋辈干预的作用,通过大学生心理健康必修课的开设,提高学生心理问题识别能力和助人自助的能力;通过班级心理委员及时发现问题,及时上报;通过对学生心理社团的指导,培养学生心理干预的能力,让这些学生在班级、寝室里发挥心理干预作用;并在学生宿舍区设置"知心小屋",选拔一批应用心理学专业学生入驻小屋,指导其推动宿舍心理服务,发挥其朋辈互助的优势。

（三）线上辅导与线下活动相结合

大学生心理健康教育的目的不仅是传授知识技能,更是激发学生对自身潜力的认识和挖掘,是一种充满人文关怀的体验式教育。网络创造了一个宽阔的学习空间,极大地拓展了心理健康教育的实施范围。但由于教师和学生不是面对面地接触,教师不能完全掌握学生的准确、详细背景信息,单一通过网络进行心理健康教育不能有针对性地解决他们的心理问题和困惑。因此,我校一直在探索线上线下协同互动的心理健康教育模式。一方面,按照"互联网＋"的思维不断拓展服务的形式和内容,最大限度地贴近大学生,让大学生真正受益[1],通过网站、网络教学平台、微博微信等线上资源拓展教育空间。另一方面,线下活动从学生的特点和发展要求出发,坚持认知、体验与实践的结合,组织丰富多彩的心理健康活动,通过互动沟通使学生了解心理健康、重视自身心理健康。

第二节　成都学院心理关怀全程化的工作模式

为践行以生为本、发展为旨的心理健康工作理念,我校围绕学生心理特点建

---

[1]　程婧:《论大学生心理危机四级预警指标体系及五级应急响应系统的构建》,载《思想理论教育》,2011 年第 1 期。

立了"心理关怀全程化"的工作模式,从提前预防、实时监控、即时干预、长远发展四个层次,通过多种途径为学生提供全程化的心理关怀,预防心理危机发生,提升学生心理素质,促进学生发展,并最终实现助人自助。

一、提前预防——心理健康课程革新化

心理健康教育课程是真正面向全体学生,使学生掌握系统、全面的心理健康知识和技能的有效途径①。学校应以心理类的教育与咨询课程群为抓手,涵养大学生心理品质,增强大学生心理适应能力,发挥心理健康教育的"预防"和"促进"作用,提升大学生应对危机的水平②。我校高度重视课程建设,充分发挥大学生心理教育工作中的主渠道作用,建立起了覆盖面更广、针对性更强的心理健康教育课程体系,基本实现大学生心理健康知识传授的全覆盖,提高了大学生心理健康教育工作的科学化水平。

（一）强化课程目标的积极取向

大学生心理健康课程的目标设定,应该基于对大学生心理健康状况的判断和评估。大学生群体的整体心理健康水平良好,部分"心理问题"是身心发展到一定阶段的正常表现,是大学生身心发展阶段的重要标志,不能够将之视为消极品质大加否定,竭力予以消除,更不能就此武断地认为大学生是心理问题和心理疾病的高发群体③。因此,高校应将传统心理健康教育与积极心理教育有机结合起来,不断丰富大学生心理健康教育内容。我校心理健康课程的目标秉持着积极心理学的理念,注重学生心理潜能的开发,促进学生的全面发展,开设两门必修课程《大学生心理健康教育》及《积极心理学》,分别聚焦于心理健康水平不同的学院,在授课内容当中积极融入积极心理学理念,把学生"主观幸福感的生成、沉浸体验的引发、希望和乐观特质的形成、积极人格的实现、积极社会关系的建立"作为大学生心理学课程的目标追求。

（二）注重课程内容的应用特质

心理健康教育应尊重学生主体地位,以学生的实践需求为主,根据学生的特点和需求设置课程内容,促进大学生心理健康的实践水平。我校心理健康教育课

---

① 卢勤：《心理健康课程对大学生心理素质影响的实证研究》,载《现代教育管理》,2010 年第 5 期。

② 龚燕、张明志、陈娟：《我国现阶段高校大学生心理健康教育实践路径的选择》,载《教育理论与实践》,2016 年第 24 期。

③ 周宏、邵昌玉：《高校心理健康课程个性化模块内容体系的构建》,载《教育与职业》,2011年第 12 期。

程遵循"提出问题——用心理学理论分析问题——用实际操作技巧解决问题"的逻辑体系,旨在提升大学生理论与实际相结合的能力,提高当下生活品质,并为大学生的终身幸福奠基。课程内容围绕大学生的学习生活、人格发展、自我意识、人际交往、情绪情感、恋爱交友等来加以构建,把必需的心理健康知识、必要的心理感悟体验和必不可少的心理行为训练有机融入课程内容,让大学生通过课程学习,从心理健康知识的了解、心理调适技能的掌握和自我认知的完善三个层面得到实际收获。

(三)实现教学方式的多样适切

教学过程是知识体验、内化、接受、生成经验的过程①。传统课程以教师讲授、学生被动接受为主,缺少体验与互动。大学生心理健康教育课充分重视学生的体验感受,将知识、道理等融入互动、活动、情境表演、讨论中,让大学生在互动体验中感受、学习、成长,从而提升学生心理素质。

我校心理健康课程打破传统的"以课堂理论教学为主,教师一言堂"的教学模式,引入多样化且具适切性的教学方式,以达成多元化的教学目标。课程采取互动式、启发式、讨论式的教学方法,将经典理论、学科前沿的理论实验以及科研成果与课堂教学相结合,对于课程中重难点,呈现相应的图片、文字、音频、视频等多媒体资料,并提供大量的课堂活动,通过"团体游戏""自我心理测试""个案分析""自编自演心理剧"等方式引导学生在体验中自我成长。除了课堂学习外,心理健康教育课程引导学生开展广泛的课外实践活动,把课上的教学和课外的实践活动有机地结合起来。通过网络教学平台建设,提供丰富的资源,拓延教学时空的维度;通过素质拓展、心理知识竞赛、心理电影赏析、心理形象大使竞赛、心理演讲、心理剧表演等学生心理健康教育活动,使大学生在活动中学会心理问题的调适方法;根据学生特点及喜好,设置身心反馈训练、心理学调研、微电影拍摄等实践环节,指导学生团队开展心理学实践活动,主题涵盖恋爱、兼职、压力、情绪等诸多心理健康板块,培养学生科学综合素养,锻炼实践能力。

二、实时监控——心理健康管理档案化

面向全体学生开展心理普查并建立心理档案是学校心理健康工作的内容之一,是了解学生心理健康状况发展趋势、筛查出易感人群或高危人群并实施针对性干预的重要途径。很多高校的心理普查工作在心理普查量表选择的科学性、心

---

① 尹静:《参与式教学在大学生心理健康教育课中的应用研究》,载《思想政治教育研究》,2016 年第 4 期。

理普查测试过程中的信效度、心理约谈排查的有效性、心理档案的更新等方面均存在诸多不足①。这些都导致心理普查流于形式,造成心理危机的"漏网之鱼",没有很好地为学校的心理健康工作服务②。从 2006 年至今,我校经过多年的摸索,形成了科学、有效的心理健康档案管理机制。

（一）完善新生心理测评机制

通过"心理测评——心理建档——访谈筛查——重点关注"的流程开展大学新生心理普查,建立电子心理档案。第一,在心理测评及建档过程中,采用科学有效的预警指标。目前高校大多运用已有的心理健康量表作为测评工具,缺乏心理危机预警的指标体系③。我校在新生建档时应充分重视人口学资料,将心理健康状况及躯体症状、个体发展状态（包括人格、应对方式等）以及人口学资料作为心理测评的重要内容,更真实、稳定、全面地了解新生心理健康状况。第二,根据测评结果及面谈评估确定重点人群,给予积极关注。将"经常有自杀想法或行为"的学生以及人口学因素不良且心理量表提示存在中等及以上心理问题的学生列为重点关注对象,从自杀/自伤计划、既往相关自杀、自伤经历、目前现实压力、目前支持资源以及精神病性等六方面了解学生心理状况、评估危机程度。对于情况比较严重的学生,则需要立刻启动心理危机干预机制,开展心理危机的关注、跟踪和监控,联系家长或及时送往专业医疗卫生机构进行治疗,维护危机学生的生命安全以及校园正常的教学生活秩序,防范危机的发生或激化；对于有较大心理困扰的学生,或者认为自己有一定的心理问题需要接受心理咨询的学生,则转入心理健康教育中心的日常心理咨询工作。

（二）推行心理危机日常排查制度

一方面,通过心理问题周上报制度把握学生心理健康动态。由接受过专业培训的班级心理委员和学生干部作为心理异常情况监测的人选,每周将学生情况上报。另一方面,在学生心理问题频发的春秋两季分别进行全校心理危机排查,请各学院上报需要心理中心评估和筛查的学生,心理中心组织对这些学生进行访谈,对排查出的危机学生进行了积极处理。心理中心与学院建立双向沟通机制,相互配合,监控学生心理健康状况及时反馈,做到心理问题早发现、早干预。

---

① 黄艳苹、李玲:《高校心理普查危机因子检测系统的构建》,载《教育理论与实践》2012 年第 24 期。
② 贺泉莉:《未来取向下高职院校心理健康服务体系构建》,载《教育与职业》,2017 年第 5 期。
③ 朱政:《高校研究生心理危机预警和干预体系探析》,载《学位与研究生教育》,2010 年第 9 期。

（三）建立心理危机追踪机制

大学生心理状态具有较强的不稳定性，入学时建立的心理档案的时效性和精确性会随着时间的推移而下降①。因此，应建立心理危机重点对象的动态心理档案数据库，及时掌握心理危机的发展趋势，并进行必要的动态分析。为进一步完善心理危机防护网络，我校加强心理危机追踪，完善休学复学制度，对每一位休学及复学的学生进行心理访谈，增强心理评估和监控；对曾患有抑郁症、焦虑症、精神分裂症等心理障碍和有自杀倾向的学生进行了多时间点的监控与干预，对高危对象进行长期的跟踪调查，及时掌握其心理危机的变化；对新生建档反馈给学院的危机学生名单进行每学期跟踪，请学院对以往发现的心理危机学生情况进行反馈，追踪和随访学生当前心理状况，直到学生毕业。

三、即时干预——师生心理咨询及危机干预即时化

心理危机是某些易感性学生受到外在的强烈刺激时，无法用已有经验来应对，导致身体或心理处于崩溃边缘的一种状态。这类学生一般需要多渠道的、专业的特殊服务，甚至药物治疗，是一项专业性强的系统工程。危机处理是心理危机干预的关键部分②，能有效降低或消除学生可能出现的伤害自己、他人的负面结果，帮助学生恢复心理平衡。我校心理中心建立危机即时干预模式，快速、灵活地处理心理危机。

（一）快速联动各级防护网络

心理危机事件虽然在短时间内发生，却会给学生的心理状态和高校的运转带来较大影响。因此，高校在危机发生时应当立即启动危机防护网络，统一领导，全面动员，快速响应，有效防止事态扩大。心理中心及时有效地与有关部门进行联动，有计划、有步骤地对危机学生或相关人群进行心理干预，同时协助有关部门为危机学生提供科学有效的援助和辅导。

（二）根据危机程度进行相应的干预

对于有严重心理障碍或心理疾病的学生，心理中心对学生的心理健康状况进行评估并提出相关建议，指导各学院在确保危机学生安全的前提下，及时与家长取得联系，告知学生目前情况，讨论到医院就诊问题。

对于有自杀意念的学生，心理中心指导学院立即成立监护小组，确保危机学

---

① 李旭、卢勤：《大学生心理健康教育点面结合模式的构建》，载《教育探索》，2014年第4期。
② 谭海涛、牛宏伟、李鑫等：《高校心理危机干预机制的研究》，载《中国电力教育》，2011年第13期。

生的安全,将有自杀意念的学生转移到安全地点,组织班主任、学生干部等组成监护小组对其实行 24 小时监护,同时做好与家长沟通的相关工作;心理中心评估危机,与学生签订承诺书,约束学生自我伤害或伤害他人行为,并对其进行心理咨询。如学生已经实施自杀行为,立即将学生送到最近的急诊室或校医院进行医疗救治,并通知学生家长到校。

对于因心理因素引起有伤害他人意念的学生,学院请保卫处配合首先予以控制,通知有关部门采取相应措施,保护双方当事人的安全,同时通知学生家长到校。心理中心组织专家对其进行心理评估,并进行心理咨询或转介。

对危机学生周遭人群进行心理干预,避免更大范围的急性心理危机出现。危机事件不仅会危及当事人本身,也会给周遭的人群带来强大的心理冲突。如果这种心理冲突得不到有效处理,会让他们习得危机学生使用的不良应对方式①。我校在这一方面取得了显著效果②,积累了一定的经验。具体实施步骤包括以下几个方面:第一,危机事件客观化。通过与学生回顾和讨论已经发生的危机事件,使学生对事件有客观的认识。第二,应激反应正常化。通过介绍和讨论危机事件后身心应激反应,使学生将自己的身心体验及反应正常化。第三,宣泄情绪。通过引发学生在危机事件中的情绪感受,引导学生正确认识和理解负性情绪,鼓励学生表达和宣泄自己的情绪。第四,引向积极。引导学生从负面实践中寻找有益的经验,提倡健康、积极的应对方式,提高应对能力。

(三)提供心理咨询和疏导

心理中心在危机即时干预过程中扮演着重要的教育与指导角色,需要运用科学的心理咨询策略帮助学生度过危机。第一,以无条件的接纳、真诚和尊重的态度让危机学生感受到支持和帮助,在安全的氛围中宣泄自己的情绪。第二,帮助危机学生从不同角度和途径思考解决问题的方式,调整自己原本僵化、消极的应对方式和认知模式,重塑新的、合理的、灵活的认知模式,学习积极解决冲突、调节情绪及应对挫折的方式。第三,帮助学生重塑社会支持系统,使其得到亲友的关心与支持及师生的鼓励。第四,与学生协商做出承诺和保证,以新的行为和思维模式应对生活。

四、长远发展——线上线下心理健康宣传活动丰富化

校园心理环境作为学校灵魂依托的载体,通过潜移默化、感染、暗示、同化等

---

① 卢勤:《大学生心理危机预防与干预体系的构建》,载《中国青年研究》,2010 年第 9 期。

② 卢勤、陈蒂丝、万群等:《一例大学班级哀伤辅导实例及思考》,载《西华大学学报(哲学社会科学版)》,2010 年第 5 期。

无形中影响着每一位学生。我校以大学生为主体充分发挥自助互助的作用,利用各种宣传平台有机整合线上和线下、传统和新颖、显性和隐性等各种资源,形成合力,为学生提供一个"助人—自助—互助"的良性互动文化环境,促进大学生心理的长远发展。

(一)开展丰富多彩的校园实践活动

学生的成长和发展必然是其主动参与的过程,在心理健康教育中要充分尊重学生的主体地位,发挥学生的主动性,促使学生自知、自觉、自助。我校发挥校学生会和心理社团等学生组织群体力量,依托"5·25"心理健康月及"10·10"精神卫生周主题,开展弘扬正能量的沙龙、心理情景剧大赛、心理形象大使选拔赛、心理主题班会、心理游园会、心理技能大赛、心理电影展播、素质拓展等活动;定期举办有关情绪管理、恋爱情感、人际交往等方面的专家讲座;编写画风活泼、语言通俗的心理健康宣传册、杂志等宣传资料。通过系列举措丰富大学生课余生活,消除大学生对心理健康的误解,宣传心理健康科普知识,在实践中培养大学生克服困难的信心、不断进取的韧性和抗挫折的能力,促进学生自我教育自主成长。

(二)借助新媒体实现心理健康教育网络化

随着当今社会的网络化与信息化,虚拟网络为教育提供了更加方便快捷的途径,成为大学生生活学习的重要载体。我校采取线上线下立体化的互动形式,达到教育宣传、动态跟踪、引领示范等效果。充分利用网络资源,建设心理网站和网络教学平台,辅助实际教学与实践,实现网络资源师生共享。学生可以通过网站学习和了解有关的心理健康知识,掌握缓解或调适心理压力的技巧,并可以实现在线心理咨询预约。同时,运用QQ、微博、微信等新媒体实现师生心灵互动,定期推送心理文章、心理测试、自我调适技巧、心理活动宣传资料等,宣传心理健康知识,促进师生交流,弥补传统的常规心理健康教育手段的缺陷。

(三)依托宿舍创新朋辈辅导模式

朋辈是学校心理健康宣传和危机防御网络的重要组成部分,朋辈之间年龄相近、有共同价值观念与生活理念,且面临人际关系紧张、学习困扰、适应性问题、情绪困惑、恋爱问题等共同困扰,具有鸿沟小、防御性低、共通性大、互动性高等优势[1]。因此,我校心理中心除在各学院设置心理委员团队,在应用心理系学生中也招募、选拔和培训组建了一支朋辈辅导团队,选拔具有工作责任较强、沟通技巧良好、热爱心理学的学生来担任朋辈心理辅导员,通过心理咨询的基础理论、常见

---

① 孙慧:《朋辈心理辅导在学校德育工作中的实践与应用》,载《教育与职业》,2016年第17期。

的心理问题个案商讨、职业操守等系列专业培训和督导,提升朋辈心理辅导员的辨识、沟通、处理能力,发挥其朋辈互助的优势。

与国外学校单人单居的方式相比,我国学校学生多是以宿舍、班级等集体的方式一起生活和学习,宿舍为朋辈心理辅导员及时发现并消除同学存在的心理问题提了便利的条件。我校充分利用宿舍这一阵地,开辟朋辈心理辅导活动室,开展各式各样的宣传教育活动,充分发挥学生群体的能动作用。其一,针对不同大学生群体的心理困扰,开展主题鲜明的团体探讨活动,引导学生积极反思,学会沟通,学会换位思考,改变成长。其二,结合学生心理特点和需求,定期开展主题辅导讲座及危机识别知识的宣传,引导学生及早识别危机,并进行积极的自我调适。其三,对个别心理困扰者进行朋辈心理陪伴,及时给予情感支持和心理帮助,有针对性地疏导学生的心理问题,帮助学生排忧解困。

第三节　成都学院心理关怀全程化的成效及新方向

经过十余年的探索,我校心理健康工作日趋成熟,已经形成了相对完善的心理健康教育模式,建立了心理关怀全程化的体系,并取得了明显的效果。但随着社会环境的变迁,互联网发展的冲击,以及学生个性和需求日益鲜明,也向我校心理健康工作提出了新的挑战。

一、我校心理关怀全程化的主要成效

(一)健全制度,保障心理工作有序进行

我校自从升为本科院校以来,一直关注心理健康工作制度的建设,尤其从2006 年心理健康中心独立以来,更加强了各种制度建设,为心理健康工作的开展提供有力的保障。

1. 构建心理危机五级防护网络

构建"学校——中心——学院——宿舍——学生"的五级防护网络,实现横纵向的快速联系与互动通道。一是成立心理健康教育工作领导小组,由主管心理健康工作的副校长任组长,学工部部长和心理中心主任任副组长,小组成员包括学校办公室主任、党委宣传部部长、团委书记、教务处处长、人事处处长、保卫处处长、后勤服务公司总经理、校医院负责人、各学院书记。"领导小组"负责指导和协调全校心理健康教育和心理危机预防与干预,以及学生突发事件应急处置等工作。二是心理中心对学生心理危机进行全程监控,及时评估和识别危机,组织各级联动,采取快

速、有效的措施应对处理。三是在学院配置心理辅导员及心理委员,开展本学院的大学生心理健康教育工作,实现上传下达充分沟通并及时向学院分管领导及有关部门汇报相关情况。心理委员作为学生骨干,协助学院心理辅导员开展心理健康教育活动,监控学生心理动态、塑造班级健康乐观心理形态。四是在宿舍层面增设以专业心理系学生为主的朋辈辅导团队,运用朋辈效应,做好信息搜集报告和及时疏导沟通的工作,在朋辈间进行自我教育、自我管理以及自我服务,营造良好舍区文化。五是在大学生层面建立自我调适的机制,为每位学生提供具有针对性的心理健康服务,分级分层响应大学生的心理需求,满足大学生成长发展的现实需要。

从纵向看,五级网络是心理服务的有效途径,各项心理服务内容层层推进,全员覆盖,能够保证信息沟通和信息报送渠道畅通,一旦发现危机,就可以及时快速反应,有利于及时干预心理危机,使心理服务惠及每一位学生。从横向看,它体现了学校各部门的相互配合,营造了全员参与的良好氛围,形成"助人——互助——自助"的良性互动链。

2. 建立健全各项工作制度

从 2006 年以来,为进一步指导和规范成都学院心理健康教育工作,心理健康中心制定了一系列的工作制度。包括:心理健康工作制度,该制度明确了心理健康教育的指导思想、基本原则、目标与任务、主要内容、途径和方法等;咨询保密制度,该制度要求心理咨询工作者遵循保密原则,明确应用这一原则的限度;学生心理危机预警与干预总则,该制度明确了心理危机干预的意义、组织机构与职责、原则、对象、可采取的措施等;二级心理健康工作守则,该制度明确了各学院开展心理健康工作的意义、工作职责、建立心理危机三级预警系统、学院心理健康工作组的建立与队伍建设等[1]。这些制度的建设保障了心理健康教育工作的有效开展。

(二)内培外训,提高专兼职人员业务素养

心理健康工作是一项复杂细致、专业性很强的工作,要求从业人员有高度的责任感和事业心,建设一支以专业人员为主体,专兼结合、专业互补、相对稳定、素质较高的心理健康教育工作队伍已经成为现阶段紧迫的任务,也是搞好心理健康教育的关键所在[2]。

---

① 彭晓玲、刘吕高:《转型与嬗变:地方本科院校学生工作创新实践》,中国文史出版社 2015 年版。

② 张晓波:《关于高校大学生心理健康教育工作体系建设的思考》,载《中国劳动关系学院学报》,2011 年第 6 期。

1. 专职心理咨询师的配备及素质大大改善

心理健康教师是心理健康服务的软环境,心理辅导和咨询水平在很大程度上决定了心理健康服务的质量,学生对心理健康服务工作的满意度可能会直接影响到其求助意愿。在 2006 年之前,我校心理中心只有 3 个专职心理咨询师。目前,中心有专职心理咨询师 9 名,其中,教授 1 名,副教授 2 名,中国心理学会认证的注册心理师 3 名,国家劳动部二级心理咨询师 5 名,各位教师均有心理学专业知识背景及心理健康教育与咨询的专业培训经历,且具有丰富的个别心理咨询和团体心理辅导经验。为了进一步提升心理健康教师的专业水平,我校制定"分层推进、整体提升"的教师专业技能培训计划,每年都会选派教师参加省、国家举办的高级心理培训和学术会议,采取送出去(将教师送出去参加各种专业培训)和请进来(外聘心理专家对教师进行督导和培训)的方式对教师进行培养。这样的方式有效地保障了教师的职业胜任力的提升,确保教师能够精准发现学生的优势性格,能够较为清晰地判断学生的问题根源,能够前瞻性地识别易感和危机信号,为学生提供有实效性的心理健康服务,同时,也用积极的言谈举止和自我认同感做学生的榜样,用发展的眼光和积极的心态去评价学生,引导心理健康工作积极发展。

2. 兼职心理队伍的专业性不断提升

为提高学院兼职心理教师、宿管教师、学生朋辈力量等群体对学生心理问题的识别与处理能力,提升学生工作的亲和力和针对性,心理中心采取多种形式定期对兼职心理队伍进行有针对性的培训。对兼职队伍进行心理沟通技巧、精神障碍识别与处理、危机识别与干预、个人成长等方面的指导,帮助他们能在危机发生之前进行危机的早期识别与干预,在危机爆发时能对学生的心理危机状况进行评估,并进行一定的处理,同时使他们能够掌握心理健康教育的基本方法,能无条件接纳和尊重来访学生,并对学生给予积极的关注和倾听,帮助学生更好地处理心理问题。

(三)筛查防控,有效控制恶性心理事件

我校构建危机防控网络,在危机发生前通过新生建档、日常排查等方式提前预警,能够有效地识别危机,防控未然。以我校前三年心理危机案例为研究对象,查阅全部案例的新生测评数据、访谈记录、危机发生及处理情况,汇总分析见表1。

表1　危机案例入学 SCL-90 心理测评情况

SCL-90	总体情况 例数(%)	精神分裂症 例数(%)	情感障碍 例数(%)	情绪困扰 例数(%)	其他 例数(%)
总分>160	13(68.42)	4(66.67)	2(50.00)	4(100.00)	3(60.00)

续表

SCL - 90	总体情况 例数(%)	精神分裂症 例数(%)	情感障碍 例数(%)	情绪困扰 例数(%)	其他 例数(%)
躯体化>2	8(42.11)	1(16.67)	1(25.00)	3(75.00)	3(60.00)
强迫>2	15(78.95)	4(66.67)	3(75.00)	4(100.00)	4(80.00)
人际敏感>2	12(63.16)	4(66.67)	2(50.00)	4(100.00)	2(40.00)
抑郁>2	11(57.89)	4(66.67)	2(50.00)	4(100.00)	1(20.00)
焦虑>2	14(73.68)	4(66.67)	2(50.00)	4(100.00)	4(80.00)
敌意>2	13(68.42)	3(50.00)	2(50.00)	4(100.00)	4(80.00)
恐怖>2	11(57.89)	3(50.00)	2(50.00)	4(100.00)	2(40.00)
偏执>2	12(63.16)	4(66.67)	2(50.00)	4(100.00)	2(40.00)
精神病性>2	12(63.16)	4(66.67)	2(50.00)	3(75.00)	3(60.00)

在我校前三年23例危机个案中,4例大学入学前即确诊精神疾病的危机案例未参加心理测评,余下19例危机案例入学时心理测评(SCL-90)数据总分阳性率达68.42%,强迫、焦虑因子分阳性率高达78.95%及73.68%,除躯体化因子外,其余8个因子分阳性率均超过50%。其中12例(52.17%)由心理中心在新生测评中筛查出来属于需要高度关注的学生,反馈至向学院提出密切观察的要求。对于没有参加测评的学生,也要求学院辅导员、班主任主动找学生谈话,重点观察[1]。对于提前发现、上报,以及主动前来预约咨询的学生,心理中心均进行积极处理,每年平均进行个体心理咨询800余人次,成功干预近20起严重心理问题或心理危机倾向的个案,准确识别精神分裂症早期症状数起,及时送医。

由此可见,我校结合学生心理特点及工作特性建构的多层次、多方位的心理危机预防与干预网络,是大学生心理危机干预的基础,能够提高心理危机干预的有效性,对学生心理危机事件做到"人人过关,一个不漏",有效避免了多起恶性事件的发生。

(四)宣传教育,提升学生心理素质

我校在针对学生共同性心理困惑的工作中,面向全校学生开展必修性质的课堂教育,充分发挥教学主渠道作用,同时推进多彩的线上线下心理健康活动,通过心理健康宣传教育的全员覆盖,使学生掌握心理健康知识和技能,全面提升学生

---

① 郑涵予:《成都某高校大学生心理危机干预案例分析》,载《校园心理》,2016年第2期。

心理素质,并取得了较好的成效。将我校心理健康教育前后对学生进行心理测试的情况加以分析,结果见表2。

表2 心理健康关怀前后学生心理素质变化情况

人格维度	前测	后测	T
活跃	47.88 ± 8.02	49.17 ± 7.65	5.525***
爽直	24.50 ± 6.54	25.34 ± 6.72	4.538***
坚韧	39.19 ± 6.37	39.18 ± 6.23	-0.052
严谨	34.06 ± 5.89	33.57 ± 5.87	-2.847**
处世	20.29 ± 5.45	20.18 ± 5.43	-0.596
重情	25.30 ± 4.17	25.01 ± 4.29	-2.190*
随和	24.84 ± 3.24	25.18 ± 3.11	2.856**
心理健康维度	前测	后测	T
躯体化	12.32 ± 4.13	12.84 ± 4.22	3.267**
焦虑	16.50 ± 6.00	15.96 ± 5.64	-2.854**
抑郁	16.46 ± 5.84	16.17 ± 5.97	-1.514
自卑	15.52 ± 5.69	14.40 ± 5.26	-6.617***
社交退缩	16.63 ± 6.38	14.79 ± 5.77	-10.913***
社交攻击	13.22 ± 4.15	13.28 ± 4.16	0.367
性心理障碍	10.91 ± 4.05	10.13 ± 3.72	-5.432***
偏执	13.98 ± 4.98	13.52 ± 4.79	-2.782**
依赖	18.03 ± 6.26	17.04 ± 5.73	-5.057***
强迫	16.88 ± 5.22	17.98 ± 5.63	-6.027***
冲动	14.01 ± 4.40	14.01 ± 4.49	0.028

注:*代表 P<0.05,**代表 P<0.01,***代表 P<0.001,以下同。

全面心理健康宣传教育后,学生在人格的活跃、爽直、随和等三个维度上的得分显著提高,在严谨、重情两个维度上的得分显著下降,在焦虑、自卑、社交退缩、性心理障碍、偏执、依赖、强迫等7个项目上的得分显著降低[1]。这说明,经过心理健康宣传教育,一方面大学生们更加擅长与人相处,积极主动,温和自然;更加心

---

① 周宏、卢勤、邵昌玉等:《心理健康必修课程对提高大学生心理素质的实证研究》,载《成都学院学报(社会科学版)》,2015 年第 2 期。

直口快,直截了当;更加机智灵活,诙谐乐观;做人做事时对自己严苛的程度降低,压抑自己愿望和要求的情况明显减少。另一方面大学生心理健康水平得以显著提升,焦虑、自卑、退缩等情况均有所改善。我校进行的心理健康宣传教育有效地完善了大学生的人格,提升了大学生的心理健康水平,使大学生更加乐观积极,更加善于与人相处,对待自我更为客观理性,情绪更加稳定,也真正做到了助人自助。

二、我校心理健康工作的新方向

我校心理健康教育体系经过多年的探索和发展,已形成了较完备的组织机制和较清晰的发展路径。总体而言,心理健康教育正在向着更加科学、有效的方向前进。但心理健康教育的本源应为学生的自我教育、自我成长,一切外在的努力和措施也都应以"生本"为出发点和落脚点。我校在多年的心理健康教育经验中体会到,只有回归到本源才有可能真正找到心理健康教育体系科学实施的办法,也才有可能使学校教育和学生需求达到供需平衡、良性互动。因此,在今后的工作中,我校将从理念引领、网络心育、梯队建设等方面推动心理健康教育工作的深度发展。

(一)以积极心理学理念为引领,打造学生自选式宣传教育模式

当前高校的心理健康教育存在的最大问题是在实际工作中基本沿袭了以往的问题导向的模式,主要关注大学生的问题和困惑,以解决部分学生的心理问题为目标。这种模式常常忽视了更广大普通学生对自身潜力挖掘、心理健康建设的需求,使心理健康教育的受益面狭窄和局限。与传统理念不同,积极心理学主张尊重学生的主体地位,研究学生个体的人格中关于积极力量和美德的特质,通过对人类自身积极力量的开发和应用,有效地维护并促进健康,使学生满意地对待过去、幸福地感受现在和乐观地面对未来。

高校心理健康教育工作应引入积极心理学概念,从全校必修/选修课程建设、开设普及性的大学生心理健康知识讲座、开展校院两级层面的学生心理健康活动、利用网络自媒体开展线上师生互动等多角度和渠道推广心理健康知识,惠及更广大的师生群体。同时,以积极心理学理念为引领,以尊重学生个性化需要及开发学生潜能为出发点进行自选式心理健康教育。通过自主选择参加各类由学校提供的心理健康课程或活动以满足自己的心理需要,促进自身心理发展,维护个体心理健康。这相比传统的以教师为主导的心理健康教育模式有很大进步。大学生自选式心理健康教育不仅能够很好地解决当前师资有限的现状,更贴近学生的需求,能充分调动学生的积极性、主动性、创造性,增强心理健康教育的实效

性。例如让学生选择与自身心理发展相关的专题进行自助式心理研究,在研究过程中满足学生的好奇心、获取心理知识、掌握心理方法、解决心理问题、促进心理发展,研究的内容可以是如何集中注意力、培养自信心、培养意志力、培养积极心态、受人欢迎的心理品质、如何调控情绪、如何处理异性情感、积极应对压力等①。

(二)探索"网络心育",建立健全在线心理健康工作机制

互联网作为高校心理健康教育的新阵地、新工具、新方法,用以改进和提升心理健康教育体系,是心理健康教育的一种全新模式②。与传统心理健康工作模式相比,网络心理教育具有突破时空限制、实现资源共享、达成心理健康教育个性化等方面的优势③。

"网络心育"拓展了高校心育的新视野,以自身独特的优势和专长,不仅成为高校心育发展的一种必然形式和趋向,而且,以互联网为平台,彰显出独具特色魅力和个性,成为高校心育强有力的支持和补充④。我校"网络心育"在网络宣传教育方面已经取得了一些成效,但还应进一步加强。一方面,进一步拓展咨询时空,推进网络心理咨询。通过网络,心理咨询获得了时间形式上的自由,来访者和心理咨询师几乎可以做到在任何时间、任何地点进行咨询和答复。网络的利用使得心理咨询更方便快捷,提高了效率,有研究对"高校心理咨询途径"的数据分析可知,网络心理咨询排在首位(41.40%),说明线上辅导是被高校学生广泛接受的一种形式。⑤ 因此,应建立网络咨询平台,让咨询师入驻网络,设置网络咨询流程,宣传并鼓励学生使用平台,充分利用线上辅导方式开展心理咨询。另一方面,全面推进线上心理评估、信息管理。将新生建档的传统模式与现代模式相结合,设置网上心理测评系统。对学生心理测评数据及危机管理信息进行信息化管理,并能随时对准进行动态追踪。

(三)建构心理健康工作梯队,加强专兼职心理队伍的建设

大学生心理健康教育队伍是高校心理健康教育的核心力量和有力保障,要做好大学生心理健康教育工作,高校必须建设一支素质优良的、相对稳定的心理健康工作队伍。

---

① 宋志英:《积极心理学理念下高校心理健康教育策略》,载《江苏高教》,2009 年第 4 期。
② 孙江洁、张利萍、解方舟、何成森:《互联网环境下高校心理健康教育的新模式》,载《南京医科大学学报(社会科学版)》,2015 年第 10 期。
③ 李军霞:《学生网络心理教育体系的构建》,载《教育理论与实践》,2016 年第 36 期。
④ 孟维杰、张晓书:《网络心育:高校心理健康教育模式反思与构建》,载《黑龙江高教研究》,2007 年第 12 期。
⑤ 姚瑶、金子煜:《高校网络心理咨询的实践探新与思考》,载《教育教学论坛》,2015 年第 26 期。

其一,全员育人,组建队伍。大学生心理健康教育队伍是在高校从事大学生心理健康教育工作的师资力量,既包括专兼职心理咨询员,也包括在其他岗位从事心理健康教育的人员,如辅导员、班主任、学院副书记、宿管、保卫、学生干部及心理委员等。聚焦全员,全面培养,形成全员育人的局面。

其二,团队建设,共享资源。目前,高校心理健康教育一个重要的短板是人员配备或利用率不足,不仅是指数量上人员较少,更是指教师或从事朋辈辅导的学生的专业性和真正可进行干预、咨询的专业人员严重缺乏。为解决这一问题,应把心理健康教育专职人员从行政事务中解放出来,用更多的精力从事心理健康教育深度调研;对兼职人员给予更多的专业技术上的支持及优惠政策,以缓解人员流动性强、工作态度不够认真的局面。只有将专职人员与兼职队伍有效结合起来,组建起一个团队,才可以充分利用两者的优势互补、资源共享。

其三,专业培训,促进成长。在专兼结合的团队建设中,由专职心理教师定期向辅导员、班主任、学院副书记、宿管、保卫、学生干部及心理委员兼职人员实施专业化培训和工作督导,在团队互动中交流工作经验、启迪工作思路。同时还可抓住机会选送优秀专兼职教师参加校外更加专业的业务培训,加速自身的专业成长。通过内培外训多种途径增强心理健康专兼职队伍的心理干预能力。

第十四章

服务育人模式下实践育人的探索与创新

　　实践育人是顺应我国高等教育大发展大繁荣的重大课题。近年来，成都学院牢固秉持全方位育人、全过程育人、全员育人的教育理念，通过对实践育人的科学内涵、内在本质、内容范畴、价值意蕴的理解，积极探索实践育人新模式，全力铸造实践育人新格局，精心打造实践育人新特色，有效增强实践育人的亲和力和针对性，切实提高学生的社会责任感、创新精神和实践能力。其中，我校学生处、教务处、团委和各学院在长期探索的基础上，协同开展的依托"思想道德修养与法律基础"的课程实践育人和依托高校思想政治理论课的暑期社会实践育人具有典型性和代表性，取得了较好的预期效果和社会影响，对于创新我国高校实践育人新局面具有重要的理论价值和鲜明的现实意义。

第一节　实践育人的机理分析

　　2012 年，由教育部等部委联袂出台的《关于进一步加强高校实践育人工作的若干意见》（教思政〔2012〕1 号）明确指出："进一步加强高校实践育人工作，是全面落实党的教育方针，把社会主义核心价值体系贯穿于国民教育全过程，深入实施素质教育，大力提高高等教育质量的必然要求。"①可以说，新时期，我国高校实践育人既是立德树人教育背景下提高我国高等教育质量的必然要求，更是培养社会主义核心价值观坚定信仰者、积极传播者和模范践行者的题中之意。

一、实践育人的本质特征

　　何谓实践育人？国内有学者强调指出，"实践育人是指建立在实践概念的基

---

① 教育部等：《关于进一步加强高校实践育人工作的若干意见》，http://news. xinhuanet. com/edu/2012 - 02/06/c_122661447. htm,2017 年 5 月 16 日。

础上,以学生在课堂上获得的理论知识为基石,通过对提高学生课外实践和自我教育激情的开发,形成基于实践并向实践开放的新型育人方式"。① 我们知道,社会生活在本质上是实践的。实践育人既坚持了马克思主义科学的实践观,又阐明了实践在教育活动中的地位和作用,大力倡导实践育人理念符合思想政治工作规律,符合教书育人规律,符合学生成长规律。

(一)实践育人符合思想政治工作规律

思想政治工作不能忽视人的社会实践活动,恰恰需要在承认现实的人的实践活动的基础上用人的物质生产实践、社会政治实践、科学文化实践等活动来诠释各种观念形态。习近平总书记在全国高校思想政治工作会议上的讲话着重指出,"思想政治工作从根本上说是做人的工作,必须围绕学生、关照学生、服务学生,不断提高学生思想水平、政治觉悟、道德品质、文化素养,让学生成为德才兼备、全面发展的人才"。② 因此,高校思想政治工作的主体是大学生自己,无论教育者采取哪种实践方式和手段,都要以实践者的亲力亲为、体察感悟为基础,而独特的思想道德素质、思想政治素质和业务能力素质只有通过大学生自觉的践履,内化为其自身的现实需要,才能真正起到在改造客观世界的同时改造人的主观世界。

(二)实践育人符合教书育人规律

实践属性是教书育人的本质属性。我们之所以强调从社会实践的现实需要出发进行实践育人,关键在于教书育人实质上是教育者与受教育者互帮互助、互教互学、互联互通协同完成的一种社会实践活动。没有实践的现实需要,也就没有教书育人的必要。可以说,实践不仅促进了教书育人的产生、发展和进步,而且规约了教书育人的权利、责任与义务。如果离开了实践,那么教书育人就丧失了原则和意义;离开了实践,教书育人也就成为无本之木、无源之水。正如马克思所说,"凡是把理论引向神秘主义的神秘东西,都能在人的实践中以及对这种实践的理解中得到合理的解决"。③

(三)实践育人符合学生成长规律

当代大学生成长为德、智、体、美全面发展的中国特色社会主义事业合格建设者和可靠接班人的过程实质上是成长为具有社会意义的人的过程。这既是建设

---

① 徐晓曼、张猛、杜娜:《当代大学生实践育人模式研究》,载《辽宁经济管理干部学院(辽宁经济职业技术学院学报)》,2012 年第 6 期。

② 《把思想政治工作贯穿教育教学全过程　开创我国高等教育事业发展新局面》,载《人民日报》,2016 年 12 月 9 日。

③ 马克思、恩格斯:《马克思恩格斯选集》(第 1 卷),中共中央马克思恩格斯列宁斯大林著作编译局编译,人民出版社 1995 年版。

和发展中国特色社会主义事业的现实需要,也是当代大学生成长、成才、成熟、成功的必然要求。在这个"化茧成蝶"的升华过程中,科学的世界观、人生观、价值观、道德观、法律观和社会主义观在实践中逐渐形成和发展,这本身就是一个在实践中不断检验和发展的过程。可以说,生活才是最好的老师。当代大学生走出校门,体察社情民意,能充分发挥教育者的主导作用和受教育者的主体作用,使学生正确认识社会、正确认识自然、正确认识他人、正确认识自己,进而自觉树立自立、自信、自律的生活意识,养成自爱、自修、自尊、自强的良好品格。

二、实践育人的内容范畴

实践育人包含哪些内容和类型呢?《关于进一步加强高校实践育人工作的若干意见》强调指出,"社会调查、生产劳动、志愿服务、公益活动、科技发明和勤工助学等社会实践活动是实践育人的有效载体"。① 不同的教育者从不同的教育实际出发可以总结得出不同的结论。例如,时政宣讲、脱贫帮扶、创新创业、红色教育、社会调研、文化艺术、生态环保、医疗卫生、志愿服务、榜样寻访等。基于实践育人的内容与形式,性质与特点出发,我们认为实践育人大体可以主要从熏陶型实践育人、传授型实践育人和志愿型实践育人三个维度去理解和把握。

（一）熏陶型实践育人

熏陶型实践育人坚持以学习贯彻习近平总书记系列重要讲话精神和培育、践行、弘扬社会主义核心价值观为基本遵循,以丰富多彩的优质校园文化活动为基本载体,以鲜活的优秀人物、感动事迹为精神动力,以讲文明、懂礼貌、树新风为熏陶,综合引导当代大学生牢固确立马克思主义的科学信仰和树立中国特色社会主义共同理想,坚定实现"两个一百年"奋斗目标和中华民族伟大复兴中国梦信念,增进对以习近平同志为核心的党中央的认可度和信赖度,用习近平治国理政新思想武装头脑、指导实践。具体说来,它可以由社会主义核心价值观、"中国梦"宣传、调研,以及寻访杰出校友,与校友交流中累积经验等板块组成。

（二）传授型实践育人

奥地利裔美籍著名哲学家、社会学家阿尔弗雷德·许茨认为:"我关于这个世界的知识只有极小的一部分是从我个人的经验之中产生的。这种知识的更大部分来源于社会,是由我的朋友、我的父母、我的老师以及我老师的老师传授给我

---

① 教育部等:《关于进一步加强高校实践育人工作的若干意见》,http://news.xinhuanet.com/edu/2012 – 02/06/c_122661447.htm,2017 年 5 月 16 日。

的。"①可以说,传授型实践育人重点对当代大学生的专业知识、专业技能、思想政治素质、思想道德素质、法律素质、就业能力和创业能力的培育和提升。具体说来,它可以依托高校思想政治理论课课程实践、高校思想政治理论课暑期社会实践、专业实习实验类实践和创新创业类实践等项目,由开展普及宣传培训、讲座活动等板块组成。

(三)志愿型实践育人

志愿精神是人文精神的最高表现形式。这里的志愿型实践育人主要是倡导"奉献、友爱、互助、进步",提倡"互相帮助、助人自助"的志愿精神,鼓励并支持当代大学生以服务社会、奉献社会、感恩社会为导向,依托深厚的专业知识、扎实的专业技能及自身特点和优势,开展志愿服务,向全社会倡导热心公益、共圆梦想的理念,传播向上、向善的正能量,展现当代大学生良好的精神追求和风貌,使自己的知识、素质和能力得到提高的同时,促进社会进步和发展。具体说来,志愿型实践育人可以由支教助学、援助服务、爱心捐助等板块组成。

三、实践育人的价值意蕴

习近平总书记强调指出,"高校学生支教、送知识下乡、志愿行动等活动,都展现了学生的风貌和服务社会、报效祖国的情怀。许多学生正是在这样的社会实践和社会活动中树立了对人民的感情、对社会的责任、对国家的忠诚"。② 可以说,新时期,高校实践育人系统工程的开展具有重要价值意蕴,它有助于当代大学生树立对人民的感情,对社会的责任,以及对国家的忠诚。

(一)实践育人有助于当代大学生树立对人民的感情

常言道:"问政于民方知得失,问需于民方知冷暖,问计于民方知虚实。"当代大学生通过实践活动的开展,经常深入广大人民群众中去,深入基层,深入实践,通过体察社情民意,树立为人民服务的人生观,切实增强对人民群众的深厚感情,就能促使他们以科学的人生态度对待人生,以正确的得失观、幸福观和生死观对待生活,进而在服务人民、奉献社会中实现自己的人生价值和社会价值。可以说,对人民群众的感情和态度问题,是衡量当代大学生是否确立全心全意为人民服务的一把标尺,是当代大学生创造有价值人生中最明亮的一面镜子。当代大学生只有带着感情积极投身社会实践,把个人进步与人民幸福结合起来,才能在完善自我、提升自我的实践中创造有价值的人生。

---

① [奥]阿尔弗雷德·许茨:《社会实在问题》,霍桂恒、索昕译,华夏出版社2001年版。
② 《习近平首次点评"95后"大学生》,载《人民日报》,2017年1月3日。

（二）实践育人有助于当代大学生树立对社会的责任

国内有学者通过实证研究分析指出，"当前，一些大学生的社会责任感水平较低，不具备基本的社会责任感，并且不能对自身将来担当的社会角色有客观和正确的认识。社会责任的缺乏导致学生无法真正地将责任转换为信念，影响学生社会责任意识的树立"。① 可以说，树立对社会的责任，不断强化社会意识的培养是当代大学生成长、成才的基本素养，是当代大学生奉献社会的先决条件。实践充分证明，社会责任感强的大学生一定能够在社会上正确地发挥自己的智慧与能力，为社会的和谐发展与进步做出自己的贡献。而实践育人恰恰能够对大学生社会价值观念的转化发挥积极作用。有关部门通过开展扎实有效的系列社会实践活动，能够充分调动当代大学生体察社会的积极性、主动性、创造性，能够丰富大学生社会责任意识建设，进而深化大学生对社会责任的认同，让青春担负责任，让责任引航人生。

（三）实践育人有助于当代大学生树立对国家的忠诚

当今时代，各种社会思潮交流、交融、交织，面对纷繁复杂的世界变化和泥沙俱下的社会现象，当代大学生要主动顺应社会发展的潮流，积极而自觉地投身于改革开放和社会主义现代化建设的生动实践，在实践中解决困惑，在实践中接受锻炼，在实践中检验学习，在实践中坚定信念，进而增强自觉服务祖国、服务社会、服务人民的意识，切实维护祖国安全、荣誉和利益，正确处理好国家、集体和个人利益三者之间的关系。换句话说，当代大学生要在实践中坚持真理，修正错误，根据事情本身的是非曲直坚决同损害祖国利益的行为做斗争，增强对国家的忠诚度，坚定中国特色社会主义道路自信、理论自信、制度自信和文化自信，捍卫中国特色社会主义事业。

四、成都学院实践育人概貌

成都学院在近40年的办学过程中始终高度重视实践育人工作，紧密围绕实践育人科学内涵、内在本质、内容范畴、价值意蕴等理论问题和思想认识问题深化认识，对实践育人教育与教学进行了可贵探索。尤其是自20世纪90年代初到今天，成都学院实践育人工作取得了长足发展和可喜成绩，逐渐摸索出了一条富有浓郁特色的实践育人之路。抚今追昔，我们认为成都学院实践育人主要经历了以下三个特色鲜明的阶段：

---

① 姬广凯、陈文玉：《论大学生社会责任意识的培养》，载《黑龙江高教研究》，2016年第6期。

（一）实践育人初步探索阶段（1994－2004年）

这期间，成都学院逐渐意识到实践育人在人才培养和师资队伍建设中的重要性和紧迫性，开始围绕提高实践育人质量进行了初步探索。这期间，主要是成都学院学生处、校团委等部门开展了一系列有声有色的社会实践活动，为实践育人教育与教学研究积累了宝贵经验。成都学院马克思主义理论课和思想品德课（简称"两课"）从加强课程建设的角度也进行了积极探索，为实践育人的规范化、科学化奠定了坚实基础。虽然，这时期成都学院的实践育人探索取得了显著进展，但带有着明显的思想政治教育队伍和思想政治工作队伍"两张皮"色彩。

（二）实践育人力量整合阶段（2005－2012年）

针对思想政治教育队伍和思想政治工作队伍"两张皮"问题，尤其是现有社会实践质量不精、效果不好、力量分散等问题，成都学院积极探索如何把马克思主义理论课和思想品德课教学与暑期社会实践紧密结合，探索并组织实施了"两课"理论教学"三个环节"与实践环节"三个重点"相结合的新路子。这里的"三个环节"主要是组织上的规范性、指导培训的严肃性和考核交流的严格性；这里的"三个重点"主要是精心选题、明确要求和把握方式。有学者分析指出，"经过五年的探索与实践，成都学院'两课'实践教学通过抓好'三个环节，三个重点'的工作，做到了参与的广泛性、组织的规范性、时间的连续性和实施的实效性，突出了'两课'教学的针对性和实践教学的实效性，收到了显著的效果"。① 该实践育人项目具有较好的推广价值和示范作用，先后获得了成都学院教学成果一等奖、四川省教学成果一等奖，赢得了全社会广泛好评和普遍赞誉。

（三）实践育人协同创新阶段（2013－至今）

党的十八大以来，成都学院站在新的历史起点上，围绕党的十八大报告提出的"深化教育领域综合改革"总体要求进行不懈追求和可贵探索。2013年，我校学生处、教务处、团委、思想政治理论课领导小组和各学院在坚持、继承和发展实践育人优秀做法和宝贵经验的基础上，紧紧抓住立德树人根本任务，协同开展了依托"思想道德修养与法律基础"的课程实践育人和依托高校思想政治理论课的暑期社会实践育人，实现了实践育人的新飞跃，取得了实践育人的新进展和新突破。

总之，实践育人是大学生思想政治教育的根本原则，当代大学生把正确的认知、自觉的养成、积极的实践有机结合，通过实践育人能够促使当代大学生在理论与实践相结合、认知与行动相统一的过程中体察社会、思考人生，勇于担当、不断

---

① 刘铭钦、梁昱庆、汪令江、彭晓琳、彭时平：《高校"两课教学"途径探索》，载《成都学院学报（社科版）》，2005年第3期。

进取,开拓新的境界。

第二节 依托"思想道德修养与法律基础"的课程实践育人

长期以来,高校思想政治教育存在资源较为分散,整合力度不够,日常思想政治教育与课堂理论教学相分离,学工系统实践工作队伍与理论课教师队伍相分离的问题,严重影响了大学生思想政治教育的成效。为更好地推进大学生思想政治教育改革,促进学生思想道德认知与行为的统一,切实增强思想政治教育的实效性,从 2013 年下半年起,成都学院在全校大学一年级本科新生中开展了基于"两个结合"的大一新生思想道德教育改革工作,经过近几年的改革与建设,取得了显著的成效。

一、课程实践育人的基本思想

坚持学、思、行相统一的原则,有效融合大学生日常思想政治教育和思想道德修养与法律基础(以下简称"基础课")课程教学,发挥日常思想政治教育"主阵地"和思想政治理论课"主渠道"的系统联动作用,实现"两个结合",即日常思想政治教育与"基础课"课堂教学的结合,学工系统辅导员队伍与思想政治理论课理论教师队伍的结合,构建立德树人、全面育人的思想政治教育格局,提升大学生思想道德和政治素养,增强思想政治教育的实效性。

(一)引导大学生更好地适应大一新生活,培养良好的思想道德品质和行为习惯

"基础课"是一门面向大学一年级新生,与大学生活、学生的成长成才和大学生思想政治教育工作紧密相关的一门思想政治理论课。该课程以社会主义核心价值观为主线,依据大学生成长成才规律,综合运用相关学科知识,教育、引导大学生牢固树立社会主义核心价值观,培养良好的思想道德素质和法律素质。本次改革以学生课内外思想道德培养与综合表现评价体系为依据,关注成长成才需求,贴近学生校园生活,通过加强课外大学生思想政治教育活动和课内实践教学并将两者有机融合,促进学生思想道德学习与道德践履的结合,促进学生自我反思,解决青年大学生成长成才中的困惑,引导大学生更好地适应大一新生活,提升其思想道德和政治素养。

（二）整合"主阵地"与"主渠道"，将大学生日常思想道德践履与"基础课"课程学习相结合

大学生思想政治教育既包括与生活实践相结合的日常思想政治教育与管理，也包括以理论提升为主的思想政治理论课教学。其中，日常思想政治教育与管理是思想政治教育的"主阵地"，思想政治理论课教学是思想政治教育的"主渠道"，两方面相互依存、相互补充，指向共同的教育目标。但在现实的思想政治教育中，由于人为的工作管理领域划分，日常思想政治教育与思想政治理论课教学常常出现"两张皮"的现象，无法取得最佳的教育效果。通过改革大一新生日常思想政治教育和"基础课"课程教学工作，建立统筹协调机制，有效搭建"主阵地"与"主渠道"的交互平台，实现两者在教育内容和方法等方面的有效衔接和深度融合，发挥教育资源的最佳利用效率。

（三）整合学生工作队伍和思想政治教育理论教学队伍两支力量，实现教育合力

学工系统辅导员和思想政治理论课教师是高校思想政治教育工作队伍中的两支重要力量，分属不同的工作管理系统，具有各自独立的管理体制和工作机制，关注点和工作内容也各有侧重，在实践工作、经验与理论研究方面各有优势。一方面，学工系统辅导员长于大学生思想政治教育活动的组织与个别谈心，因事务繁重缺少对思想政治教育工作深层次的研究与思考；另一方面，思想政治理论课教师长于教学和理论研究，但对思想政治教育管理工作和大学生的思想状况了解不足。在实际工作中，两支队伍基本处于"各自为政"的状态，难以形成教育合力，割裂了思想政治教育过程的完整性。本次改革通过有效整合两支队伍的力量，建立互动机制，使两支队伍相互协调，优势互补，既可有效激活学工系统辅导员老师的日常思想政治教育，又可延伸高校思想政治理论课课堂教学的内容和载体，从而有效地加强和改进了大学生思想政治教育工作。

二、课程实践育人的具体措施

（一）与课程教学内容紧密结合，积极开展课外日常主题教育实践活动

思想政治理论课课堂教学和校内各类团学活动、校外丰富的社会实践活动是思想政治教育的载体资源。将日常思想政治教育与思想政治理论课课堂教学有机结合，可以对思想政治教育起到事半功倍的效果。在对大学生的日常思想政治教育中，我们鼓励各班级结合思想政治理论课教学内容中关于理想、人生、价值、道德、法治等主题，设计教育活动，以主题班（团）会、辩论赛、演讲赛、热点问题报告、形势政策解读、志愿服务等形式，将理论课的教学内容进一步深化。活动过程

中,适时邀请"基础课"任课教师作为嘉宾参与主题活动,不仅巩固了理论课教学效果,将通过课堂教学获得的理论知识付诸实践,又使日常教育管理活动在理论教学的支撑下提升质量和水平,深化教育效果①。为更好地加强对大一年级新生日常思想政治教育工作的指导,学生处和政治学院共同组织任课教师和辅导员老师学习、分析《思想道德修养与法律基础》教材,结合各个专业的不同特点,研讨学工系统辅导员与理论课教师有效融合的思路与办法,对各章节的重点、教学目标与大学生思想政治教育活动相结合的一些具体细节问题进行讨论,共商具有专业个性特点的实践方案,指导各学院课外实践活动和"基础课"的课内实践环节,有力地促进了大学生思想政治教育活动和课堂教学改革的深入开展。

(二)与大学生的生活实际相结合,推进课内实践教学改革

"基础"课是一门具有很强思想性、理论性,同时也具有很强实践性的综合性基础课程,实践教学是"基础课"教学中的重要组成部分。本次改革中,我们结合不同类别学生(艺术类与非艺术类、文科与理工科)的专业特点,努力挖掘教学中的实践因素,探索课程内开展实践教学的有效方式。一方面,与大学生的生活实际和学生活动相结合。从大学生的身边事、眼前事、点滴事入手,深入挖掘大学生活和学生成长中的典型事例,引导学生反思自己,在鲜活的生活中自觉升华道德境界,实现精神成长。在实现这一目的过程中,也为日常思想政治教育相关主题活动的开展提供理论支撑。另一方面,与社会热点相结合。紧紧围绕与课程内容相关的社会焦点、难点、热点问题及社会生活中的现实问题组织教学内容,从理论高度帮助学生解惑释疑,提高他们对现实生活的认知能力。在具体实施方式上,充分考虑学生专业特点并结合教学需要,以分组研讨、主题辩论、影视观摩、案例分析、情景模拟等多种形式体现,调动学生积极参与、主动思考,增强学生的学习积极性。

(三)开展大学生自我成长汇报与自评互评,促进自我反思和自我激励

日常思想政治教育活动和"基础课"课程教学的开展,不仅仅是要学生学习相关理论,在实践活动中深刻地认识、理解理论,更要促进大学生的自我反思,在实现大学生对理论和现实问题的思考中,在对自我和他人的对照中认识自我、提升自我、发展自我。为此,在"基础课"课程学习结束的学期末,我们组织所有学生以小班为单位开展自我成长汇报。由班主任或辅导员老师与"基础课"任课教师共同配合,要求每个学生按照学生综合测评体系中的指标内容和具体维度要求,形

---

① 周博文、赵俊爱:《高校思想政治教育"主渠道"与"主阵地"交互机制探索》,载《思想理论教育导刊》,2014 年第 8 期。

成成长汇报的文字稿,结合 PPT 展示,分享本学期以来学习"基础"课程、参加相关思想教育主题活动的收获和感受,促使学生较为全面地去反思自我,认知自我。具体安排上,与理论课教学 60 - 90 人的合班教学不同,成长汇报以 30 人的行政小班为单位,统筹安排班主任或辅导员老师、"基础课"任课教师分别负责不同的小班。每个学生汇报时间为 5 分钟,以 PPT 或视频辅助等多种形式,展示自己对自我成长问题的思考。在个人汇报后,进行 2 分钟互动交流,由其他学生和老师就汇报内容提问,最后由跟班参与的教师给予点评。汇报的同时,全班每个学生按照考核标准,从认真程度、材料准备、思考深度、汇报效果等几个方面,就他人汇报情况给出评价成绩。加权汇总后的考评结果纳入课程平时成绩考核和对学生的日常思想政治教育考核。为体现专业的差异性,各学院根据具体专业设置情况,调整测评体系中的指标内容和具体维度,以利于学生汇报时结合专业特点展开。

(四)完善课内外实践教学考评体系,推进大学生思想道德教育改革

思想政治教育的成效不仅仅体现在理论知识的学习本身,更重要的是在实践中践履的情况。现实中思想政治理论课与日常思想政治教育对学生的考核评价也存在脱节的问题,难以客观真实地反映大学生思想状况和教育效果。本次改革中,我们加强了对学生课堂学习和课外思想道德综合表现考核的过程管理。一是课堂教学管理方面,制定课堂教学评价体系框架。在此基础上,各任课教师结合学生专业特点和自身特长,进一步细化评价指标,形成适合自身教学和学生专业特点的评价观测点。凸显以过程考核为手段,加强教学管理,调动学生学习积极性。二是规范学生课外思想道德综合表现评价体系和成长汇报评价标准。制定涵盖"明德"与"守法"两大板块内容的学生课外思想道德培养与综合表现评价体系框架,包括自我定位与本期发展、理想及自我实现的准备、身心和谐发展、学习目标达成、日常生活道德践行、法治与规则意识及遵守情况等几个方面。三是制定成长汇报环节的基本评价框架和原则。一方面各学院学工系统根据专业设置的实际,细化形成符合学生专业实际的评价观测点,加强对日常教育过程和成长汇报环节的考核。另一方面,调整"基础课"的成绩评价构成,增加对学生日常思想政治教育考核的比重。注重评价要素的多元化,综合考虑知识学习与课内外实践两个方面,体现过程评价与结果评价的结合,定性评价与定量考核的统一的评判原则。为鼓励学生将思想政治道德的提升与日常生活实践相结合,学生有以下情况,经本人向任课教师和班主任(辅导员)申请并提供相关证明材料,经认定后课程考核平时成绩可适当加分。主要包括:积极参加校内外各类重大思想政治教育主题活动;在校内外有各类优秀思想道德和法律素质表现(如有见义勇为、拾金

不昧等);有与本课程内容相关的文章在公开期刊发表;课程学习的学期内,有与思想政治理论课相关的实践类活动获得校级及以上奖励。相反,如学生出现课程考试(包括其他课程)作弊现象或有受到校级处分的情况,课程考核成绩为不及格。多元的成绩构成和考核面极大地调动了学生课程学习和参与日常思想政治教育活动的积极性和主动性。

(五)延伸思想道德教育成果,增强思想政治教育的影响力

每学期改革推进完成后,我们将精选的学生优秀成长汇报编印成册,积极宣传,扩大影响。不仅给下一届的同学提供了很好的学习参照,同时优秀成长汇报所体现出的一种积极向上的人生态度对其他同学也起到了很好的激励与教育效果。此外,在"基础课"课程学习过程中,学校学生处与政治学院结合课程基本理论中有关理想、价值、道德、法治等相关选题,联合开展精品主题班会活动,对优秀主题班会活动和学工辅导员老师、该班"基础课"任课老师评奖评优,予以展示表彰,极大地激励了学工辅导员老师、任课教师和广大学生的改革热情,增强了思想政治教育的影响。

三、课程实践育人改革的具体成效

基于"两个结合"的"基础课"实践教学改革自 2013 年下半年开始试点,2014年下半年全面铺开。在近两年的实施过程中,实施方案在不断修订中更加完善,改革取得了令人满意的育人效果。调研表明,总体来看,绝大部分学生、所有学工系统教师和任课教师对改革的成效持肯定态度。教师们普遍认为,改革一定程度上实现了两支队伍的融合,比较明显地提升了教育教学效果。从学生问卷看,30.9% 的学生认为改革对自己成长"促进作用非常明显",43.2% 的学生认为"促进作用比较明显"。不少学生认为自己"受到启发和思考""思想觉悟有提高""增强了班级凝聚力""对思修课程产生了兴趣""越来越重视这一科目"。特别是对成长汇报这一形式,绝大多数师生给予充分肯定。

(一)教师与学生、学生与学生之间相互了解,相互促进

由于是全员参与,通过这种方式,加强了教师与学生之间的交流,增进了同学们相互的了解,给学生的学习和生活都带来了正向的改变。老师们也通过这一方式,看到了同学们丰富的个性,更全面地了解每一个学生,有效促进教学针对性。同学们通过认真地梳理自己上大学一学期以来的成长足迹,看到了自己的进步,也了解到自己的不足,进一步明确了未来发展方向。有学生表示,成长汇报"使自己有一个公开展示的机会,锻炼了自己的胆量,培养了表达能力和制作 PPT 的能力""对自己有清楚的认识""加深了班级同学间的了解",利于同学间"相互学习,

相互借鉴",也使学生"更加注重思修课的学习,注重思想道德"等。在思考中,"增强了与父母的情感,更理解了父母的不易与对自己深深的爱"。在成长汇报过程中,回顾上大学一学期以来的经历与收获,谈及在友情亲情与自我成长等方面的感受时,很多同学流下了激动的泪水。

(二)改革对班风学风的改善起到了良好促进作用

从辅导员(班主任)老师的反映看,改革的成效表现在学生学习态度、学习目标的规划、课外社会实践和文体活动的参与、班级凝聚力及个人品行修养等各个方面,班级形成了和谐、友爱的氛围。对学工系统老师的日常思想教育工作,总体看,很多学生对辅导员老师给予充分肯定,用"认真""严格""抓得紧""关心"等词语描述。对辅导员(班主任)老师与学生沟通交流情况,33.5%的学生认为"经常沟通",38.3%的学生认为"有一定沟通",20.2%的学生认为"很少沟通"。总体来说,不同班级学生对问卷中问题的倾向性比较明显,表现出任课教师和学工教师个体差异和学生专业特点对教育教学效果的不同影响。

(三)改革有力地推进了学生"基础课"的课堂参与度

从老师的反馈看,学生到课率和课堂投入程度明显提高,课后作业和小组讨论态度和质量明显提升,学生对"基础课"的态度由轻视到比较重视。调研表明,学生对课堂教学评价"收获很大"和"较大"的比例分别达到19.02%和39.47%,两者和达到59.51%。"收获一般"学生有31.28%,7.4%的学生认为"收获不大",2.83%的学生认为"说不清楚"。认为课堂教学与大学生生活结合很紧密和比较紧密的肯定评价比例和达到71.07%,"不紧密"或"说不清楚"评价占29.93%。学生普遍认为任课教师课堂教学态度认真、结合实际,总体持肯定态度,越来越多的学生开始喜欢、重视思修课程的学习。

四、推进课程实践育人改革的几个关键问题

"两个结合"实践教学改革是一个系统工程,涉及学生工作与教学管理、课内与课外、学工系统教师与专任教师等多个不同工作领域与实施主体。要保证改革的深入推进,需重点关注以下几个方面问题。

(一)理顺改革运行机制,保证实践活动持续、有序、有效地开展

实践教学改革得以实施,必须建立行之有效的保障机制,以增强实践教学改革的协调性和针对性。一是需要成立相应组织机构推进改革发展。在学校层面,成立大一新生思想道德教育改革领导小组,由分管校领导和学生处、教务处、政治学院、各改革学院的相关领导和部分"基础课"任课教师、学工系统辅导员骨干老师组成。思想道德教育改革领导小组研究制定实施办法,制定实践教学课程大

纲、课堂教学评价体系框架、课外思想道德综合表现评价体系和成长汇报评价框架,研究解决改革中的新情况和新问题。在二级学院层面,成立思想道德教育改革工作小组,由各学院党总支书记、副书记、辅导员(班主任)老师和任教该学院的"基础课"任课教师构成,研究细化评价体系指南中符合学生专业实际的学院评价观测点,制订日常思想政治教育活动实施方案和成长汇报环节的具体工作安排等。二是建立学工系统辅导员教师队伍与"基础"课任课教师队伍的沟通交流机制。从改革的动员到制定符合学生实际和专业发展特点的课外考评体系,日常思想政治教育主题活动的开展,从学生成长汇报的组织、成长汇报 PPT 培训,到班级评议活动和成长汇报最后环节的开展,在具体实施办法、时间安排、人员分工等方面需要开展大量深入细致的工作,需要加强两支队伍之间定期的对口沟通与交流,形成实践教学的合力,保证实践活动持续、有序、有效地开展。

(二)调动师生参与实践教学改革的积极性,增强对改革的心理认同

"两个结合"的改革涉及课堂教学和学生管理工作中细节的很多方面,事实上打破了以往教学管理体系和学生管理体系各自运行的惯性规律。无论对学工系统教师还是任课教师,课外主题教育活动的开展和"基础课"课内实践教学的组织都增加了不少工作量和协调工作的时间与精力,需要得到学工系统辅导员教师和任课教师的认同与支持。另一方面,学生对改革的认识成效在很大程度上决定了教学改革的最终效果。只有学生对改革推进基本思路和评价体系具体内容深入地了解,充分认识到改革举措对自身成长成才的重要意义,才能确立明确的目标,积极主动地参加活动,从而达到良好的效果。以成长汇报环节为例,在改革推进中我们发现,绝大多数学生参与态度是积极的,成长汇报准备也是认真、充分的。但由于实施面涉及全体大一新生,尽管班主任们通过班会等各种渠道深入解读相关制度和要求,仍有少部分学生或对改革的要求不很清楚,个别同学感到不理解,觉得麻烦,有抱怨。真正激发学生对大学生活和人生成长深入的思考,是这一环节取得很好教育效果的关键。调动学生参与的积极性,增强对改革的心理认同,显得尤为必要。

(三)以制度规范改革过程各具体环节,保证"两个结合"有效落实

健全的制度是实践教学科学化、规范化的有效保证。"两个结合"改革的基本思路是整合作为"主阵地"的日常思想政治教育和作为"主渠道"的课内理论教育,整合学工系统实践工作队伍和理论课教师队伍,搭建平台,建立机制,以多种方式加强学工系统教师与任课教师的沟通交流,建立大学生思想政治教育活动与课堂教学的有机联系。只有形成一套严格的管理制度,才能规范改革过程中各具体环节,明确实践教学所要达到的目标,避免松散化和随意性,使改革推进过程始

终做到有章可循、有条不紊。

第三节 依托高校思想政治理论课的暑期社会实践育人

一、大学生暑期社会实践育人模式

(一)构建"一规范四整合"的大学生暑期社会实践模式

成都学院大学生暑期社会实践暨思想政治理论课社会实践采取项目制,"一规范"即规范项目申报、立项、实施、结题、奖励、交流流程和标准。"四整合"即整合校内大学生暑期社会实践组织管理机构、整合校内师资队伍、整合校外各类实践教学资源、整合课堂教学与课外相关实践活动资源。

(二)落实"三进入",形成"大思政、小项目、多层次、全覆盖"的育人格局

成都学院高度重视大学生暑期社会实践,将大学生暑期社会实践活动与思想政治理论课实践教学、大学生相关课外活动及学生所学专业相结合,明确大学生暑期社会实践暨思想政治理论课社会实践进学校人才培养计划、教学大纲、教师职责,突出社会实践的思想政治理论课理论引领。

(三)突出立项和奖励导向,激发学生参与大学生暑期社会实践的主动性和创造性

学校大学生暑期社会实践暨思想政治理论课社会实践活动,每年 5 月启动,根据共青团中央当年开展全国大中专学生志愿者暑期文化科技卫生"三下乡"社会实践活动的通知及时下热点确定成都学院暑期社会实践项目指南,指导项目按校级、院级和自选分别立项,着重资助校、院两级项目。重点指导考核校级项目,评阅所有社会实践报告;表彰奖励优秀项目和个人,组织优秀实践个人考察红色基地,激发学生的主动性和创造性。

二、大学生暑期社会实践育人举措

(一)以项目为抓手,规范项目立项、实施、考核,构建大学生暑期社会实践模式

成都学院大学生暑期社会实践活动以学生主动参与、主动思考、主动探索为基本要求。学生根据规定及学校项目指南主动选择指导教师,自主选题,自我组队;在活动中自我管理,自我约束,互助成长;活动结束后,需将实践活动中形成的认识、体验以恰当的方式展示。大学生暑期社会实践与思想政治理论课社会实践

相结合,是我校一门大学课程,其教学目标、教学方式均须符合大学教学规律、符合思想政治理论课要求,其教育功能必然是在规范的过程要求基础上,才能得以实现。"一规范四整合"教学模式中的"一规范"即规范大学生暑期社会实践流程、标准和考核。抓好实践前教学组织、实践中有效指导、实践后考核表彰等阶段的具体安排;明晰项目组队、辅导、申报、立项、实施指导、评审、总结、交流表彰的标准。实施中,学校出台《成都学院思想政治理论课社会实践实施办法》,明确大学生暑期社会实践与思想政治理论课社会实践相结合,并实施"三进入":即进入人才培养计划,进入课程教学大纲,进入思政教师岗位职责与工作量。确保本科课程 32 学时(2 学分),专科课程 16 学时(1 学分)用于实践教学。编著《大学生暑期社会实践暨思想政治理论课社会实践指南》教材,强化辅导与培训,规范项目申报、立项、实施、评审、总结、表彰等各个环节的基本要求,根据不同层次、不同专业、不同年级学生特点,合理安排社会实践活动内容。根据分工,各学院学工系统组织,思想政治理论课教师到学院开展项目申报、选题、报告写作培训,专业教师参与。学校思想政治理论课社会实践领导小组办公室发布选题指南,所有项目经评审立项后实施。所有项目须有完整的过程记录,学校重点支持和指导校级项目,使"点"更突出,"面"亦有保障。由辅导员和思想政治理论课教师分别实施过程和报告考核。开展"实践归来话真知"专题展览、主题团组织生活、座谈会、项目评审会和总结表彰会等,并借助传统与新媒体广泛宣传,扩大影响。每年从 5 月工作布置到 10 月总结表彰结束,形成了科学合理、规范运行的大学生暑期社会实践模式。

(二)整合四类资源,形成全员育人、全社会育人的暑期社会实践协同运行机制

"一规范四整合"中的"四整合",即整合校内大学生暑期社会实践组织管理机构、整合校内师资队伍、整合校外各类实践教学资源、整合课堂教学与课外相关实践活动资源。一是整合校内大学生暑期社会实践组织管理机构,形成团委、政治学院、教务处、宣传部、学工部等部门和各学院社会实践工作小组协调配合的工作机制;二是整合校内师资队伍,思想政治理论课教师、学工系统辅导员教师和专业教师队伍共同参与组织指导社会实践教学;三是整合校外各类实践教学资源,与企业、社区等共同搭建携手合作、互利共赢的暑期社会实践与思想政治理论课教学基地;四是整合思想政治理论课课堂教学与课外相关实践活动资源,突出思想政治理论课教学目标,将思想政治理论课实践教学与大学生暑期"三下乡"社会实践活动相结合,与相关大学生课外科技活动、创新创业活动相结合,推动大学生实践创新能力的培养,形成全员育人、全社会育人的协同运行机制。学校鼓励社

会实践同专业相结合,因其属于思想政治理论课程又有别于专业实习、实践课程。在结合专业的暑期社会实践中,许多学生既从专业入手,深入社会;又能够跳出专业,以小见大,认识社会,认识国情。在社会实践中,学生深切感受到国家的巨大变化和党的理论、路线、方针的正确性,坚定了走中国特色社会主义道路的信心和决心,体会到我国现代化进程的艰巨性、复杂性和长期性,感受到大学生的责任。同时,思想政治理论课教师也可以通过指导实践和批阅学生社会实践报告,收集学生现实的思想动态、掌握了学生关心的热点问题,能够有的放矢地组织教学,增强了思想政治理论课的亲和力和针对性。

(三)建立激励机制,调动学生参与暑期社会实践的积极性和主动性

根据当年申报指南和学生申报条件,将社会实践项目分为校级、院级和自选三类。对校级项目,面向全校招标并由学校给予经费支持。院级项目由各学院予以资助。在实施的准备过程中,注重激发学生参与社会实践的主动性,既鼓励学生结合专业,运用自身特长,体验社会、服务社会,又激发学生进行社会实践的热情,使思想政治理论课社会实践有的放矢,针对性强。学生在理论课教师和学工系统教师精心组织与指导下,根据要求自主选择选题,主动选择指导教师,自我组队。在实践实施中,学生根据指导老师的引导,按照项目实施方案,自我管理,自我约束,思考社会,了解社会。在活动结束后,根据要求将实践活动中形成的自我认识、自我体验以研究报告、调研报告等方式展示,进而完成自我学习,实现人格塑造。学校通过评阅社会实践报告,考核项目实施,评比各类项目成果,表彰优秀实践团队和个人,建立起学生自我教育和互助教育的路径。同时,每年定期组织优秀实践团队成员开展红色革命圣地专题社会实践考察活动,重温革命历史,感受革命精神,引导大学生树立正确的理想信念,在广大学生中起到了极好的激励效果。

(四)搭建暑期社会实践成果分享平台,助推学生在实践中受教育、做贡献、长才干

学校注重强化思想政治理论课社会实践成果的延伸导向。每年思想政治理论课社会实践完成后,组织优秀实践团队,在思想政治理论课教师和相关专业教师的精心指导下,进一步完善实践成果,积极参加国家、省级各类相关学科竞赛或相关创新创业比赛活动,开展座谈会、表彰会等活动,分享实践经验、心得体会,巩固实践成果。

三、大学生暑期社会实践育人成效

(一)有效推进大学生暑期社会实践与思想政治教育的深度融合

大学生暑期社会实践活动是大学生通过实践将理论与实践相结合的重要途

径,使学生在进行社会观察、社会调查和志愿服务等活动过程中,能够更加坚定理想信念,增强实践能力。近年来,我校始终高度重视大学生暑期社会实践的思想政治教育功能,在项目指导中加大对理论普及宣讲、国情社情观察、依法治国宣传等实践方向的引导,将思想政治教育融入实践主题,引导学生在自主实践调研中挖掘祖国新变化,引发新思考,发现正能量,将思想引领和促进学生全面发展的有机结合。

(二)服务地方经济社会发展作用明显,实践成效显著

充分整合校内外资源,本着合作共建、双向受益的原则共建多种形式的常态化社会实践基地,长期稳定地服务地方,针对地方发展需求及学生专业特长设置具有针对性的暑期社会实践项目,在锻炼学生成长成才的同时促进地方经济发展。如我校与九寨沟县政府建立长期社会实践基地,2016年我校"精准扶贫·情撒马乡"实践队深入九寨沟当地,针对当地急需解决的文化宣传推广、旅游开发等方面需求进行实地调研及设计,为当地绘制特色墙绘、开发旅游产品、进行特色农产品包装设计等,同时针对当地留守儿童开展支教关怀活动,既锻炼了同学们的专业实践能力,又为当地脱贫攻坚提供帮助,团队荣获了团中央2016年全国大中专学生志愿者暑期"三下乡"社会实践活动优秀团队等诸多荣誉。我校团队还与成都市创业园区开展暑期社会实践合作,针对园区需求进行相关调研,为成都市创业园区建设提供数据及分析支持。因实践成果突出,学校获2015年、2016年全国大中专学生"三下乡"社会实践活动优秀单位荣誉称号。

(三)有效锻炼学生专业能力、增强社会责任感,服务学生成长成才

学校在暑期社会实践中充分发挥组织力量、教学力量,将专业老师队伍植入暑期社会实践,以专业的力量驱动学校社会实践工作的开展,提高学生综合能力素质,促进学生全面成长成才。多项社会实践项目成果获国家和省市表彰。如社会实践的相关延伸成果在省第十二、十三届"挑战杯"社科类项目比赛中获得优异成绩。"城市文化传承实践团队"荣获"强国杯"2015年全国大学生社会实践风采展示活动优秀奖。体育学院实践团队参加全国第九届残疾人运动会暨第六届特殊奥林匹克运动会志愿服务项目荣获2015年四川省大学生志愿者文化节优秀奖;旅游与经济管理学院"感知家乡新貌——青年携手美德少年四川行"项目,受到社会广泛关注,中央电视台、中国新闻网和中青网等多家媒体予以报道。相关实践团队和个人获第四届中国创新创业大赛一等奖、全国示范团支部和四川省"向上向善好青年"等荣誉称号。

第十五章

服务育人模式下网络育人的探索与创新

第一节 网络育人研究背景与前沿思路

一、网络育人研究背景

自 1994 年互联网进入中国以来,互联网全面、深刻影响着人类的生产、生活和交往,重塑着社会的经济生产方式、政治参与模式、信息传播渠道等方面。作为社会整体中的有机组成部分,高校的网络化趋势同样引人关注,网络元素正冲击和改变着传统的教学模式、管理方式和育人手段。

(一)2000 – 2006 年,"网外关注"向"网内初探"转变阶段

2000 年以前,互联网刚接入中国,信息网络发展突飞猛进,高校校园网的建设和应用也呈现出蓬勃发展之势,但思想政治教育研究并未意识到网络应用普及的迅猛。理论方面,人们对互联网的发展充满着期待与猜想,思想政治教育者初步意识到了网络信息技术带来的负面影响,纷纷对政治误导、网络犯罪、文化渗透和色情泛滥等网络负面现象表达出忧虑。实践方面,建设"信息高速公路"的目标更注重网络硬件基础设施的建设,对网络空间的教育内容、环境的建设几乎处于空白。有资料显示,这一时期的思想政治教育研究主要是揭示网络对思想政治教育的冲击和挑战,更多的是网下呼吁"防、堵、管",一些高校也曾出现过"关闭并远离网络"的无奈之举。

2000 – 2006 年,中国互联网开始走向多元化应用阶段,高速宽带接入系统的普及,使得 ADSL 中国网民和 CN 域名注册量突飞猛进,中国互联网国际地位日益提高。这一时期,思想政治教育研究开始紧跟网络发展的步伐,占领网络阵地,全面推动思想政治教育"进网络"。2004 年 10 月,中共中央、国务院下发了《关于进一步加强和改进大学生思想政治教育的意见》,指出:"思想政治工作者必须主动

学习、了解和运用网络,从传统教育中走出来,对网络这一新的阵地加强建设,始终站在改革创新的潮头,充分利用网络的有利因素,因势利导,把网络文化逐步建设成为对大学生进行开放性全方位思想教育的有效载体。"

这一时期,思想政治教育者实现了从"网外关注"向"网内初探"转变,其研究领域和范围主要有三大变化,一是围绕网络思想政治教育概念,明确了主体、对象、载体、内容和目的等基本范畴,形成了载体工具论和整体环境论的两种不同层面的网络思想政治教育的本质界定;二是围绕网络思想政治教育方法,透过社会学、政治学、传播学、法学、心理学等学科的视角审视网络环境,对网络思想政治教育的原则、内容、方法、载体等问题提出建构;三是围绕网络思想政治教育德育,2000 年以前大量关于网络负面影响的论述引起了相关领域研究者对网民的思想政治品德和网络文明素质的高度关注,研究者纷纷从工具性价值与人文性价值的结合视角强调如何主动地、动态地实施网络德育。

(二)2007 – 2012 年,"主导网络"发展阶段

2006 年是中国互联网深度发展的一年,随着 web2.0 系统的普遍应用,互联网已经由单一的阅读模式转变为 P2P 互动模式,网络的潮流已影响到社会的各个阶层。2006 年,为贯彻落实中共中央 16 号文件精神,根据中宣部、教育部《关于进一步加强和改进高等学校思想政治理论课的意见》(教社政〔2005〕5 号)和相关实施方案,要求全国高校从秋季新生入学开始,实施思想政治理论课新课程方案(简称"新方案")。2007 年,胡锦涛同志发表了《以创新的精神加强网络文化建设和管理》的讲话,指出要充分发挥互联网在我国社会主义文化建设中的重要作用。

这一时期,网络思想政治教育研究理论层面注重文化层面、价值视角和新载体、新方法等方面创新,形成了网络思想政治教育绝不是网络和思想政治教育简单嫁接的新认识,同时,实践层面也有了新的突破,从早期简单介入网络社交平台的工作,完成了向自主研发特色教育平台的转变,强调加强校园网络文化建设,对网络中泛滥的错误思潮等现象进行专项回应和解读,有关网络治理的法律法规的制定也逐渐起步,这些工作都切实提高了网络思想政治教育的引领性、有效性。

(三)2012 年以后,"自觉深入"拓展阶段

历经前几个阶段的探索和积累,网络思想政治教育研究已基本完成了理论性与实践性的统一,但由于网络社会问题的层出不穷,对网络思想政治教育不断提出新的要求。党的十八大以来,习近平总书记高度关注互联网问题,高瞻远瞩,创新性地提出了建设网络强国的战略目标,形成了系统的网络观。习近平网络观具有丰富而深刻的内涵,包括网络安全、网络强国、网络交流、网络主权、网络治理、网络文化等方面内容,其中关于网络治理和网络文化建设等方面论述,为高校思

想政治教育工作者提升网络思想政治教育能力提出了解决问题的新思路和新要求。习近平在调研三大中央媒体后，特别提出48字党的新闻舆论工作使命，"推动传统媒体和新兴媒体融合发展……强化互联网思维"。

这一时期，网络思想政治教育的研究自觉向科学化、系统化和整体性深入发展。反思性和综述类的研究增多，厘清了网络思想政治教育研究中相对混乱的概念、内涵等问题。研究视角向网络社会性发展，强调网络思想政治教育与网络化的人类生存的内在联系，透析网络人际互动的基本属性和规律性问题，将网络文化的建设向全方位、多维度的社会系统工程推进。研究定位向学科建设发展，部分研究者提出将网络思想政治教育作为独立学科，才能更好地把握网络社会教育活动开展的规律。

二、网络育人的基本内涵

育人是高校的核心使命，这就要求我们与时俱进、着眼长远，准确把握社会发展形势和高校育人环境的变化，准确把握高校内部各类群体，尤其是受教育群体的发展需求，实现趋利避害、因势利导。网络育人是"全方位育人""全过程育人"理念在信息化背景下的新体现，我们既不能将它狭义理解为"借助网络平台开展育人工作"，也不能将它片面曲解为"传授与网络相关的知识技能"。网络自身的丰富含义，促使我们必须超越网络的工具性层面，着眼网络在发展过程中日渐凸显的社会文化意义，立足网络社会观来重新审视"网络育人"的丰富内涵。

成都学院新浪官方微博于2010年8月认证上线，是教育部教育官微联盟成员。官方微博现有粉丝6.2万人，总发博数2万余条，日均发送8-10条。2016年，年度总阅读量达5700万次，转评赞高达25万次。截至2016年12月28日，官方微博14次进入全国高校官方微博周排行榜前10,34次进入全国前20，常居西南地区高校微博排行前3，曾荣获新华网"新媒体建设经验高校"奖。成大官方微博坚持"大策划、小视角、精制作、广传播、严管理"的理念，成为学校思想政治工作的重要阵地、师生校友的网络精神家园、文化传承的有效载体、权威发布的重要渠道、舆情管控应对和引导的主要阵地。

在笔者看来，网络育人是理论与实践交互影响、相互印证的结果，是综合了课堂教育、日常管理、发展服务等各种手段，涵盖了网络舆情管理、网络舆论引导、网络社区建设、网络文化培育等多种方式，包含了网络技能培养、网络发展辅导、网络人格塑造、网络人生提升等丰富内容的系统工程；它是与网络社会相伴而生的一个系统概念，既是引导受教育者更加辩证地看待网络与现实的世界观教育，也是帮助受教育者在网络社会中实现更好地成长发展的方法论教育。它既具有鲜明的时代特征,又葆有思想政治教育的根本特性,既是实践探索的提升,又是理论思考的总结,是对新时期高校大学生思想政治教育工作不断创新发展的有益尝试。

第二节　成都学院网络育人实践

一、官网平台建设

网站是大学的名片,是各单位对外宣传、服务社会的窗口,也是展示其教育教学水平、科研实力、人才培养成果的重要平台,承担着为学校建设发展营造良好舆论氛围的重要任务。成都学院网站在设计上突出了思想引领、新闻资讯和文化传承功能。主页的"嘤鸣视界"栏目,通过精美的动态图文推介,宣传国家方针政策、关注时政热点、宣传学校办学理念、办学成果,以加强对全校师生思想的引领,舆论的正向引导。导航栏上,设有"学校概况""机构设置"等九个一级栏目,并分别下设二级栏目。网站内容区域则由八个板块组成,分别为导航铺开展示区域、新闻浏览区、公告浏览区、学术动态浏览区、文化活动浏览区、图标链接区、热点链接区、专题推荐区。

为确保思想政治教育的全面性和透彻性,成都学院网站建设涵盖诸多内容:学校概况、机构设置、院系设置、人才培养、学科建设、科学研究、师资队伍、招生就业、合作交流、新闻网等主要板块。通过板块内容的不断更新与功能完善,让我校学生和社会全面了解我校的基本情况,特别是校园文化、办学特色、发展规划等,让学生对学校发展未来充满信心,以更加自信的态度投入到学习生活中去。此外,成都学院大学生思想政治教育专题网站,由工作动态、主题思政教育、辅导员队伍建设、学习风气建设、学生发展与素质提升工程、学子风采以及辅导员风采栏目组成,是我校大学生网络思想政治教育的重要部分。

网站校园文化内容的建设具有重要的育人功能。成都学院官网"嘤鸣视界"栏目,是我校推进大学生思想政治教育工作的重要渠道,通过"嘤鸣视界"专题栏目建设,促进良好的"校风、教风和学风"的形成。通过该栏目,逐步将成都学院引导和加强学生思想政治教育的情况全面呈现出来。结合传统节庆日、重大事件、典型人物、开学毕业典礼等,开展特色鲜明、吸引力强的主题教育活动,把德育、智育、体育、美育有机结合起来,寓教育于文化活动之中。

成都学院师生服务热线网、"校长信箱""书记信箱"以及各二级网站建成的沟通平台,促进了学生与学校之间的对话交流,通过沟通平台的建设,学校能够及时了解学生不同时期的各种诉求以及思想困惑,并及时解决问题,加强青年思想引导。此类平台的运维由部门专人专职负责,及时解答学生提出的各类生活、学习等问题,在解决学生实际问题的同时,引导学生正确看待、理解,进而培养学生主人翁意识,引导学生积极参与到学校的各项建设发展中来。

二、"易班"建设

"易班"于2015年进入成都学院,并在全校进行了积极推广,逐步成为我校青年思想政治工作的重要途径。学校为了更好地管理易班,成立了成都学院易班学生工作站,负责"易班"在学校的宣传工作与活动开展,结合我校思想政治工作特点,将"易班"打造成适应青年个性化发展需求的新型网络社区。

学校各部门各司其职,使得推广工作和各级活动得到顺利的展开,另外,为加强"易班"与学校各个部门的联系,"易班"工作站将校学生会宣传中心学生干部、校社团联合会宣传部学生干部、各学院分团委宣传部学生干部纳为"易班"学生工作站副站长管理团队,利用各大校级机构已有的资源,辅助"易班"开展学生工作。"易班"以学工部的"易班"发展中心和"易班"学生工作站为核心,分设学院"易班"管理团队以及班级"易班"负责人,各级管理人员积极响应紧密联系,为"易班"建设做系统化管理,主要体现在:

第一,提升我校师生网络素养。利用"易班"平台广泛开展师生网络文明教育和网络法治教育,引导我校师生形成科学、文明、健康、守法的上网习惯。利用"易班"平台加强学生教育管理,完善网络管理规定,增强学生对网上有害信息的甄别、抵制、批判能力,实现学生网上自我教育、自我约束和自我保护。

第二,繁荣校园网络文化。通过"易班"平台组织校园网络文化活动,不定期开展网薪换购活动,增强我校师生参与建设校园网络文化的积极性和主动性,大力弘扬中国特色社会主义文化,努力创造校园网络文化繁荣发展的良好局面。

第三,深入拓展网络育人功能。通过"易班"平台坚持正面信息传播导向,全面提升校园网络舆论引导能力,大力弘扬社会主义核心价值观;探索网络思想政治教育的新形式和新载体,巩固建设校园网络舆论阵地,切实增强马克思主义意识形态在校园网络的话语权,牢牢把握意识形态斗争主导权。

第四,切实保障网络信息安全。通过"易班"平台加强有害信息过滤体系建设,严格执行信息安全管理制度,加强对网络新应用的研究和应对,及时掌握师生动态,形成覆盖全面、及时准确、正确引导、有效管理的网络信息管理机制。

三、"两微"建设

成都学院建成以微信公众平台、微博平台为主力军"两微"社交网站平台。形成学校、学院(部门)、学生组织账号形成三级新媒体矩阵,秉承"大策划、小视角、精制作、严管理、广传播"的原则,坚持正确新闻宣传方向,用新平台、新形式讲好成大故事,传播成大好声音。成为学校思想政治工作的重要阵地、师生校友的网络精神家园、文化传承的有效载体、权威发布的重要渠道、舆情管控应对和引导的主要阵地。

"两微"网络平台的运用,增强了青年获取消息的及时性,实现了思想政治教育工作的交流与互动,"两微"平台不受空间、时间的限制,通过网页端或移动终端编辑推送,迎合广大青年网络社交习惯。除此之外,基于社交网络平台开发的各种实用应用小程序,实现了平台个性化功能,使思想政治教育通过"两微"平台的传播更加完善、有效,更能得到学生的青睐。

(一)落实立德树人,增强价值引导力

习近平在全国高校思想政治工作会议上指出,要运用新媒体技术使工作活起来,推动思想政治工作传统优势同信息技术高度融合,增强时代感和吸引力。成都学院官方微博坚持立足校园、关注时事、贴近师生、传递温暖。

一是讲好中国故事。及时宣传党和国家的大政方针,在党和国家举办重要纪念活动、举办重要会议、取得重大成果时第一时间进行宣传报道,并将学生积极的评论留言及时整理发布,设置#橙子看两会#、#回家看中国#、#晒晒传家宝#等话题,引导学生树立为实现中华民族伟大复兴的中国梦而努力奋斗的青春志向。

二是讲好成都故事。围绕#橙子爱成都#的主题开展系列宣传活动,讲述成都历史,宣传成都发展,展示成都成绩,线下组织学生走访成都名胜古迹、时代建筑以及文化名人,开展"成都通"系列讲座,引导学生了解成都、认识成都、热爱成都,积极投身成都建设国家中心城市的伟大征程。

三是讲好成大故事。官方微博是学校文化软实力的重要载体。以"在最美的成都遇见最美的成大"为主题的学校形象宣传片《我爱成大》,仅官微阅读人数就超过60万,热度吸引省市各大媒体新闻客户端转发。"定了!世界一流足球场落户成都学院""最美校园书店成大见""成都学院教师事务服务大厅温暖登场"等一大批反映学校各条战线建设成果的图文,生动再现了学校的飞跃发展,极大提升了师生及校友们的爱校情怀,提升了学校知名度和美誉度。

(二)科学设置议题,增强话题号召力

一是关注微热点。2013年,地铁四号线延线将抵达成都学院的消息让每一个成大人都无比兴奋,但是学校门口这个站点的站名却似乎与成大无关,于是学校官方微博发起了#请叫它成都学院站#的倡议,迅速引起广大师生的共鸣,引起网友热议,从而引来社会媒体的报道,引起教育、民政、地铁建设等部门的关注,也得到民主党派的支持成为政协提案,最后将其确定为"成都学院站",成为学校一张闪亮的名片。

二是用好微直播。采用文字、图片、微视频等多种媒介形式对学校重大活动全程直播,第一时间和网友分享现场温暖。#成大2014颁奖典礼#阅读量超过220万,#成大毕业季#系列报道,晒创意毕业照、视频直播授位仪式,阅读量达334.6万,讨论919条。"为5000名毕业生——授位的校长""带着妻女毕业的本科生"都因微博的生动记录被全国各大媒体发现并报道。2016级新生军训结训典礼,运用"一直播",共有5万次观看,评论800余条。

三是塑造微人物。带着奶奶上大学的女生刘琳,其事迹温暖海内外。央视著名记者董倩亲自到校采访,《中国青年报》进行全媒体报道,英国《每日邮报》等海外媒体给予点赞。还有留字条关心小猫的爱心保安、跪地救人的医生肖强、为学生纳鞋垫的奶奶等,无数小人物的暖心故事凝聚起强大正能量。

(三)加强改革创新,增强媒体传播力

一是坚持思想性。把培育和践行社会主义核心价值观贯穿始终,发扬大学文化传承的使命,坚持弘扬中华优秀传统文化,积极响应全民阅读,每周编发#轩客会荐书#、#嘤鸣悦读#栏目,给师生推荐好书好文章。

二是体现服务性。微博具有收集问题、反馈问题、引导舆论的重要功能,是舆情管控和网络理政的主要阵地。成都学院官微高度重视网友评论及意见反映,有问必答,建立起舆情处置的科学体系,成为一个"有温度的平台"。坚持用户思维,想师生所想,主动提供服务,群发天气讯息、新生宝典、考试必备、求职心经等,获取粉丝的信任。

三是加强互动性。增进与用户的双向互动,加强与粉丝的互动与交流。精品栏目#嘤鸣夜话#、#我拍成大#、#厉害了,word橙#等栏目,使用户参与到生产内容中,从被动接受变主动传播。组织线下活动"大成送福利",给粉丝带来乐趣,增加粉丝黏性。"21天早起挑战"活动,连续签到15日赢取礼品,获得402次转发。2016年微博校园数据显示,成大官微以25万条互动信息成为全国最"亲民"的微博账号。

四是增强创新性。成大官微不断创新手段,跟进新趋势,运用新工具,开发融合产品。除了传统的一图读懂系列,H5、一直播、微漫画、无人机拍摄、全景拍照等技术手段都在实践中加强运用,不断推陈出新。语言风格上,更简明亲切,触及受众的校园情怀,捕获粉丝情感认同;图片呈现上,用"图说新闻"的方式展现细节和花絮,展现浓厚的人文情怀;数据表达上,运用大数据切入校园生活,生动直观。

第三节 高校网络育人的问题与思考

一、高校网络育人工作存在的问题

高校网络思想政治教育育人工作是社会发展、人的发展的必然选择,作为高校德育工作的重要环节和内容,在"三全育人"工作指导下,加强高校网络思想政治教育育人工作的进一步提升,开拓网络育人的新境界,是高校立德树人的时代要求,是大学生自由全面发展的内在要求。然而,网络思想政治教育形式的虚拟性,其现实困境不容忽视。

(一)高校网络思想政治教育的环境有待完善

新媒体这柄"双刃剑"使得互联网空间尤为复杂,网络新媒体在快捷带来海量信息资源的同时,也提供给各种各样的反动、色情和暴力信息以空间,混淆视听;基于网络新媒体终端的交往形式开放、保密,但同时各种不诚信、不安全的因素也陡然增长。网络这柄"双刃剑"的特征,尤其是夹杂其中的负面影响因素的日益泛滥,使得新媒体背景下的高校网络思想政治教育工作比传统高校思想政治工作面临着更加复杂的环境,高校网络舆情疏导如果不力,就会产生"失控"的风险。因此,要积极对高校网络舆情进行分析、研判和监管、引导,加强网上"舆情疏导"要和网下"道德灌输"紧密结合,在真正发挥网络思想政治教育作用的同时有效管控高校网络舆情。

(二)高校网络思想政治教育的教育理念亟待发生转变

互联网的自身特性决定了其在与传统高校思想政治教育接轨时,对高校网络舆情存在着片面性理解,对高校网络舆情缺乏深入的分析,也一定程度上缺乏对高校网络舆情发布主体——大学生的需求心理特征的研究;高校在育人观念上还缺乏一定的开放性、创新性,使高校网络思想政治教育在网络舆情引导方面存在诸多问题。因此,只有更新育人理念,转变育人观念,树立以人为本的教育理念,才能使高校网络思想政治教育科学应对高校网络舆情所提出的新要求,满足大学生全面成长成才的现实需要。

(三)高校网络思想政治教育的教育内容和方法相对滞后

作为网络思想政治教育主要客体,当代大学生对计算机技术的掌握程度与网络的综合运用能力毋庸置疑。在教育过程中,高校网络舆情所涉及的繁杂内容以及"海量信息"使高校网络思想政治教育对现实社会中的"热点问题"关注不够,教育内容滞后,缺乏必要的超前性。同时,网络的便捷性也会带来信息传播、交换的不对称性,因此,网络思想政治教育若不能密切结合当代大学生的关注点,必定只能做到"换汤不换药"的表面效果,再有高科技的信息系统做支撑也不能保证其教育效果的实质性落实。此外,高校网络舆情带来了大学生主体意识空前加强,以往强调简单灌输的教育方法已然难以奏效。这就要求高校要根据网络舆情信息传播特点,探究大学生的个性心理需求特征,转变育人观念,拓展教育方法,创新教育手段,使大学生能自觉地选择正确的世界观、价值观和人生观。

二、增强高校网络育人实效性的实践路径探索

结合网络社会发展规律、高等教育基本规律和高校育人工作实际,我们将系统性和长效性作为衡量增强高校网络思想政治教育育人工作成效的重要标尺,尝试以打造推进"网络育人系统工程"作为解决问题的出路。"网络育人系统工程"的主要思路,可以归结为"一二三"模式,即坚持一个中心、立足两个维度、统筹三个推进。

(一)坚持一个中心

着眼形势变化和育人目标,基于教育工作者的立场,始终坚持以满足国家战略需要的高质量人才培养作为工作核心,以此为出发点创新工作形式与内容,提高大学生网络思想政治教育的科学化水平。主动向全媒体延伸手臂,工作触角要像一张网一样,牢牢抓住工作对象,任何忽视的平台、遗漏的角落都很可能成为突发事件的引爆点。主动完善网络监管机制,既全面了解大学生的网络表达和行为习惯,也要及时处置不良信息和危机隐患,净化网络空间。

(二)立足两个维度

一是立足虚拟网络的维度,深入研究网络特点,深刻把握网络规律,以网络的视角看待网上的现象,用网络的规律解决网上的问题;二是立足现实生活的维度,统筹考虑网上网下的区别与联系,极力避免网络育人与现实育人剥离脱节的误区,强化互动性与共享性。

(三)统筹三个推进

一是以网络舆情管理推进内容管理育人。网络育人需要教育工作者实现并适应角色转化,从以往居高临下的教育者、灌输者转化为身份平等的交流对象、可靠的信息"把关人"和引导者,趋利避害,在交流沟通过程中把握青年群体时代特性,以更多正面鲜活、积极健康的网络素材鼓舞人、启发人。第一,加强特色网站建设,提高教育实质。结合高校特点和大学生实际,全面加强特色网站建设,构建集知识性、趣味性、服务性、思想性于一身的加强特色网站。根据学生的实际,可以尝试建设专题网站或学生网站,如成都学院开设了网上"成大讲坛""嘤鸣讲堂",深受大学生的欢迎;开通书记信箱、校长信箱、师生服务热线、学生事务服务等栏目,加强与大学生的交流和互动;开通重点、热点问题讨论栏,增强大学生对社会的关注,提高大学生对社会问题的思考能力,增强社会责任感。此外,还可以开通心理健康咨询、就业指导、名师答疑、学习感悟等栏目,提供师生互动的平台,及时解决学生反映的实际问题,加强校内舆论引导,纠正错误信息,增强思想政治教育的渗透性,起到"润物细无声"的工作效果。第二,完善其他网络载体建设,提高工作实效。为满足当代大学生行为方式多样化的需求,可以通过 E－mail、BBS 论坛、QQ、微信、博客、易班等载体加强大学生思想政治教育工作。E－mail 比传统的书信更加方便、快捷,是学生意见反馈的畅通渠道,能帮助思想政治教育工作者及时了解学生的动向。QQ、微信是最经常使用的网络聊天工具,也是最轻松自然表达师生想法的一种方式;博客比较形象和生动,可操作性和趣味性比较强,思想政治教育工作者通过这个载体,可以及时了解学生近期的思想动态;移动飞信和手机短信,具有便捷灵活、间接含蓄、经济实惠的优点,进一步丰富了传统思想政治教育的活动载体和形式,弥补了传统载体如面对面的交谈等教育形式的不足,方便思想政治教育工作者随时随地开展思想政治教育工作;BBS 论坛、易班现已成为大学生的重要上网工具,通过 BBS 论坛、易班做思想政治工作更利于消除心理隔阂,增强思想政治教育工作的有效性。第三,促进教师全面参与,增强指导功能。专业教师是学生思想政治教育的重要角色,我们应该积极开拓"双师协同"的网络思想政治教育模式,使学生在课堂时间上不仅能学习专业知识,还能获得思想政治教育指导,实现知识与情感的双重升华。首先,聘请专业教师担任网络思想政治教育顾问。专业教师在对学生进行专业课程教授之外,应在网络平台上多与学生进行"生活阅历、社会经历"等方面的思想交流,"引导学生进行自我价值修正",把自身充满正能量的思想道德观念融入大学生的内心,激发学生学习和生活的动力。其次,以年级为单位实行网络思想政治教育"导师制"。通过"一个老师带领几个学生"的"微团队"形式,加强大学生线下的思想政治教育,增强师生间良好师生情谊。最后,通过构建"三师协同"的网络思想政治教育队伍,将"辅导员"与"专业教师""职场导师"的优势职能整合起来,促进网络思想政治教育全方位进行。

二是以网络文化建设推进环境建设育人。网络文化对青年学生网民具有强大的吸引力和影响力,因此必须坚持虚拟与现实并举,以文化因素凝聚师生情感纽带。一方面"总体联动"，通过线上引导、线下指导等形式，发挥学校管理教育部门、学生网络自组织等渠道作用，共建健康、理性、有序的校园网络文化环境。另一方面"有效对接"，推动校园网络文化与校园现实生活的互动，通过认真做好校园网络文化的宣传、整理、保护工作，全面关注校园网络文化对大学生思想观念、价值取向、思维模式、行为方式的现实影响。

三是以网络素养教育推进课堂教学育人。课堂是大学育人的基础阵地，要着力推动网络素养教育进课堂，将其作为当代大学生思想政治教育的重要组成部分，放在与专业教育、通识教育相对等的位置加以考量。通过课堂教学的传统形式，全面、系统、深入地解读网络社会的各种新现象、新问题和新规律；通过课堂互动、案例讨论、小组报告、课外实践等多种途径，使学生深刻理解课堂讲授要点，以加快养成网络社会中生存、发展的基本技能和素质。

总之，互联网的迅猛发展为高校思想政治教育带来了新的机遇，同时也提出了严峻的挑战。运用网络对大学生进行思想政治教育，是高校思想政治教育工作适应新形势的必然要求，也是解决思想政治教育工作面临的新问题的要求，是传统思想政治教育工作走向网络思想政治教育的一个转变。今后，我们应积极探索网络条件下大学生思想政治工作的特点和规律，不断加强大学生网络思想政治教育。

第十六章

服务育人模式下学工队伍建设的探索与创新

随着知识经济的来临和科学技术的迅猛发展,高校办学规模日趋扩大,学生人数日益增多,高校学生工作队伍作为教师队伍的主体,担负着教育、管理、培养学生的重要使命,其作用和地位也变得愈发重要。

成都学院作为成都市人民政府主办的唯一一所全日制普通本科院校,紧跟国际与时代步伐,高度重视学生工作队伍建设,始终围绕"以人为本,德育为先,成才第一"的工作理论,全面加强学生工作队伍建设,在构建一支"人格正气、理论底气、工作朝气、创新锐气"的学生工作队伍理念指引下,严把"选拔""管理""教育"三个关键环节,以"知学生所想、思学生所急、办学生所需"为出发点,大力开展"创新型学工建设",打造一流的学生工作队伍,促进学生工作精细化、专业化、品质化和开放化,服务于学生成长成才。

本章将围绕学生工作队伍建设文献综述、我校学生工作队伍措施办法以及队伍建设成效进行展开。

第一节 国内外学生工作队伍建设研究综述

国际上对于学生工作主要界定在于学生事务管理工作,其主要工作者统称为student affairs practitioners 或者 student affairs professionals,意味着学生工作从业人员或专业人士①,而我国高校学生工作者的主要构成是负责分管学生工作的党政

---

① Mable Phyllis,Sandeen Arthur. The Chief Student Affairs Officer: Leader, Manager, Mediator, Educator. [J]. The Journal of Higher Education, 1993, 64(2): 241.

干部、共青团干部、辅导员、班主任和学生干部队伍,在习惯上统称为"学生工作者"①。自 2006 年《普通高等学校辅导员队伍建设规定》颁布以来,关于高校学生工作队伍建设,尤其是辅导员队伍建设的研究文献层出不穷。

一、国外学生工作队伍建设文献综述及研究前沿

对于学生事务管理,美国大学人事协会(American College Personnel Association,ACPA)制定的《学生工作事务职业实操标准(Standardsof Professional Practice)》一书首先对其进行了行业规范和标准制定②。美国高校事务管理对于从业人员有着一套较为完善和严格的准入制度,同时也为其配备了较为完善的培训体系。如果要申请进入学生事务管理领域工作,那么相关人员首先需要具备的是在相关领域比如学生事务管理、学生发展、职业指导、心理咨询等方面的硕士学位,而如果要担任学校中层以上的管理职位必须还要具备相关领域的博士学位③。

隶属于美国国家高等教育中心(National Centerfor Higher Education)的美国大学人事协会为进一步推动学生事务工作从业人员的人员能力提升与队伍建设,在2015 年 8 月与美国高等教育学生事务协会(National Associationof Student Personnel Administrators,NASPA)联合发布了最新版的《学生事务教育者职业能力要求(Professional Competency Areasfor Student Affairs Educators Rubrics Task Force)》(在后文中简称"要求"),并对处于当前国际形势下的美国高校学生工作从业者提出了包括评估与研究能力(Assessment,Evaluation,and Research,AER)、法律政策研习能力(Law,Policy,andGovernance,LPG)、组织与人力资源管理能力(Organizationaland Human Resource,OHR)、个人与道德基础(Personal and Ethical Foundations,PPF)、社会公正与包容(Social Justiceand Inclusion,SJI)、学生学习与发展(Student Learningand Development,SLD)、科学技术掌握(Technology,TECH)、价值观哲学与历史基础(Values,Philosophy,an dHistory,VPH)、咨询能力与支持能力(Advising and Supporting,A/S)和领导力(Leadership,LEAD)等共计十个方面提出了具体要求与准则。该《要求》是对 ACOA/NASOA 一项关于学生事务工作能力研究项目(ACPA/NASPA Professional Competencies Task Force)的成果结集。

---

① 杨滨旭、杜雨珊、李欣格等:《新形势下高校学生工作队伍建设的探索与研究》,载《求知导刊》,2015 年第 3 期。

② Barr Margaret – J.. The handbook of student affairs administration[J]. The Jossey – Bass higher and adult education series,1993,31(5):31 – 2809.

③ 邢国忠:《美国高校学生事务管理专业化概况及其启示》,载《教育发展研究》,2007 年第 Z2 期。

事实上,正是因为美国高校学生事务管理部门结构扁平化的存在,在其开展学生事务工作从业者暨队伍建设相关研究时,更多侧重的是从业人员能力的专业化提升而非对队伍结构的强调。当然,这并不代表美国高校不重视学生的思想教育(公民教育),而是通过其专业能力提升与技巧的培养过程中巧妙地将这方面的工作内容融入其中,不被轻易地发现。

二、国内学生工作队伍建设文献综述及研究前沿

(一)国内关于学生工作队伍建设研究力度情况比较

根据中国知网计量可视化分析工具分析以"学生工作"并"队伍建设"作为关键词进行检索而得到的2211篇文献词条数量分析显示(图1)可以发现,相关研究文献自2003年开始呈现增长趋势,2006年急速增长,在2009年达到发表论文高峰数,且自2006年起至2016年末年均发表论文为172篇,而其关键词贡献网络中出现频次高达200次以上的有"辅导员""学生干部""高校"以及"队伍建设"(图2)。

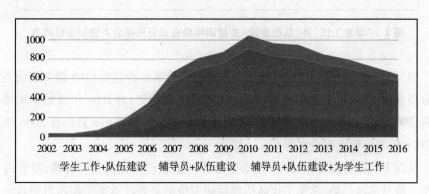

图1　各关键词精确查询返回检索结果年度发文量趋势对比

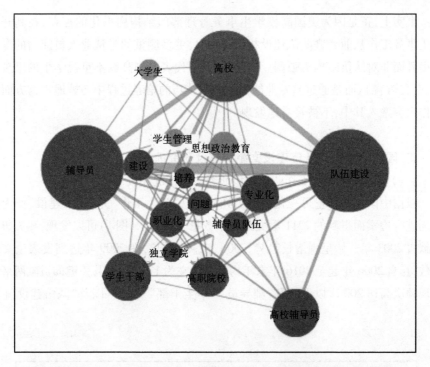

图 2　"学生工作"并"队伍建设"关键词精确查询返回检索关键词贡献网络

　　以"辅导员"并"队伍建设"作为关键词进行检索而得到的 6105 篇文献词条数量分析显示,在大体上呈现出类似图一的数量变化趋势,自 2004 年开始呈现增长趋势,2007 年急速增长,在 2010 年达到发表论文高峰数即 676 篇。自 2006 年起至 2016 年末年均发表论文为 518.2 篇。

　　从以上数据可以得出,2006 是学生工作队伍建设研究的热门时期,尽管近年来发文量呈递减趋势,学生工作队伍建设研究依旧是高校学生工作和思想政治教育工作的研究热点之一。之所以在文献检索时呈现出下降趋势,有可能是因为随着高校学生工作队伍建设开展深入以及研究深入的过程中,随着专业化与职业化,研究聚焦点逐渐微观化,例如聚焦于新媒体时期辅导员工作开展①、国际化背景下引发的思考②、学生工作长效机制研究等更细化的研究方向,并针对性提出更切实可行的有效办法。

---

①　叶欣:《新媒体环境下高校学生管理工作的有效对策探究》,载《辽宁农业职业技术学院学报》,2016 年第 1 期。

②　王刘琦:《中美高校学生工作比较研究——兼议我国学生工作队伍建设》,载《南阳理工学院学报》,2009 年第 5 期。

(二)国内学生工作队伍研究相关进展与前沿

近3年,关于学生工作队伍建设研究共计发表论文297篇,主要集中在新形势下学生工作存在的问题与挑战、辅导员队伍专业化职业化、与国际学生事务工作研究中获取相关思考并提出建议等方面开展。

1. 新形势下学生工作存在问题与挑战

在目前新新形势下,了解目前学生工作所面临的挑战与问题刻不容缓。王洛忠等人提出,当前高校学生工作主要面临的挑战包括组织架构的科层制与程序固定僵化的现状难以满足当代大学生个性化发展成长的需求;学生工作队伍事务庞杂且工作负担沉重,难以面对队伍专业化职业化建设要求;学生工作受重视程度不足且资源有限;辅导员对新媒体的关注力、传播力、互动力和凝聚力相对不足,面对网络思想政治教育新要求难以满足等方面①,而马晖等人也指出,目前高校学生存在生源结构复杂、价值观多元、行为习惯散漫、学习动力欠缺、消费习惯粗放、沉迷网络世界的特点,而学生工作理念的传统性、学生工作体制的滞后性、工作效率较低、学生工作职责模糊、学生工作队伍力量薄弱、学生工作抓手矛盾均为当下高校学生工作所面临的困难与挑战②。

而目前高校学生管理工作的确存在着模式滞后、环境闭塞、队伍匮乏、理念落后、方法单一等多重问题,并在多份文献中广泛得到提及与探讨。

2. 辅导员队伍专业化职业化研究

在近三年的文献报道中,多篇文章就辅导员队伍专业化、职业化问题开展了研究调查与探索③。主要集中探讨了辅导员专业化职业化的内涵及实现途径、辅导员职业能力现状及提升路径、核心竞争力增强方法的探析以及目前高校辅导员队伍专业化建设存在的问题及对策。

事实上,在《普通高等学校辅导员队伍建设规定》颁布后十年以来,高校辅导员队伍专业化、职业化发展取得了较为长足的进步。冯刚在其2016年发表的《高校辅导员队伍专业化、职业化建设的发展路径》一文中指出,我国辅导员队伍建设已经步入了专业化职业化的发展轨道,但同时也面临着专业归属还不够清晰、政策支持平台系统化不足、职业愿景还不明确、职业文化建设还需进一步加强的

---

① 王洛忠、陈江华:《当前高校学生工作面临的主要挑战与应对》,载《思想理论教育》,2015年第10期。

② 马晖、金爱国、刘颖:《新时期高职院校学生工作现状分析与建议》,载《宁波职业技术学院学报》,2017年第2期。

③ 陈金平:《高校辅导员队伍专业化建设存在的问题及对策》,载《职教通讯》,2015年第11期。

困难与问题,并提出在未来推进高校辅导员队伍建设的方向与重点上需系统化政策设计、标准化职业能力、课程化学习培训以及专业化管理机制的建议①。

　　3. 与国外学生事务工作对比所获启示

　　除了通过对我国已有学生工作存在的问题与面临的挑战、辅导员队伍专业化职业化研究等问题开展研究工作以外,我国亦有多篇文献对发达国家、境外高校学生工作进行研究探讨并通过比较总结对我国学生工作产生的启示②,主要研究的国外境外地区包括美国、加拿大、英国、德国、日本、澳大利亚及中国香港、中国澳门和台湾地区。主要得到的启示包括学生工作理念应当弱化管理思想、突出"以生为本、服务学生"的工作目标,加强制度建设、提升事务管理专业化程度,建立系统科学的理论体系,实现学生工作队伍的专业化职业化,提升学生事务管理的服务水平,给予我国高校学生工作恰当评价和准确定位,准确把握国外境外高校学生事务管理的基本内涵并因地制宜、取其精华去其糟粕,保持开放心态和革新一事,推进我国现代化进程和高等教育发展一起成长壮大,逐步确立学生工作不可替代的位置。

第二节　服务育人模式下队伍建设的措施

　　随着高校事务管理改革的不断进行,对于高校学生工作队伍建设提供了许多便利的条件,但是也对学生工作提出了更高的要求。在服务育人背景下,学生工作队伍有了一定的发展,但还存在差距。为了更好地适应学校的发展,成都大学在队伍建设中坚持严把选拔关,着重服务育人精神;严把教育观,注重服务育人精神培养;严把管理关,注重辅导员价值引领。

一、服务育人模式学工队伍建设的方向调适

（一）学生事务中心建设为学生事务整体改革提供变量

1. 服务育人事务改革将事务性工作集中

随着服务育人体系的不断构建,高校学生事务改革不断发展,其中最重要的特征就是使相当一部分事务性工作聚集化,简便工作程序,提升工作效率,从而使

---

① 冯刚:《高校辅导员队伍专业化、职业化建设的发展路径——〈普通高等学校辅导员队伍建设规定〉颁布十年的回顾与展望》,载《思想理论教育》,2016 年第 11 期。

② 翁婷婷:《日本高校学生事务管理特点分析及经验启示》,载《高教学刊》, 2016 年第 9 期。

学生工作者从事务性工作中解放出来。

成都大学建立学生事务大厅之后,将大量的事务性工作集中到事务大厅进行处理。一方面大大精简了办事程序,提升了服务效率,方便了同学们的生活。另一方面也将一部分本来要经过辅导员、班主任签字的事务直接收归学生事务大厅,从而帮助辅导员、班主任从部分事务性工作的泥潭中解放出来,帮助辅导员、班主任节省了时间,使他们可以把时间用来做更有意义的学生工作。

2. 服务育人事务改革将事务性工作专业化

让专业的人士做专业的事,是现代社会职业分工的一个基本原则。随着学校服务育人体系的不断完善,在事务性工作的处理上也更加的专业化。对于宿舍、就业等学生服务性工作,学校也逐步建立了专门的专业队伍来完成。宿舍管理中心的成立使得宿舍管理更加规范化,使宿舍服务工作更有效率,从而将宿舍日常事务管理从学生工作范畴当中精简出来;就业办公室将就业帮扶和就业咨询等工作从二级学院收回,进一步使二级学院就业工作更加精细化,等等。

通过以上措施,使得学生事务性工作更加专业化,使得学生工作的质量得到了进一步提升。但这些工作仅仅是事务性工作,对于学生思想引领的帮助是有限的,如何引领学生三观的形成,如何把服务育人中的"育人"效果体现出来,则是对学生工作队伍提出的更高要求。

(二)服务育人事务改革为学生工作提升提出要求

1. 服务育人事务改革要求学生工作更加具有亲和力

学生工作归根结底是做人的工作,学生工作的效果要靠人的实际行动进行反馈。随着服务育人工程的推进,学生事务工作向着专业化、聚集化方向发展,这就要求学生思想工作要上一个新的台阶,在服务育人的思想的指导下,贴近学生,了解学生,提升学生工作的亲和力。

服务育人要求通过服务过程达到育人的效果,把大量的事务性工作从学生工作者的日常工作中提炼出来,节省了学生工作者的时间,这就要求学生工作者在面对其他非事务性工作的时候要勤于思考,努力解决学生工作的亲和力问题。随着服务水平的不断提升,现代学生对于学生工作的期待值也会跟着提升,只有确实保持"以生为本"的态度,真正做到"知学生所想、思学生所急、办学生所需"。只有这样,学生工作才能得到现代学生的进一步认可,才能进一步达到"育人"的目的。

2. 服务育人事务改革要求学生工作更加注重思想引领

学生工作中的非事务性工作,其中最重要的一部分工作就是思想引领工作。习近平总书记在全国高校思想政治工作会议中强调,高校思想政治工作关系高校培养什么样的人、如何培养人以及为谁培养人这个根本问题。充分强调了高校思想政治工作的重要性。在服务育人的事务改革过程中,也不能放弃学生工作的重中之重——思想引领。随着学生工作人员从事务性工作中逐步解放出来,更要思考如何将学生的思想政治工作做到实处,如何加强学生的思想引领,如何使同学们在享受服务的同时学习服务意识和奉献精神。

3. 服务育人事务改革要求学生工作更加注重育人效果

做好服务工作,其本质是为了更好地育人,所以在服务育人事务改革的过程中更加注重的应该是"育人"效果。学生工作就其性质来说,一部分是管理工作,一部分也属于服务工作,这就要求学生工作队伍在开展学生工作过程中坚持服务育人的精神,寓教于服务,通过与教育客体的互动达到育人效果。在服务过程中始终坚持学校的育人宗旨,始终坚持学校的育人方向,最终提升育人效果。

二、服务育人模式下学工队伍建设现状

(一)辅导员队伍建设取得成绩

1. 辅导员队伍成长明显

随着我国高等教育的不断改革和深化,重视和加强辅导员队伍建设,建设一支"政治强、业务精、纪律严、作风正"的高水平辅导员队伍对于提高学校教育质量、落实立德树人的根本任务,具有重要意义。

学校多年来都注重辅导员的队伍建设,一是注重辅导员科研能力,2016 年我校辅导员共计发表 68 篇文章,共推荐省级优秀论文 5 篇。随着科研能力的提升,队伍对于服务育人的认识有了明显提升;二是积极组织多层次多形式的培训,有效提升辅导员队伍综合素质。学校定期组织"辅导员沙龙",自 2015 年以来累计举办近 30 期"辅导员沙龙",通过专题研讨、信息交流、工作感悟分享等形式,开展具有深度与高度的专题探讨,营造浓厚的交流氛围,从而达到提高队伍素质、提升研究水平、推动辅导员队伍建设;三是实行年级辅导员制,年级辅导员制对辅导员的快速成长具有积极作用,有助于让辅导员了解学生的各个环节,提升辅导员服务的全面性。学院积极推进年级辅导员制作为工作的重点,积极探索年级辅导员制,实行"条与块""纵向与横向"相结合,已初显较为良好的工作成效。

2. 辅导员队伍服务育人主客观因素有进步空间

(1)辅导员服务育人意识需深化培养

学校坚持对辅导员的培训指导,但受限于时间、师资等各方面的条件,在培训的内容中,对于服务育人的培训涉及较少,更多的是技能培训。虽然提升辅导员的工作技能可以提升辅导员在平时工作中的工作效率,客观上也会提升工作质量和服务育人技能,但没有使辅导员从思想上重视服务育人工程。学校的事务改革也是顶层设计,有时候也很难及时将改革精神下达到最基层的辅导员层面,使得辅导员工作仍保持原有的态度和水平。

(2)人员配置比例不足致服务育人工作量增大

我校 2013 级至 2016 级在校本专科学生数为 20838 名,辅导员与学生人数配比为 1:293,达不到国家规定的 1:200 配比。以我校文学与新闻传播学院为例,本专科生在校学生数为 1225 名,但辅导员仅为 4 名,虽然事务的集中减轻了辅导员的负担,但师生比还是导致绝大多数辅导员忙于日常事务性工作或学生活动,而真正用于思想政治教育和服务育人的时间有限。

(二)班主任队伍发挥重要作用

加强班主任队伍建设,是我校落实教书育人、管理育人、服务育人工作的重要途径,是加强和改进大学生思想政治教育,维护学校稳定的重要组织保证和长效机制。班主任的设立,可有效弥补我校目前一线专职辅导员队伍的不足的问题并可深入促进学生精细化、个性化培养,保障学校安全稳定。

目前我校共计 150 余名班主任负责全校班级管理工作,并有 239 名专业导师负责班级日常管理工作,着力落实"班主任 + 专业导师"系统育人机制,已实现本专科班级专、兼职班主任配备情况全覆盖。为继续抓好班主任提高学生工作的时效性,通过定期召开班主任例会、各类专题会议及赴省内外兄弟院校交流学习,强化其职责意识,调动工作的积极性。通过大家的努力,认真落实工作责任,狠抓学生常规管理,促使学生行为习惯养成和良好学风形成,及时完成上级主管部门和领导分配的各项任务,保证了学生工作的有序进行。

班主任队伍建设待优化的部分包括:工作队伍结构需进一步优化,工作内容和职责需进一步明确和界定,工作激励机制需进一步加强,职业认同和工作能力需进一步转变和提高等。

三、服务育人模式下学工队伍建设措施

随着学生事务管理改革的不断推进,无疑对于学生工作的执行者提出了更为严苛的要求,如何使学生工作者能够适应改革的需要,不断提升自己? 成都学院在学生工作队伍建设过程中坚持严把选拔关,挑选综合素质高、服务意识强的人员进入这个队伍;严把教育观,创新培训机制,培训学生工作者服务育人意识和技能;严把管理关,注重辅导员的价值引领等,在各项举措的共同努力下,促进学生工作队伍建设更上一层楼。

（一）严把选拔关，看重服务育人能力

做好辅导员、班主任的选聘配备工作，是加强辅导员、班主任队伍建设的基础。辅导员工作在大学生思想政治教育的第一线，在思想、学习和生活等方面负有指导学生、关心学生的职责，要按照党委的要求有针对性地开展思想政治教育活动。在重大政治问题上要立场坚定，旗帜鲜明，与党中央保持高度一致，坚决维护党和国家的利益及高校稳定。我校高度重视辅导员的选聘工作，必须坚持政治强、业务精、纪律严、作风正的标准，把德才兼备、乐于奉献、潜心教书育人、热爱大学生思想政治教育事业的人员选聘到辅导员队伍中来。

在招聘渠道上，学校积极主动，采取校园招聘的形式吸收优秀人才。校园招聘可以进一步提升辅导员专业队伍建设深度，扩大学校的影响力，抢先获得优秀人才。我校从2015年起，分别到北京、上海、武汉、西安等城市招聘辅导员，这些城市高校集中，有着丰富的人才市场，在招聘的同时也进一步学习他校的先进管理经验。

在招聘方式上，学校积极探索多轮考核方式，选拔优秀辅导员。通过结构化面试、无领导小组两部分，结构化面试主要查看面试人员的教育背景以及对于辅导员工作的理解程度，无领导小组讨论则重在考察面试人员的综合素质，是否具有协作精神和奉献精神。

在班主任要求上，要热心学生工作，熟悉人才培养规律，具有高度的责任心、事业心和奉献精神，热爱班主任工作；要熟悉学院与学生工作相关的规章制度，具有一定的组织能力和实际工作能力，能认真履行班主任职责，有较充足的时间开展班级工作；要具有处理学生突发事件、组织开展班级工作和引导学生全面发展的水平和能力。

在选聘方式上，坚持积极构建"大思政"工作格局，积极动员多方力量参与到学生工作中去。坚持把专业教师吸收到班主任队伍中来，充分利用专业教师的个人人格魅力，使他们不仅成为学生们在专业上的"灯塔"，而且还是学生们生活中的"避风港"；坚持把行政人员吸收到班主任队伍中来，充分利用行政人员坐班时间长，逻辑思维能力强等特点，使他们既成为学生在生活中的"依靠"，又能成为他们综合素质提升的"助推器"；坚持把辅导员作为班主任队伍的主力军，发挥他们能够把握大局、与学生距离近的优势，使他们更加深入地开展工作，体现学生工作实效性。

（二）严把教育关，注重服务育人精神培养

1. 赛培互补，创新培养机制

为了进一步提升学生工作队伍工作水平，建设一支专业化工作队伍，适应服务育人的改革要求。学校采取把辅导员培训和职业能力大赛相互结合的方式,赛培互补、赛前培训、比赛检验、赛后总结。通过比赛发现,往往基本功扎实,工作能力稳定,注重与学生沟通的辅导员会在比赛中崭露头角。在辅导员之间相互学习,相互交流的同时,更是相互沟通了育人理念。

2. 开阔视野,提升培训水平

为了进一步开阔辅导员们的视野,学校积极与他校进行合作,选派学习能力强、实践能力突出的辅导员到国内外高校进行跟岗实习、访学和交流研讨。其中,近年来比较成功的项目就是俄克拉荷马州立大学学生事务研讨项目和北京师范大学跟岗实习项目。

俄克拉荷马州立大学学生事务研讨项目于每年5-6月举行,我校派选5-6名学工人员代表到美国俄克拉荷马州立大学,参加为期10天的学生事务管理国际研讨班的学习。选派学生管理干部赴海外进行培训,是学校主动应对高等教育发展的形势,深入推进教育教学改革,培养教师国际化视野的重要举措。通过10天的学习与交流,近距离感受到美国完善的高等教育体系,先进的办学理念、教育理念和学生事务管理服务理念。参与人员认真梳理、总结学习成果,培训结束后将所学所想应用到本单位的工作实际中,不断提高我校服务育人工作。

北京师范大学跟岗实习项目是我校和名牌高校的一种深度合作,我校派出两名辅导员到北京师范大学跟岗实习一学期,深入了解北京师范大学学生工作开展情况,学习名牌高校在学生管理、服务育人方面的先进经验,并把这些先进理念带回学校,运用到实际工作中来。

通过这些培训,开拓了学生工作人员的视野,加深了他们对于服务育人理念的认识,更使他们学习到了更多的工作技能,在促进工作技能提升的同时,提升工作高度。

3. 与时俱进,丰富培养内容

为了进一步提升学生工作队伍的工作能力,从而达到更好的服务育人的效果,学校在培训方面与时俱进,根据学生的变化和学生工作队伍的变化,制定了"3+X"模块化培训,效果良好。

一、学生工作事务培训。专职学工人员通过参加日常培训、岗前培训等,学习掌握辅导员工作职责、学生管理规章制度、学生工作规程、新形势下学生工作事务和思想政治教育基本理论。

二、大学生心理咨询与辅导培训。采取请心理学教师、专家开办系列讲座和参加心理咨询辅导班等方式,获取心理学专业知识,培养有心理学专业背景的专职学工人员专门从事学生心理咨询工作。

三、大学生职业生涯和就业指导培训。聘请知名企业和国家机关人事部门有关人员进行职业生涯规划培训,由校就业指导中心组织开办就业指导课程,对辅导员、就业办工作人员就学生就业工作进行专门培训。

四、"X"是指与学生工作相关的专业理论培训。具体内容包括:新形势下党的路线、方针、政策、素质拓展、潜能激发、创新创业以及管理学、教育学、社会学、心理学等知识。

通过"3+X"的系统培训,力求提高专职学工人员的知识层次、能力结构,实现博中有专、专中有长,为学工队伍朝着专业化、职业化发展打好基础,做好铺垫。

(三)严把管理关,注重学工人员价值引领

1. 加强队伍管理,强调学工人员思政工作常规

我校辅导员队伍实行学校和学院"双重领导"体制。学校党委统一规划辅导员队伍建设工作,对辅导员实行统一的领导和管理;学校党委学生工作部是学校管理辅导员队伍的职能部门,与各学院共同做好辅导员管理工作。我校班主任在校学生工作领导小组统一领导下开展工作,学生处负责检查、协调和监督,日常管理和考核工作由各学院学生工作领导小组负责。各学院学生工作领导小组可根据各自情况制定实施办法。

学生工作队伍是全面贯彻党的教育方针,培养德智体美等全面发展的社会主义事业建设者和接班人的一支不可缺少的重要力量,是学生思想政治工作的组织者和指导者,是我校教师和管理队伍的重要组成部分。为了进一步适应学校事务改革的趋势,学校在学生队伍管理方面也做了重要改革,除了加强日常管理以外,更加注重学工人员对于学生思政工作常规引领。要求学生工作人员按时召开主题班会,紧密抓住重大节假日、开学典礼、毕业典礼等重要日子做好大学生的思想引导工作。

2. 完善队伍考核,重视服务育人对象反馈

客观、公正、准确地评价学生工作和队伍工作,进一步实现考核和评优工作的制度化、规范化、科学化和重心下移,激励和引导辅导员不断提高政治素质和业务素质,是全面提高我校学生教育管理工作水平,促进学生发展与素质提升的重要环节。

我校设立学工队伍考核和评优工作领导小组。组长由学校分管学生工作的校领导担任,成员由校纪委、学生工作委员会成员单位负责人组成。"领导小组"全面负责本校辅导员的考核和评优工作。学生处具体牵头辅导员队伍考核和评优工作。各二级学院成立辅导员考核小组。"二级学院考核小组"成员由各二级学院党政领导(书记、副书记及其他院领导1人)、科级干部代表、教师代表等至少

7 人组成。"二级学院考核小组"具体负责本学院辅导员、班主任、班主任助理考核和评优相关工作。在对于辅导员和班主任的考核过程中,学校特别重视学生对于学工人员的工作效果反馈情况。例如,在辅导员年末评议中,学生满意度占整个评比的40%,居各个板块首位;在班主任评议过程中,需要班级代表对班主任进行书面评价,等等。

第三节 成都学院服务育人模式下学工队伍建设效果

一、辅导员队伍:理念转变、效率提升、成绩显著

(一)进取创新的团队文化逐步形成

成都学院是一所地方本科院校,建校时间迄今为止仅仅 39 年,辅导员队伍的发展历史更少。虽然辅导员地位逐年改善,但对于辅导员专业建设还不完善,辅导员对自身价值认可不够,队伍的稳定性较差。

为了进一步适应学校发展,学生工作队伍紧密围绕学校的人才培养方针,紧密围绕学校、社会和国家的发展趋势,在事务改革的发展中提出了建设一支"政治强、业务精、纪律严、作风正"的学工队伍的目标,学校分管副校长在各种培训中给辅导员们提出了希望,要求学工队伍"在琐碎中积累伟大,在坚守中成就理想,在前行中温暖相依"。经过一系列的努力,辅导员队伍逐步形成一支具有"人格正气、理论底气、工作朝气、创新锐气"的队伍。

人格正气是一种品质,要求辅导员工作中养成务实的品质,是辅导员人格魅力的基础;理论底气是一种境界,是辅导员个人水平高低最重要的内在支撑,是个人事业发展的基础;工作朝气是一种精神,是抗挫力的充分体现,也是进取精神的代名词;创新锐气是一种动力,是适应社会发展的必然需要,是做好思想工作的有效途径。

(二)辅导员队伍建设效果显著

1. 专业能力过硬,省级比赛屡获佳绩

四川省高校辅导员职业能力大赛创始于2013 年,我校高度重视该项赛事并以此推进辅导员队伍的能力提升。通过校内外专家培训和校级辅导员职业能力大赛培养和选拔了一批优秀的辅导员参赛,最终我校辅导员自首届比赛以来屡获佳绩,其中获一等奖 1 人次、三等奖 2 人次、优秀奖 1 人次。

在四川省高校辅导员年度人物评选中,我校辅导员因工作表现突出,荣获年度人物提名奖 1 人,年度人物入围奖 1 人。

2. 科研能力提升,积极申报课题发表论文

我校高度重视学生工作实践与理论结合,鼓励辅导员在工作同时多思考并总结成文,效果显著,近年来在数量和质量上均呈上升趋势,例如 2015 年我校辅导员共计发表研究论文 50 篇,2016 年我校辅导员共计发表 68 篇文章,共推荐省级优秀论文 5 篇。

此外,我校鼓励学校辅导员积极申报各类课题并开展研究工作,成效显著。2016 年,我校辅导员及学工团队申报四川省教育厅思政研究课题(高校辅导员专项)获立项 2 项,目前顺利结题 1 项。

3. 不断开阔视野,参加国内外学习研修

我校为鼓励辅导员开阔视野,每年支持 6 名学工人员到美国俄克拉荷马州立大学的学生事务研修,派辅导员参加全国辅导员基地培训,邀请国内优秀辅导员到我校交流经验,鼓励支持辅导员申请国内辅导员访学和交流活动,1 人获得访学资格并完成访学,获第十六期辅导员国内高校交流活动资格 2 人,到东北师大学工跟岗学习 4 人。

4. 综合能力突出,获得提拔重用

我校辅导员在生涯发展上梯队建设显著,辅导员在学校各级岗位得到重用,其中校级领导中辅导员出身 2 人,校级行政人员辅导员背景 11 人,书记副书记 26 人均为辅导员出身。

为加强我校辅导员多岗位锻炼,我校辅导员前往成都市政府各部门挂职锻炼,其中成都市委接待办挂职 1 人,成都市委宣传部挂职 1 人,成都市政府挂职 1 人。

二、班主任队伍:吸收力量、树立榜样、效果明显

(一)班主任队伍规模扩大

1. "双导师制"使班主任队伍更具层次

为了进一步培养高素质应用型人才,学校大力提倡"双导师制",即在每个班、每个专业安排两名导师,一名导师负责日常事务和思想教育,另一名导师负责专业指导。两位导师都可以担任班主任,由学院按照各自情况进行安排。由此以来,许许多多的专业教师都进入了班主任梯队。为了配合此项目的落实,学校在对专业教师考核和职称评定中都增加了是否担任班主任的选项,也客观提高了专业教师担任班主任的积极性。在日常实践中发现,"双导师制"的实行除了提升了同学们的专业水平外,也使得同学们了解到了专业老师的人格魅力,拉近了专业

教师和同学们之间的距离。

2. 校领导亲自联系班级,拉近学生与学校的距离

为了增强学校的凝聚力和归属感,学校领导也加入到班主任的行列中。学校领导班子根据其负责学院担任该学院某班级的名誉班主任,要不定期与该班级同学谈心谈话,参加该班级的集体活动,了解班级思想动态,解决班级相关问题。通过此项措施,校领导与同学们之间的距离被无形中拉近了,同学与学校变得更加亲切。学校还鼓励专家教授担任班级班主任,可以进一步挖掘班级同学们的专业潜能,进一步促进他们健康成长。

(二)班主任工作得到高度认可

1. 班主任对学生工作价值认同提高

随着事务改革的不断推进,班主任、辅导员逐步从事务性工作的泥潭中摆脱出来,更多的时间用来考虑如何育人,使班主任工作不再仅仅停留在上传下达的层次上,每位班主任对于班级建设、学生思想引领等方面的工作有了自己的思考,班级凝聚力提升,班级建设效果显著,班主任本身对于自己的工作价值认同得到提高,班主任逐渐开始认可自身的工作。

2. 学生和家庭对班主任工作认可度增加

随着学校对于班主任工作能力的培训,班主任工作的亲和力有了明显提升。再加上校领导、专家教授加入班主任这支工作队伍,大大扩充了班主任这支队伍的"含金量"。班主任在平时工作中,坚持一切从学生出发,切实了解学生的实际情况,从而更好地获得学生的信任,改善了学生与班主任之间的关系。学校对班主任的测评中,班主任的满意度逐年提升,说明学生逐步接受班主任的工作。

学校坚持家校联系,充分利用家庭的力量开展各项工作。班主任无疑是这项政策的第一落实人,随着班主任与家长联系的不断增多,班主任与家长之间也逐步建立起来牢固的纽带,家长也认识到班主任工作的辛苦和不易,从而更加支持学校和班级工作。

随着社会的发展,大学生这个群体的思想特征、国家和社会对于高校育人的各方面要求等都督促着高校的不断深化改革,在学生事务改革的浪潮中,服务育人模式在学生工作各个方面逐步展开,在这个过程中,学生工作队伍正以饱满的热情,不断深化队伍建设,以崭新的姿态迎接挑战!

参考文献

著作类:

1. 马克思、恩格斯:《马克思恩格斯选集》,中共中央马克思恩格斯列宁斯大林著作编译局编译,人民出版社1995年版。

2. 陈万柏:《思想政治教育载体论》,湖北人民出版社2003年版。

3. 冯刚:《德育新视野》,当代中国出版社2011年版。

4. 鲍威:《未完成的转型:高等教育影响力与学生发展》,教育科学出版社2014年版。

5. 吴满意:《网络人际互动 网络实践的社会视野》,人民出版社2015年版。

6. [奥]阿尔弗雷德·许茨:《社会实在问题》,霍桂恒、索昕译,华夏出版社2001年版。

7. 《成都学院(成都大学)校史》,四川大学出版社2013年版。

8. 彭晓琳、刘吕高:《转型与嬗变:地方本科院校学生工作创新实践》,中国文史出版社2015年版。

9. 冯刚:《辅导员队伍专业化建设理论与实务》,中国人民大学出版社2010年版。

10. 柯玲、刘吕高:《高校德育创新与发展成果选编(成都学院卷)》,人民出版社2011年版。

11. 黄希庭、郑涌:《大学生心理健康干预咨询》2007年第2版,高等教育出版社。

12. 邱懿、任园、卢洁洲:《大学生社会实践 理论探索与典型经验》,上海交通大学出版社2014年版。

13. 张晓京:《美国高校学生事务管理》,中国传媒大学出版社2010年版。

14. 艾四林:《艾四林论文选》,中华书局2011年版。

15. 卢勤等:《大学生心理健康理论与实践》,四川大学出版社2010年版。

16. 教育部思想政治工作司编著:《走进美国高校学生事务管理》,中国人民大学出版社 2011 年版。

17. 曹勇:《当代大学生社会实践的理论探索与实践创新》,重庆大学出版社2015 年版。

18. 周三多、陈传明、鲁明泓:《管理学——原理与方法(第五版)》,复旦大学出版社 2011 年版。

19. 莫坷:《创新高校学生党建工作的实践与思考》,中国社会科学出版社2012 年版。

20. 冯刚、赵锋:《走进英国高校学生事务管理》,中国人民大学出版社 2008 年版。

21. 张向东:《大学生参与高校管理的理论与实践研究》,江西师范大学出版社 2006 年版。

22. [美]布利姆林等著,储祖旺等译:《良好的学生事务实践原则 促进学生学习的视角》,科学出版社 2013 年版。

23. 教育部思想政治工作司组编:《走进美国高校学生事务管理》,中国人民大学出版社 2011 年版。

24. 彭庆红:《失调与变革:高校学生思想政治工作队伍建设研究》,知识产权出版社 2004 年版。

25. 中共中央办公厅:《关于加强基层服务型党组织建设的意见》,人民出版社 2014 年版。

26. 王乐:《大学生社团:理论·管理·案例》,北京理工大学出版社 2007年版。

27. 冯刚、郑永廷:《思想政治教育学科 30 年发展研究报告》,光明日报出版社 2014 年版。

28. 陆士桢:《高校学生社团建设指南》,人民日报出版社 2012 年版。

29. 戴钢书:《德育环境研究》,人民出版社 2002 年版。

30. 齐兰芬:《教育资助若干问题研究》,天津古籍出版社 2011 年版。

31. 佘双好:《志愿服务概论》,武汉大学出版社 2013 年版。

32. 张光明:《高校学生资助育人工作实践与理论研究》,中南大学出版社2012 年版。

33. 缪顾根:《高校学生宿舍管理中的思想政治教育研究》,中国矿业大学出版社 2011 年版。

34. 张民杰、孔剑平:《高等学校学生宿舍文化简论》,山西人民出版社 2001 年版。

 35. 方宏建:《大学生事务管理学》,人民出版社 2014 年版。

 36. 王占仁:《"广谱式"创新创业教育概论》,人民出版社 2016 年版。

 37. 卢晓东:《在服务中育人:农业高职教育育人理念与实践探索》,电子科技大学出版社 2009 年版。

 38. 王会勇、张晔、刘溪辰、魏驿骁、王丽新:《大学生就业创业理论探讨》,大连理工大学出版社 2017 年版。

 39. 方巍:《学生事务管理的流派与模式》,浙江大学出版社 2014 年版。

 40. 郑雅萍:《服务育人 高校后勤育人的理论与实践》,浙江人民出版社 2009 年版。

 41. 宫留记:《布迪厄的社会实践理论》,河南大学出版社 2009 年版。

 42. 曾令辉:《网络思想政治教育概论》,广西民族出版社 2002 年版。

 43. 魏超:《大众传播通论》,中国轻工业出版社 2007 年版。

 44. 张耀灿、郑永廷、刘书林、吴潜涛:《现代思想政治教育学》,人民出版社 2001 版。

 45. 苏振芳:《思想政治教育学》,社会科学文献出版社 2006 年版。

论文类:

 1. 冯刚:《增强高校思想政治工作的文化力量》,载《思想理论教育》,2017 年第 7 期。

 2. 刘吕高:《国外高校大学生事务管理模式对我国的启示》,载《成都大学学报(社科版)》,2014 年第 3 期。

 3. 吴景明、解玲、刘泉:《建国以来高校学生工作述评》,载《长春理工大学学报(社会科学版)》,2009 年第 1 期。

 4. 雷小生:《用改革发展的眼光审视高校育人理念的嬗变》,载《中国管理科学文献教育管理》,2009 年。

 5. 侯志军:《学习范式下高校学生事务管理的转型变革》,载《江苏高教》,2014 年第 3 期。

 6. 苏红:《学生发展理论下我国高校学生事务管理探究》,载《科教导刊》,2014 年第 5 期。

 7. 冯刚:《在遵循规律中提升思想政治工作质量》,载《思想教育研究》,2017 年第 4 期。

 8. 庄静:《"服务与发展"理念下的高校学生事务管理研究》,载《湖北经济学院学报(人文社会科学版)》,2013 年第 12 期。

9. 尹晓春:《新媒体背景下高校学生事务管理创新的思考》,载《思想理论教育》,2014 年第 10 期。

10. 郝文军:《高校学生事务管理理念创新与发展的生态学审视》,载《廊坊师范学院学报(社会科学版)》,2012 年第 2 期。

11. 敬枫蓉:《大学素质教育实践体系构建的理念与方法》,载《思想教育研究》,2012 年第 7 期。

12. 姜岩、孙仁帅:《"三育人"视角下的高校后勤管理改革》,载《中国高等教育》,2016 年。

13. 罗薇薇:《专业教师与思想政治教育工作者协同育人机制研究》,载《亚太教育》,2016 年。

14. 杜坤林:《高校道德教育中的责任担当教育》,载《复印报刊资料(思想政治教育)》,2012 年第 4 期。

15. 方璇:《新常态下高校全员育人机制的构建》,载《广西教育》,2015 年。

16. 翟晓璞:《新时期高校"全员育人"保障机制的实践研究》,载《学理论》,2013 年。

17. 冯刚:《思想政治教育创新发展的四个着力点》,载《教学与研究》,2017 年第 1 期。

18. 邱培彪:《浅析高校后勤服务育人有效性增强的途径》,载《黑龙江教育学院学报》,2013 年。

19. 罗建国、冯文明:《高校服务、管理与教学在人才培养中的联动机制研究》,载《廊坊师范学院学报(社会科学版)》,2012 年第 28 期。

20. 吴新业、涂海英:《高校服务育人功能思考》,载《长江大学学报(社会科学版)》,2011 期。

21. 曾文超:《大学生思想政治教育精细化与全员育人机制探究——兼论高校后勤服务育人体系的构建》,载《高校后勤研究》,2011 年。

22. 王林清:《高校后勤服务育人机理探析》,载《理论月刊》,2008 年。

23. 赵宏旭:《对高职院校师资队伍实行刚性管理和柔性管理相结合的思考》,载《湖南科技学院学报》,2010 年。

24. 韦勇、郭俊:《中美高校学生事务管理比较分析及启示》,载《海南大学学报(人文社会科学版)》,2011 年第 3 期。

25. 李北群、乐青、徐中兵:《美国高校学生事务管理的经验与启示》,载《黑龙江高教研究》,2014 年第 1 期。

26. 刘颖：《我国高校学生事务服务机构实践与探索》，载《教育与职业》，2013年第20期。

27. 单玉成：《党建育人视域下高校服务型学生党组织建设研究》，载《高等农业教育》，2016年第6期。

28. 余倩花、周厚高、陈晓玲：《高校服务型学生党支部建设的路径探析》，载《重庆科技学院学报》，2013年第6期。

29. 廖琪丽、吴巧慧、孟秀霞：《论高校学生党员社会实践长效机制的构建》，载《学校党建与思想教育》，2015年第17期。

30. 邱云：《从人才培养的视角看高校学习型学生党支部建设》，载《学校党建与思想教育》，2011年第22期。

31. 严福平、季益洪：《基于人才培养视域的大学生党建工作的改革创新》，载《高等农业教育》，2015年第10期。

32. 王兴杰、陈小鸿：《论高校党建育人》，载《浙江工业大学学报》，2008年第1期。

33. 赵建平：《高校如何建设服务型党组织》，载《光明日报》，2013年第3期。

34. 魏莹：《推进高校服务型党组织建设——以学生党支部为案例研究》，载《人才资源开发》，2015年第2期。

35. 何淑娟：《创建高校服务型学生党组织的实践初探》，载《黄冈职业技术学院学报》，2015年第8期。

36. 杜亚璇：《国外大学生就业指导的经验与启示》，载《产业与科技论坛》，2016年第15期。

37. 蒋桂高、普片、杨阳：《高校开展组团式中小型招聘会的现状分析及对策》，载《新丝路》，2016年。

38. 杨阳、覃晓岚、王平、普片：《高校毕业生求职难原因分析及对策——以成都学院2016届毕业生为例》，载《新西部》，2016年第24期。

39. 顾添瑜：《高校公寓管理模式探究》，载《咸宁学院学报》，2011年。

40. 马崇坤：《国内外高校公寓化管理研究概述》，载《产业与科技论坛》，2011年第10期。

41. 张天文：《国内外高校学生公寓建设与管理的对比分析及启示》，载《长春工程学院学报（社会科学版）》，2016年第3期。

42. 孙文博、颜吾佴：《我国高校就业服务质量提升路径研究——基于国外高校就业服务工作的启示》，载《国家教育行政学院学报》，2016年第9期。

43. 王盛楠：《高校就业指导工作的意义和开展》，载《文学教育》，2011年第

6 期。

44. 高建立:《对学生宿舍管理模式转变的思考》,载《高校后勤研究》,2012 年第 6 期。

45. Mable Phyllis, Sandeen Arthur: The Chief Student Affairs Officer: Leader, Manager, Mediator, Educator: The Journal of Higher Education, 1993.

46. 杨滨旭、杜雨珊、李欣格:《新形势下高校学生工作队伍建设的探索与研究》,载《求知导刊》,2015 年。

47. Barr Margaret J.: The handbook of student affairs administration, The Jossey – Bass higher and adult education series, 1993.

48. 邢国忠:《美国高校学生事务管理专业化概况及其启示》,载《教育发展研究》,2007 年。

49. 叶欣:《新媒体环境下高校学生管理工作的有效对策探究》,载《辽宁农业职业技术学院学报》,2016 年。

50. 江俊:《新媒体时代高校媒体现状及发展策略研究》,载《学理论》,2013 年。

51. 王刘琦:《中美高校学生工作比较研究——兼议我国学生工作队伍建设》,载《南阳理工学院学报》,2009 年。

52. 方鹏、曲福田:《美国高校学生事务管理体制与机制及中美差异分析》,载《黑龙江高教研究》,2010 年。

53. 陈洪玲、徐超:《国外学生事务管理工作与我国辅导员队伍建设探究》,载《内蒙古师范大学学报(教育科学版)》,2012 年。

54. 郭镭:《中英两国高校学生事务之比较》,载《西南民族大学学报(人文社会科学版)》,2011 年。

55. 陈剑波:《香港高校学生事务管理的模式与特点》,载《浙江理工大学学报(社会科学版)》,2016 年。

56. 储祖旺、蒋洪池:《高校学生事务管理概念的演变与本土化》,载《高等教育研究》,2009 年。

57. 武文娟、张成:《美国高校事务管理对我国高校学生工作的启示》,载《高校辅导员学刊》,2011 年。

58. 王广婷、周亚夫:《中美高校学生事务管理的比较与启示》,载《南京医科大学学报(社会科学版)》,2008 年。

59. 杨东华、曲翔:《大学生课外学习与发展模式的实践与研究》,载《出国与就业(就业版)》,2011 年。

60. 许丹阳：《我国高校学生事务管理分工体系的构建》，载《科教导刊（上旬刊）》，2016年。

61. 罗会德：《美国高校学生事务管理队伍建设的借鉴及启示》，载《思想教育研究》，2011年。

62. 王飞、米欣：《全球化背景下的高校学生事务管理》，载《沈阳工业大学学报（社会科学版）》，2009年。

63. 郑景娥：《英国高校学生事务管理中社会工作理念与模式的嵌入》，载《山东省农业管理干部学院学报》，2011年。

64. 孙立军：《学生工作队伍长效机制构建探新》，载《中国青年研究》，2009年。

65. 吕亚波、何艳：《学生工作队伍长效机制构建研究》，载《科技展望》，2016年。

66. 王洛忠、陈江华：《当前高校学生工作面临的主要挑战与应对》，载《思想理论教育》，2015年。

67. 马晖、金爱国、刘颖：《新时期高职院校学生工作现状分析与建议》，载《宁波职业技术学院学报》，2017年。

68. 陈金平：《高校辅导员队伍专业化建设存在的问题及对策》，载《职教通讯》，2015年。

69. 黄倩：《高等师范院校辅导员专业化路径研究》，载《才智》，2016年。

70. 潘月明：《高校辅导员队伍专业化建设问题与对策探析》，载《科技视界》，2015年。

71. 罗立顺、李同果：《发达国家高校学生事务管理的经验及启示》，载《学校党建与思想教育》，2015年。

72. 荣国：《美英两国学生事务管理的研究现状及启示》，载《科技风》，2014年。

73. 葛斌：《英国高校学生事务管理特点及启示》，载《佳木斯职业学院学报》，2014年。

74. 高国拴、张小雷：《加强高职高专学生工作队伍建设的思考》，载《山西财政税务专科学校学报》，2007年。

75. 李金华、崔健：《高校学生工作队伍建设面临的挑战及其对策》，载《合肥工业大学学报（社会科学版）》，2008年。

76. 司忠业：《以学习型组织理念加强和改进基层学生工作队伍建设》，载《高校辅导员》，2010年。

77. 冯刚:《高校辅导员队伍专业化、职业化建设的发展路径——〈普通高等学校辅导员队伍建设规定〉颁布十年的回顾与展望》,载《思想理论教育》,2016年第11期。

78. 曹秀秀:《基于知识管理的高校学生工作队伍建设研究》,载《科技展望》,2016年。

79. 周云辉:《人事管理视域下高校辅导员职业化、专业化建设问题与对策研究》,载《高教学刊》,2017年。

80. 张铮:《关于增强高校辅导员队伍核心竞争力的探析》,载《黑河学刊》,2015年。

81. 钟敏:《简论高校辅导员从"经验型"到"专家型"的转变》,载《学校党建与思想教育》,2017年。

82. 庄美金:《高职院校辅导员专业化建设的现状及对策——以泉州幼儿师范高等专科学校为例》,载《儿童发展研究》,2015年。

83. 陈凌:《新形势下高校辅导员队伍专业化建设对策浅析》,载《品牌(下半月)》,2015年。

84. 丁晓雯、孙作青、钱施光:《校辅导员职业发展与自我提升路径研究》,载《统计与管理》,2016年。

85. 汪海伟:《新形势下高职院校辅导员队伍专业化建设的思考》,载《科技视界》,2016年。

86. 童春铭、张珊珊:《浅析高职辅导员的专业化》,载《当代教育实践与教学研究》,2015年。

87. 孙仁卫:《高校辅导员专业化队伍的几点思考》,载《佳木斯职业学院学报》,2016年。

88. 董锦红、胡培培、吴斯娜:《高校辅导员队伍专业化建设与发展》,载《学习月刊》,2015年。

89. 翟居怀:《辅导员专业化职业化的内涵及实现途径》,载《河南科技学院学报》,2016年。

90. 赵博慧:《澳大利亚高校学生事务管理的借鉴与分析》,载《科技创新与应用》,2013年。

91. 徐宁、代程:《港澳与内地高校学生事务管理工作的比较及启示》,载《教育与职业》,2014年。

92. 王学斌:《美国高校学生事务管理的演变历程及其启示》,载《中国高等教育评估》,2016年。

93. 刘吕高:《国外高校学生事务管理对我国新建本科院校的启示》,载《长江大学学报(社科版)》,2014年。

94. 张晓艳:《中外高校学生事务管理内容的比较分析与启示——以中美英三国为例》,载《教育教学论坛》,2014年。

95. 卢浩宇:《国外学生事务管理工作特点及启示》,载《才智》,2016年。

96. 翁婷婷:《日本高校学生事务管理特点分析及经验启示》,载《高教学刊》,2016年。

97. 张勇、赵丽欣、王海燕:《港澳高校学生事务管理专业化发展历程及其特点》,载《沈阳大学学报(社会科学版)》,2012年。

博士硕士学位论文类:

1. 王爽:《美国高校学生事务管理探究》,东北师范大学,2008年。

2. 黄燕:《文化视野下的中美高校学生事务管理比较研究》,华东师范大学,2013年。

3. 昌兵:《新形势下高校学生管理工作面临的问题及对策》,山东师范大学,2007年。

4. 何疆:《高校辅导员队伍专业化培养、职业化建设研究》,西南财经大学,2007年。

5. 叶春桥:《高校专职辅导员队伍专业化建设研究》,华东师范大学,2007年。

6. 郑晓娜:《高校辅导员职业化研究》,辽宁大学,2015年。

7. 晶晶:《高校辅导员队伍职业化建设研究》,江西农业大学,2015年。

8. 郑凯文:《加拿大高校公民教育方法研究》,湖南大学,2014年。

9. 吴媛媛:《中外高校学生事务管理模式比较研究》,南京农业大学,2013年。

10. 曹加:《以促进交流为目的的国内外高校宿舍区公共空间的研究》,西南交通大学,2008年。

11. 吴媛媛:《中外高校学生事务管理模式比较研究》,南京农业大学,2009年。

12. 武卫国:《高校生活园区思想政治教育研究》,华东政法大学,2015年。

13. 韩瑜:《育人视野下高校后勤队伍职工思想政治教育问题研究》,延安大学,2014年。

14. 文霞:《建国以来我国高校实践育人的理论与实践研究》,陕西师范大学,2013年。

15. 高慧鸽:《我国高校内部资源配置机制研究》,南京理工大学,2006年。

16. 沙鲁川:《高校BOT项目风险管理研究》,西南交通大学。

17. 黄春华:《高校校外学生公寓园区规划设计与建设管理模式的研究》,载《湖南大学硕士学位论文》。

报告类:

1. 麦可思研究院:《成都学院应届毕业生培养质量跟踪评价报告》,2017年。

后 记

　　本书是近年来成都学院在创新驱动下系统探讨服务育人理念、机制、模式和方法的理性探索和实践总结。是学校在日常思想政治工作中围绕学生、关心学生、关爱学生,服务学生成长发展育人理念的真实呈现。

　　教育部思政司指导光明日报出版社组织出版《高校校园文化建设成果文库》,推动和促进了我校对服务学生成长发展实践的思考与提炼。教育部原思政司司长冯刚教授近年来对我校思想政治教育工作一直悉心关切。冯教授在本书的思路设计、提纲确定和写作方式上给予我们专业的指导并亲自为本书作序。光明日报出版社的编辑老师对本书的出版给予指导和帮助。在此衷心致谢!

　　感谢原成都学院党委学生工作部部长、学生处处长、现成都工业职业技术学院副院长刘吕高研究员。他是成都学院学生事务服务中心的设计者、建设者,本书所描述的大量改革探索和改革成效,都与他的勤奋努力、锐意进取密不可分。

　　本书的内容涉及学校多个部门、各二级学院(所)的事务范围和服务育人工作。他们在学校"温暖成大"系统育人总体设计和工作的推动下,不断克难攻坚,积极加入到大学生日常思想政治教育的探索与实践中,在此也向他们表达我们的谢意。

　　感谢全体学工同人,在育人之路上以青春和热忱,实践着"在琐细中积累伟大,在坚守中成就理想,在前行中温暖相依"的团队精神。

　　本书各章的作者依次是:第一章(王建武)、第二章(安鸿、彭晓琳)、第三章(陈钧、唐远谋、胡忠浩)、第四章(许庆荣、杨礼)、第五章(王磊、王利娟)、第六章(王焕举、李超)、第七章(杨阳、蒋桂高、普片、陈康)、第八章(许庆荣、宋晓龙)、第九章(李维、杨启金、徐谧)、第十章(陈烈、熊姝闻、白涛涛、杨寒、方林红、嵇晨翰)、第十一章(张开江、周宗旭)、第十二章(王涛、吕佳)、第十三章(李旭、靳水宁)、第十四章(第一节/向黎、岳鹏,第二节/屈陆,第三节/曲扬)、第十五章(杨龙、王磊)、第十六章(舒愉棉、胡忠浩、曾思澄)。

在本书编著过程中,成都学院政治学院院长彭时平教授对书稿的编著提出了很好的意见建议,岳鹏博士对文稿提出了意见建议并修订各章目录,曾思澄老师承担了部分编辑事务,刘玉芳老师参与了校对工作。

全书在写作过程中,可能存在引用作品尚未完全明确说明之处,还望原谅。因水平有限,难免存在不妥当甚至错误之处,敬请大家批评指正。

本书编委会
2017 年 9 月